DIE UBERNAHME

Von Der Rock Machine Zu Den Bandidos
Der Bikerkrieg In Kanada

Par

Edward Winterhalder & Wil De Clercq

BLOCKHEAD CITY
Jenison, Michigan

Herausgegeben von Blockhead City, PO Box 145, Jenison MI 49429.

Unser Dank gilt den Zeitungen, die die Erlaubnis zum Nachdruck der darin enthaltenen Artikel erteilt haben, sowie Dieter Tenter für die Übersetzung der englischen Originalversion dieses buches ins Deutsche.

Cataloging-in-Publication-Daten des Verlags

Subjects: LCSH Winterhalder, Edward, 1955- and De Clercq, Wil, 1948-. | Biker clubs-USE-Motorcycle clubs-Biography. | Bikers-USE-Motorcyclists-Biography. | Criminal behavior-BT-Criminal psychology-Biography. | Criminal behavior-BT-Deviant behavior-Biography. | Criminals-RT-Criminology-Biography. | Criminals-NT-Outlaws-Biography. | Criminals-Psychology-USE-Criminal psychology-Biography. | Criminals-Rehabilitation-UF-Reform of criminals-Biography. | Ethnology-UF-Ethnography-Biography. | Ethnology-UF-Social anthropology-Biography. | Ethnology-NT-Outcasts-Biography. | Motorcycle clubs-UF-Biker clubs-Biography. | Motorcycle clubs-BT-Motorcycles—Societies, etc.-Biography. | Motorcycle gangs-UF-Gangs, Motorcycle-Biography. | Motorcycle gangs-BT-Motorcycles—Societies, etc.-Biography. | Outlaws-BT-Criminals-Biography. | Outlaws in popular culture-BT-Popular culture-Biography. | Popular culture-UF-Pop culture-Biography. | Popular culture-NT-Anthropology in popular culture-Biography. | Popular culture-NT-Outlaws in popular culture-Biography. | BISAC BIOGRAPHY & AUTOBIOGRAPHY / Criminals & Outlaws | BIOGRAPHY & AUTOBIOGRAPHY / Personal Memoir

ISBN: 979-8-4536485-0-4

Taschenbuch: Juli 2023   1. Auflage

EDWARD WINTERHALDER BÜCHER

AUF NIEDERLÄNDISCH:

De Assimilatie: Rock Machine Wordt Bandidos – Bikers Verenigd Tegen De Hells Angels by Edward Winterhalder & Wil De Clercq (2023)

AUF ENGLISCH:

A Wild Ride In The Fast Lane: A Collection Of True Stories And Tall Tales From My Life As An Outlaw Biker by Edward Winterhalder (2025)

Real Bikers Of North America: Men Who Rode With An Outlaw Motorcycle Club by Edward Winterhalder (2025)

Searching For My Identity (Vol 1): The Chronological Evolution Of A Troubled Adolescent To Outlaw Biker by Edward Winterhalder (2022)

Searching For My Identity (Vol 2): The Chronological Evolution Of An Outlaw Biker On The Road To Redemption by Edward Winterhalder (2022)

The Blue and Silver Shark: A Biker's Story (Book 5 in the Series) by Edward Winterhalder & Marc Teatum (2015)

Biker Chicz: The Attraction of Women To Motorcycles And Outlaw Bikers by Edward Winterhalder & Wil De Clercq (2014)

The Ultimate Biker Anthology: An Introduction to Books About Motorcycle Clubs And Outlaw Bikers by Edward Winterhalder & Iain Parke (2013)

The Moon Upstairs: A Biker's Story (Book 4 in the Series) by Edward Winterhalder & Marc Teatum (2012). Based on an original concept by Wil De Clercq

One Light Coming: A Biker's Story (Book 3 in the Series) by Edward Winterhalder & Marc Teatum (2011)

Biker Chicz of North America by Edward Winterhalder & Wil De Clercq (2010)

The Mirror: A Biker's Story (Book 2 in the Series) by Edward Winterhalder & James Richard Larson (2010)

Biker Chicks: The Magnetic Attraction of Women to Bad Boys and Motorbikes by Edward Winterhalder, Wil De Clercq & Arthur Veno (2009)

All Roads Lead to Sturgis: A Biker's Story (Book 1 in the Series) by Edward Winterhalder & James Richard Larson (2009)

The Assimilation: Rock Machine Become Bandidos – Bikers United Against the Hells Angels by Edward Winterhalder & Wil De Clercq (2008)

Out in Bad Standings: Inside the Bandidos Motorcycle Club – The Making of a Worldwide Dynasty by Edward Winterhalder (2005)

AUF FRANZÖSISCH:

Une Course Folle Sur La Voie Rapide: Recueil Histoires Vraies Et Récits Fantastiques Tirées De Ma Vie De Motard Hors-La-Loi by Edward Winterhalder (2025)

Vrais Motards D'Amérique Du Nord: Les Hommes Qui Ont Roulé Avec Un Club De Motards Hors-La-Loi by Edward Winterhalder (2025)

Tous Les Chemins Menent A Sturgis: Une Histoire De Motard
(Livre 1 de la Serie) by Edward Winterhalder & James Richard
Larson (2023)

Le Miroir: Une Histoire De Motard (Livre 2 De La Serie) by Edward
Winterhalder & James Richard Larson (2023)

Un Lumière Venant: Une Histoire De Motard (Livre 3 De La Serie)
by Edward Winterhalder & Marc Teatum (2023)

La Lune À L'étage: Une Histoire De Motard (Livre 4 De La Serie)
by Edward Winterhalder & Marc Teatum (2023)

Le Requin Bleu Et Argent: Une Histoire De Motard (Livre 5 De La
Serie) by Edward Winterhalder & Marc Teatum (2023)

***Recherche De Mon Identité (Vol 1): L'évolution Chronologique
D'un Adolescent Troublé Au Motard Hors-la-loi*** by Edward
Winterhalder (2022)

***Recherche De Mon Identité (Vol 2): L'évolution Chronologique
D'un Motard Hors-la-loi Sur La Route De La Rédemption*** by
Edward Winterhalder (2022)

***L'Assimilation: Rock Machine Devient Bandidos - Bikers United
Contre Les Hells Angels*** by Edward Winterhalder & Wil De Clercq
(2021)

***Motarde Femmes: L'Attirance Des Femmes Pour Les Motos Et Les
Motards Hors-La-Loi*** by Edward Winterhalder & Wil De Clercq
(2021)

***L'Ultime Anthologie Biker: Une Introduction Aux Livres Sur Les
Clubs De Motards Et Les Motards Hors-La-Loi*** by Edward
Winterhalder & Iain Parke (2021)

Biker Chicz D'Amérique Du Nord by Edward Winterhalder & Wil
De Clercq (2021)

L'Assimilation: Rock Machine & Bandidos Contre Hells Angels by Edward Winterhalder & Wil De Clercq (2009)

AUF DEUTSCH:

Eine Wilde Fahrt Auf Der Überholspur: Eine Sammlung Wahrer Geschichten Und Fabeln Aus Meinem Leben Als Outlaw-Biker by Edward Winterhalder (2025)

Echte Biker Von Nordamerika: Männer Die Mit Einem Outlaw-Motorradclub Fuhren by Edward Winterhalder (2025)

Alle Wege Führen Nach Sturgis: Die Geschichte Eines Bikers (Buch 1 Der Reihe) by Edward Winterhalder & James Richard Larson (2023)

Der Spiegel: Die Geschichte Eines Bikers (Buch 2 Der Reihe) by Edward Winterhalder & James Richard Larson (2023)

Ein Licht Kommt: Die Geschichte Eines Bikers (Buch 3 Der Reihe) by Edward Winterhalder & Marc Teatum (2023)

Der Mond Nach Oben: Die Geschichte Eines Bikers (Buch 4 Der Reihe) by Edward Winterhalder & Marc Teatum (2023)

Der Blau Und Silber Hai: Die Geschichte Eines Bikers (Buch 5 Der Reihe) by Edward Winterhalder & Marc Teatum (2023)

Auf Der Suche Nach Meiner Identität (Band 1): Die Chronologische Entwicklung Eines Schwierigen Jugendlichen Zum Outlaw Biker by Edward Winterhalder (2022)

Auf Der Suche Nach Meiner Identität (Band 2): Die Chronologische Entwicklung Eines Outlaw Biker Auf Dem Weg Zur Vergebung by Edward Winterhalder (2022)

Die Übernahme: Von Der Rock Machine Zu Den Bandidos Der Bikerkrieg In Kanada by Edward Winterhalder & Wil De Clercq (2021)

Biker Frauen: Die Anziehungskraft Von Frauen Auf Motorräder Und Outlaw-Bikers by Edward Winterhalder & Wil De Clercq (2021)

Die Ultimativ Biker-Anthologie: Eine Einführung in Bücher über Motorradclubs & Outlaw Biker by Edward Winterhalder & Iain Parke (2021)

Biker Chicz Von Nordamerika by Edward Winterhalder & Wil De Clercq (2021)

Die Übernahme: Von Der Rock Machine Zu Den Bandidos – Der Bikerkrieg In Kanada by Edward Winterhalder & Wil De Clercq (2010)

AUF JAPANISCH:

自分の正体を求めて(第1巻)：悩み多き青少年からアウトロー・バイカーへの経時的進化 by Edward Winterhalder (2024)

自分の正体を求めて (第2巻)：贖罪への道を歩むアウトロー・バイカーの経時的進化 by Edward Winterhalder (2024)

AUF SPANISCH:

Un Viaje Salvaje Por El Carril Rápido: Una Recopilación De Historias Reales Y Cuentos Fantásticos De Mi Vida Como Motero Fuera De La Ley by Edward Winterhalder (2025)

Auténticos Motoristas De Norteamérica: Hombres Que Cabalgaron Con Un Club De Moteros Fuera De La Ley by Edward Winterhalder (2025)

Buscando Mi Identidad (Vol 1): La Evolución Cronológica De Un Adolescente Con Problemas A Un Motociclista Fuera De La Ley by Edward Winterhalder (2022)

Buscando Mi Identidad (Vol 2): La Evolución Cronológica De Un Motociclista Fuera De La Ley En El Camino Hacia La Redención by Edward Winterhalder (2022)

Todos Los Caminos Llevan A Sturgis: La Historia De Un Motorista (Libro 1 de la Serie) by Edward Winterhalder & James Richard Larson (2023)

El Espejo: La Historia De Un Motorista (Libro 2 de la Serie) by Edward Winterhalder & James Richard Larson (2023)

Uno Ligero Que Viene: La Historia De Un Motorista (Libro 3 de la Serie) by Edward Winterhalder & Marc Teatum (2023)

La Luna Arriba: La Historia De Un Motorista (Libro 4 de la Serie) by Edward Winterhalder & Marc Teatum (2023)

El Tiburón Azul Y Plata: La Historia De Un Motorista (Libro 5 de la Serie) by Edward Winterhalder & Marc Teatum (2023)

La Asimilación: Rock Machine Volverse Bandidos – Motociclistas Unidos Contra Los Hells Angels by Edward Winterhalder & Wil De Clercq (2021)

Mujeres Motociclistas: La Atracción De Las Mujeres Por Las Motocicletas Y Los Motociclistas Fuera De La Ley by Edward Winterhalder & Wil De Clercq (2021)

El Último Antologia Biker: Introducción A Los Libros Sobre Clubes De Motociclistas Y Motociclistas Fuera De La Ley by Edward Winterhalder & Iain Parke (2021)

Biker Chicz De América Del Norte by Edward Winterhalder & Wil De Clercq (2021)

EDWARD WINTERHALDER
WEBSITE & SOZIALE MEDIEN

Website:

http://www.blockheadcity.com

Wikipedia:

http://en.wikipedia.org/wiki/Edward_Winterhalder

IMDB:

http://www.imdb.com/name/nm3034980

YouTube:

http://www.youtube.com/c/BlockheadCity

LinkedIn:

http://www.linkedin.com/in/edwardwinterhalder

Instagram:

https://www.instagram.com/blockheadcity

Twitter:

https://twitter.com/BlockheadCity

Edward Winterhalder Musik

AT LONG LAST
Warren Winters Band
Vinyl LP Record (1980)

AS I WAS
Warren Winters Band
Vinyl LP Record (1984)

CROSSBAR HOTEL
Warren Winters Band
Vinyl LP Record/Cassette (1988)

THE BEST OF WARREN WINTERS
Warren Winters Band
CD (1995)

THEN & NOW
Warren Winters Band
Digital Album (2020)

THE NAME OF THE GAME
Warren Winters Band
Music Video/Digital Song (2020)

Dieses Buch ist dem Andenken von Barry Mason gewidmet.
Gott stehe dir bei, mein Freund.

E.W.

Für meine Mutter Ruth Ella Bratke.

W.D.C.

Es ist hart dort oben. An der Grenze musst du nicht nur die Hose runter lassen, sondern auch den Mageninhalt vorzeigen. Wer nach Kanada will, sollte wissen, worauf er sich einlässt.
Ronnie Hawkins

Wir haben Mitglieder von Motorrad-Gangs im Visier, weil es sich bei ihnen nicht um die romantischen Unschuldslämmer à la Easy Rider handelt, wie sie uns glauben machen wollen. Es sind schlicht Kriminelle.
Jim Flaherty

Danksagung

Ein großes Dankeschön geht an meine Frau Caroline und meine Tochter Taylor für ihre Liebe und Unterstützung. Wie ihr wisst, wäre ich ohne euch nicht der, der ich bin.

Dank geht auch an die Belegschaft von ECW Press, allen voran Jack David, Simon Ware und Emily Schultz, für die Unterstützung und Ermutigung beim Schreiben dieses Buches.

Schließlich möchte ich Wil De Clercq dafür danken, dass er sechs Monate seines Lebens darauf verwendet hat, einen wichtigen Aspekt der Geschichte eines Motorradclubs in Literatur zu überführen. Es war mir eine Ehre und ein Vergnügen, mit dir zusammenzuarbeiten. Du bist mir eine wahre Inspiration.

E.W.

Inhalt

Als Vollmitglied und Funktionär zunächst des Rogues MC und später des Bandidos MC bin ich quer durch Nordamerika und Europa gereist, um vor Ort nach dem Rechten zu sehen. An der Aufnahme der Rock Machine aus Quebec, Kanada, in die Organisation der Bandidos im Jahr 2001 war ich maßgeblich beteiligt.

Auf meinen Reisen habe ich Dutzende faszinierende Leute getroffen, und zwar diesseits und jenseits der Welt der Biker. Obwohl diese Welt unter massivem Druck der Behörden, der Medien und der Öffentlichkeit steht, ist sie eine in sich geschlossene und verschwiegene Welt. Ein Einprozenter zu werden ist eben etwas anderes als in einen Bridge-Club einzutreten; es ist ein langer und mühsamer Prozess, bei dem alle aussortiert werden, die es nicht wert sind, das Club-Abzeichen zu tragen.

Manche Leute, die ich getroffen habe, waren – unabhängig davon, ob sie einem Motorradclub angehörten oder nicht – schlicht Kriminelle. Die meisten aber waren gesetzestreue Menschen, auch wenn sie nicht dem Bild des braven Bürgers entsprachen. Dann gab es noch die Angeber und Möchtegerne, wie man sie überall und in allen sozialen Schichten findet.

Oft werde ich gefragt, aus welchem Holz die Männer geschnitzt sind, die einem Motorradclub – beziehungsweise einer „Rockerbande", wie Polizei und „anständige" Bürger es nennen – beitreten. Die allermeisten derer, die sich in Einprozenter-Clubs organisieren, haben einen psychischen Knacks, vor allem aufgrund von Defiziten in ihrer Kindheit. Sie suchen das familiäre Gemeinschaftserlebnis, auf das sie aus welchem Grund auch immer als Kind verzichten mussten.

Motorradclubs sind in erster Linie und vor allem Männerbünde, die nach dem Motto funktionieren: Einer für alle, alle für einen. Viele halten es für den Inbegriff von Männlichkeit, mit einem starken, auffälligen Motorrad durch die Gegend zu fahren, das Abzeichen ihres Clubs zu tragen und sich wie ein Hahn zu fühlen, der die Hennen seines Bauernhofes inspiziert. Anderen wiederum geht es vor allem darum, zusammen mit Gleichgesinnten Motorrad zu fahren, die Zeit totzuschlagen und ein bisschen Spaß zu haben. Mitglied in einem Motorradclub zu sein gibt vielen ein Gefühl der Macht. Das kann positive Folgen haben, aber auch negative.

Fast dreißig Jahre lang habe ich das Leben eines Bikers gelebt, und fast die ganze Zeit bin ich parallel einem ordentlichen Beruf nachgegangen. Doch weil es zum traditionellen Lebensstil eines Bikers gehört, habe ich so getan, als befände ich mich in einer Art Dauerurlaub. Und in all den Jahren war ich Mitglied in zahlreichen Outlaw-Motorradclubs oder stand ihnen zumindest sehr, sehr nahe.

Während dieser Zeit habe ich im Gefängnis gesessen, Hunderte Harleys repariert, ge- und verkauft, eine millionenschwere Baufirma besessen, drei Mal geheiratet und bin Vater einer kleinen Tochter geworden. Mitunter war es eine Tortur, die mich bis an die Grenzen der Belastbarkeit brachte – und dann und wann auch darüber hinaus. Als Biker habe ich viel über die Menschen gelernt – die guten, die schlechten und die durchschnittlichen –, aber vor allem habe ich viel über mich selbst gelernt. Dreißig Jahre als Biker haben aus mir nicht nur den Mann gemacht, der ich heute bin, sondern, wie ich glaube und hoffe, auch einen besseren Menschen.

Edward Winterhalder
Tulsa, Oklahoma
April 2008

Ich war elf, als Donald Eugene Chambers in San Leon, Texas, den Motorradclub Bandidos gründete. Es war das Jahr 1966. Chambers, 1930 in Houston, Texas, geboren, war seit frühester Jugend von Motorrädern fasziniert. Zwar fuhr er selbst keine Rennen, aber er war ein leidenschaftlicher Anhänger von allen Wettbewerben auf zwei Rädern und Mitglied eines Motorradclubs namens Eagles, der dem amerikanischen Motorradfahrer-Verband AMA angeschlossen war. Die Vereinsmitglieder pilgerten förmlich zu jedem Rennen, das der AMA im südlichen Texas veranstaltete. Irgendwann wechselte Chambers von den Eagles zu den Reapers, wie der Name nahelegt, ein Einprozenter Club. Schon bald wurde er zum Schriftführer der Reapers ernannt, wodurch er im Schnellkurs lernte, wie ein Motorradclub erfolgreich zu führen ist. Es war nur eine Frage der Zeit, bis Chambers, der ohnehin ungern nach anderer Leute Pfeife tanzte, den Zeitpunkt für gekommen hielt, einen eigenen Club zu gründen – einen Club mit dem Namen Bandidos.

Von Journalisten und Buchautoren ist der Gründer der Bandidos oft als vergrämter und desillusionierter ehemaliger Angehöriger der US-Marine beschrieben worden, der zum Biker wird, weil er, wie so viele Vietnam-Veteranen, mit der amerikanischen Gesellschaft ein Hühnchen zu rupfen hat – einer Gesellschaft, die die Überlebenden dieses entsetzlichen Krieges wie Versager und Kindermörder behandelte, vor ihnen ausspuckte und ihnen keine Arbeit gab. So weit der Mythos, doch wahr ist das genaue Gegenteil: Don Chambers war zwar irgendwann einmal bei den Marines, aber nicht im Entferntesten ein enttäuschter Vietnam-Veteran. Das Land kannte er allenfalls aus den Abendnachrichten im Fernsehen, und die Frage, ob er enttäuscht war oder nicht, ist müßig zu erörtern. Es schreibt sich leicht, klingt gut und passt zu den gängigen Klischees über die Bikerszene, die sich für die öffentliche Meinung aus Leuten zusammensetzt, die entweder enttäuscht, gestört oder asozial sind oder gegen irgendetwas rebellieren wollen – wahrscheinlich sogar alles gleichzeitig.

Natürlich war Bandido Don von der amerikanischen Gesellschaft der 1960er Jahre enttäuscht – da ging es ihm nicht anders als Millionen von Hippies, Studenten und Angehörigen der politischen Linken in diesem turbulenten Jahrzehnt. Ein weiterer Irrtum, der von vielen Journalisten verbreitet wurde, besagt, dass Chambers die Farben Rot und Gold für das Abzeichen der Bandidos als Verbeugung vor den Marines gewählt hat. Wahr ist, dass es sich ursprünglich um die Farben Rot und Gelb handelte und Don sich von der Harlekin-Korallennatter inspirieren ließ, die im Süden der USA ebenso heimisch ist wie die Redensart: „Gelb und Rot machen einen Kameraden tot." Rot und Gold wurde erst Jahre nach der Gründung der Bandidos daraus. Und anders, als die Legende will, entnahm Chambers den Entwurf für das Abzeichen der Bandidos nicht einem Werbespot für den Snack «Banditos» der Firma FritoLay. Die Geschichte klingt zwar gut, kann aber nicht stimmen, weil die Werbung erstmals 1967 und dann auch nur im Kinderprogramm ausgestrahlt wurde.

Zu den Legenden, die sich um die Gründung der Bandidos ranken, gehört, dass Chambers eine Gang brauchte, um den Drogenhandel in Texas zu kontrollieren. Doch damals war Chambers Hafenarbeiter in den Docks von Galveston und nicht irgendein hochrangiger Drogendealer, wie kolportiert wurde. Niemand leugnet, dass Bandido Don später mit Drogen zu tun hatte – für die Beteiligung an einem Streit um Drogen, der mit zwei Toten endete, hat er im Gefängnis gesessen. Das Gleiche gilt aber auch für all die anderen Motorradclubs, die in den späten 50ern und frühen 60ern gegründet wurden, um gemeinsam Harley-Davidson zu fahren, zu trinken, zu feiern und Unfrieden zu stiften.

Der Wahlspruch, den Chambers den Bandidos gab, lautet: „Wir sind die, vor denen unsere Eltern uns immer gewarnt haben." Dieser Satz ist der Schlüssel zum Verständnis von Chambers' Denkweise.

„Scheiß auf alles!" heißt sie in Kurzform. Wir gehören nicht zu euch, wir sind keine willigen Handlanger, die das System heranzieht, damit sie der Gesellschaft und vor allem der herrschenden Elite dienen, wir machen die Dinge so, wie wir es für richtig halten. Als Biker war Chambers' Einstellung zur Gesellschaft klar umrissen: „Einprozenter bilden das eine Prozent von Männern, die sich von der Gesellschaft und ihren verlogenen Gesetzen verabschiedet haben. Wir wollen nicht so sein wie ihr. Also tretet uns lieber nicht unter die Augen. Einer für alle, alle für einen. Wer nicht so denkt, soll aus dem Weg gehen, weil er ein Bürgersöhnchen ist und nicht zu uns gehört."

Warum Chambers den Club Bandidos nannte und woher die Idee für den „dicken Mexikaner" auf dem Abzeichen stammt – die Antworten auf diese Fragen sind so unspektakulär, dass sie für die Mythenbildungen nicht taugen. Menschen, die Chambers gut kannten, bestätigen, dass er eine rege Fantasie besaß und sich gern mit mexikanischer Folklore befasste, die in Texas sehr präsent war. Es ist bekannt, dass es ihm die mexikanischen Desperados angetan hatten und er viel Zeit in der Stadtbücherei verbrachte, wo er die einschlägigen Bücher verschlang. Und so lag es nahe, dem neu gegründeten texanischen Motorradclub den Namen Bandidos zu geben.

Die „originalen" mexikanischen Bandidos waren Verbrecher, die raubten, plünderten und Verwüstungen anrichteten – allerdings nie in ihrer eigenen Stadt. Dort agierten sie eher als Beschützer und inoffizielle Ordnungsmacht. Während der französischen Besatzung bekämpften sie gemeinsam mit Regierungstruppen, Milizen und Söldnern die Invasoren. Und das Klischee vom wohlgenährten und betrunkenen mexikanischen Banditen mit Pistole und Machete, Sombrero und Patronengurt war so populär, dass Chambers beschloss, es als Clubabzeichen der Bandidos zu verwenden.

Die Zeichnung des „dicken Mexikaners" ist gleichzeitig humorvoll und bitter ernst und sendet eine deutliche Botschaft aus: „Leg dich nicht mit mir an, Kumpel." Während die Idee für das Logo zweifelsfrei von Chambers stammt, blieb die konkrete Ausführung einem

Künstler aus Houston überlassen, der schon das Abzeichen der Reapers entworfen hatte. Als Chambers schließlich einen Namen für den Club gefunden, ein Abzeichen entworfen und Regeln aufgestellt hatte, machte er sich auf die Suche nach möglichen Mitgliedern. Viele, die er für seine Idee begeistern konnte, waren tatsächlich Vietnam-Veteranen. Es war nur eine Frage der Zeit, bis sich der Club im Süden und Südwesten, im Mittleren Westen und im Nordwesten der USA ausbreitete und das Abzeichen mit dem dicken Mexikaner hier wie dort berühmt-berüchtigt wurde.

Zu jener Zeit, als die Bandidos gegründet wurden, gab es bereits viele Motorradclubs in den USA, in erster Linie solche, die sich dem AMA angeschlossen hatten und als Vereinszweck die Ausrichtung von motorsportlichen Veranstaltungen wie Tourenfahrten und Rennen ansahen. Diese Vereine waren in aller Regel sehr familienfreundlich strukturiert und in der Gesellschaft gut angesehen. Der erste Motorradclub der USA, wahrscheinlich sogar weltweit, wurde 1903 in Yonkers im Staat New York gegründet und hieß schlicht Yonkers MC. Streng genommen gab es ihn schon seit Ende des 19. Jahrhunderts als Fahrradclub. Ein Fahrrad zu besitzen und zu benutzen war damals noch ungewöhnlich und galt als gewagt. Doch mit der Erfindung motorisierter Fahrräder wurde aus dem Yonkers Bicycle Club ein ehrenwerter Motorradclub. Er besteht heute noch und kann für sich in Anspruch nehmen, Ahnherr aller Motorradclubs zu sein.

Zu den Hauptaktivitäten des Yonkers MC gehörten Motorradausflüge, die Ausrichtung von Motorradrennen und vor allem regelmäßige Feiern. Ein Jahr, nachdem an der Ostküste der Yonkers MC gegründet worden war, bekam die Westküste den ersten Motorradclub, den San Francisco Motorcycle Club (SFMC). Wie der Yonkers MC ist er heute noch aktiv und fühlt sich denselben Zielen verpflichtet. Beide Vereine gehörten zu den ersten offiziellen Mitgliedern im AMA, einer Organisation, die 1924 gegründet wurde. Auch wenn sich in jüngerer Zeit einzelne Mitglieder der Yonkers und des SFMC Outlaw-Clubs anschlossen, zählen sich die Vereine selbst nicht zu den

Einprozentern, sondern verstehen sich bis heute als Clubs für die ganze Familie.

Auch Outlaw-Clubs gab es 1966 schon. Die allgemeine Auffassung war, dass es sich dabei um den Zusammenschluss von gefährlichen Individuen handelte, denen man lieber aus dem Wege ging. Zu diesem Image hatte Hollywood mit den entsprechenden Filmen der 1960er Jahre über rücksichtslose Männer auf ihren Maschinen maßgeblich beigetragen. Ein Übriges taten Berichte über die wenigen gewalttätigen Zwischenfälle, die von der einschlägigen Presse heillos aufgebauscht wurden. Die modernen Einprozenter-Clubs hatten ihren Ursprung in Kalifornien, das schon viele alternative soziale Bewegungen und radikale Lebensentwürfe hervorgebracht hat. Die weitere Entwicklung wurde maßgeblich von den trinkfesten und streitlustigen Mitgliedern zweier Clubs geprägt: den Boozefighters aus Los Angeles und den Piss Off Bastards aus Fontana. Beide Clubs entstanden, als es in der Folge des Zweiten Weltkrieges ein Überangebot an Motorrädern gab und sie deshalb billig zu haben waren.

Viele der Käufer fühlten sich zu Gruppen hingezogen, mit denen sie zusammen durch die Gegend fahren und feiern konnten. Eine Legende, die sich bis heute hartnäckig hält, besagt, dass das gängige Bild von Motorradfahrern als Rocker, Störenfriede und Außenseiter 1947 in der kalifornischen Kleinstadt Hollister entstand, wo die Boozefighters und die Piss Off Bastards an der Gypsy Tour Rally teilnahmen. Ihre Angewohnheit, ausgiebig zu feiern und zu trinken und zwischendurch gewagte Einlagen auf ihren Bikes hinzulegen, taugte zwar nicht zur Aufnahme bei den Pfadfindern, war aber auch bei Weitem nicht so aggressiv und aufrührerisch, wie es in den Medien dargestellt wurde. Der schlimmste Vorfall, der sich ereignete, war, dass zwei Mitglieder der Boozefighters mit ihren Maschinen in eine Bar fuhren. Auf einem Foto, das ein opportunistischer Fotograf nachträglich inszeniert und in der Illustrierten «Life» veröffentlicht hatte, war ein Betrunkener zu sehen, der auf einem Motorrad saß und eine Flasche Bier in der Hand hielt. Ironischerweise war er nicht einmal Mitglied in einem Motorradclub.

Das Foto und Schlagzeilen wie „Biker terrorisieren eine ganze Stadt" prägten die öffentliche Meinung nachhaltig. Seither reagieren die meisten Menschen mit einer Mischung aus Angst und Faszination auf die Vertreter von sogenannten Outlaw-Motorradclubs, und daran hat sich bis heute nichts geändert. Selbst wenn sie keinem Verein angehören, werden Motorradfahrer sämtlich über einen Kamm geschoren. Vom negativen Image aufgeschreckt, ließ der AMA damals auf einer eiligst einberufenen Pressekonferenz verkünden, dass „eine verschwindend geringe Minderheit von einem Prozent durch ihr Verhalten die übergroße Mehrheit der friedfertigen Motorradfahrer in Misskredit bringt". Die, die gemeint waren, entnahmen dieser Erklärung den Ausdruck „Einprozenter", um sich fortan von den anderen Motorradfahrern und der bürgerlichen Gesellschaft generell abzugrenzen. Das negative Image der Bikerszene wurde für alle Zeiten zementiert, als Anfang 1954 der Film «Der Wilde» (Titel im Original: «The Wild One») – der von den Geschehnissen in Hollister übrigens inspiriert war – in die Kinos kam. Danach wurde jeder Motorradfahrer als gesellschaftlicher Außenseiter angesehen.

Die Hells Angels waren die Ersten, die sich den schlechten Ruf der Biker zunutze machten. Gegründet von unzufriedenen Mitgliedern der Piss of Bastards in Kalifornien, waren die Hells Angels der erste Motorradclub von Einprozentern und galt in den Medien jahrzehntelang als Inbegriff einer „Rockerbande". Die Hells Angels waren das Maß der Dinge, an dem sich alle anderen Clubs auszurichten hatten. Lediglich drei Clubs gelang es, ein eigenständiges Profil zu wahren: den Outlaws, den Pagans und den Bandidos. Die Outlaws – ihre Keimzelle liegt in McCook, Illinois, wo sie 1935 als McCook Outlaws gegründet wurden – verstehen sich jedoch erst seit 1963 als Einprozenter, und die Pagans, 1959 in Maryland gegründet, wurden erst ab 1968 zu einer nennenswerten Größe, die bis heute ausschließlich auf die USA beschränkt ist. So konnten sich die Bandidos, die als regionaler Motorradclub in

Texas begannen, zu einer Macht entwickeln, mit der man rechnen musste und die auf Augenhöhe mit den Hells Angels, den Outlaws und den Pagans stehen. Zusammen bilden sie die „Big Four". Heute sind die Bandidos ein weltweit operierender Verein mit geschätzt 2.400 Mitgliedern in mehr als 200 Chaptern und 16 Ländern.

Meine erste Begegnung mit einem Bandido fand 1979 in Mobile, Alabama, statt. Damals gehörte ich dem Chapter Tulsa des Rogues MC an, der in den frühen 1960er Jahren in Chicago gegründet wurde und später nach Oklahoma im Südwesten „umzog", wo ich seit 1975 lebte. Der Bandido, den ich damals kennenlernte, hieß Buddy Boykin und war kein einfaches Mitglied, sondern Vizepräsident und damit Stellvertreter von El Presidente Ronnie Hodge. Buddy war seit gut zehn Jahren bei den Bandidos, und ich wurde ihm von einem Outlaw vorgestellt, der zum Chapter Jacksonville gehörte. Ich war mit einigen Outlaws aus Florida befreundet und deshalb häufig im Clubhaus von Jacksonville zu Gast.

Buddy war ein sympathischer und beliebter Kerl, der ziemlich genau auf halber Strecke zwischen Tulsa und Jacksonville wohnte – ideal für mich, um dort Station zu machen. Schon bald war es eine Selbstverständlichkeit, dass ich meine Fahrten Richtung Florida in Mobile unterbrach und die dortigen Bandidos besuchte. Ich war erst wenige Jahre bei den Rogues, und meine Erfahrung mit echten Bikern beschränkte sich auf Angehörige dieses Clubs und ein paar Outlaws. Durch den Vizepräsidenten der Bandidos lernte ich einen Motorradclub kennen, der sich von allem, was ich kannte, erheblich unterschied. Bei den Bandidos war Kameradschaft kein leeres Wort. Denn auch wenn sich alle Clubs irgendwie darauf berufen, habe ich die Erfahrung gemacht, dass es vielen Clubs an Don Chambers Motto „Einer für alle, alle für einen" und den dazugehörigen Werten mangelte.

Es dauerte nicht lange, bis ich mit dem Gedanken spielte, aus dem Rogues MC das Chapter Oklahoma der Bandidos zu machen. Und dank meiner guten Beziehungen zu den Bandidos aus Mobile nahm ich an, dass die Umwandlung reine Formsache wäre. Damals konnte ich nicht einmal ahnen, wie lang es tatsächlich dauern würde. Obwohl sich außer mir ein Freund und Mitglied der Rogues, der mit einem texanischen Bandido gut befreundet war, dafür stark machte, dauert es bis 1997, ehe es in Oklahoma ein Chapter der Bandidos gab. Der Weg dorthin war steinig und oft frustrierend, aber verglichen mit dem, was ich Jahre später mit den kanadischen Bandidos und deren Vorläufer, der Rock Machine, erleben musste, glich er letztlich einem Spaziergang.

Der 6. Januar 2001, ein Samstag, ging in Kanada und weltweit in die Geschichte der Biker als jener Tag ein, an dem die Rock Machine aufhörte zu existieren und Teil der Bandidos wurden. Am selben Tag fand in Kingston, Ontario, ein großes Fest statt, bei dem die Aufnahme gebührend gefeiert wurde. Kingston, 1673 als französische Ansiedlung im Territorium der Mississauga-Indianer gegründet, liegt am östlichen Rand des Ontariosees, dort, wo er in den Sankt-Lorenz-Strom übergeht und das pittoreske Gebiet der Tausend Inseln beginnt. Kingston, bekannt für seine jahrhundertealten Kalkstein-Gebäude, wurde für das Fest gewählt, weil es mehr oder weniger im Zentrum des Verbreitungsgebietes der Rock Machine lag, das von Quebec, der Hauptstadt des gleichnamigen Bundesstaates, bis Toronto, Ontario, zählt man einzelne versprengte Mitglieder hinzu, sogar bis London, Ontario, reichte. Ironischerweise steht in Kingston auch eines der berüchtigsten Gefängnisse ganz Nordamerikas.

Dass ich an der Feier teilnehmen und meine neuen kanadischen Kameraden begrüßen würde, verstand sich von selbst. George Wegers, der als Präsident der US-amerikanischen Bandidos wie auch der Bandidos weltweit „El Presidente George" genannt wurde, hatte mir die Aufgabe übertragen, das neue kanadische Chapter auf den ersten Schritten zu begleiten.

Das hieß im Wesentlichen, dass ich den Kanadiern beibringen sollte, wie ein Ableger des Bandidos Motorradclub organisiert und geführt wird. Strukturen mussten aufgebaut, Kommunikationswege geschaffen und ein verlässliches Mitgliederverzeichnis angelegt werden, für das ich alle verfügbaren Telefonnummern und E-Mail-Adressen sammelte. Das klingt nach einer Aufgabe, die schnell erledigt ist, und mit dieser Erwartung trat ich sie auch an. Doch wie sich herausstellte, hatte die Rock Machine den kanadischen Bandidos ein heilloses Durcheinander hinterlassen. Es gab so gut wie keine Unterlagen, keine nachvollziehbare Hierarchie, und niemand konnte mit Sicherheit sagen, wer überhaupt zum Club gehörte.

Dass man mich der Aufgabe betraut hatte, den neuen Ableger der Bandidos zu leiten, hatte nichts mit meinem vorteilhaften Aussehen zu tun. Ich war schon immer ein Organisationstalent und verstand ein wenig von Verwaltung. Zudem verfügte ich über juristische Grundkenntnisse, die ich mir in den frühen 1980er Jahren während meiner Haft in der Gefängnisbibliothek aneignen konnte. Die Anhäufung von Fähigkeiten und Fertigkeiten war El Presidente George nicht entgangen, und daher hatte er mir eine Vielzahl organisatorischer Aufgaben übertragen. Dazu gehörten Dinge wie die Erstellung und Aktualisierung einer Website, der Versand des monatlichen Newsletters, für die Mitglieder des Präsidiums Flüge zu buchen, Werbekampagnen zu organisieren und das Mitgliederverzeichnis für die gesamten USA zu pflegen. Damit war ich im Grunde ausgelastet, doch da ich mich für die Ausweitung der Bandidos nach Kanada stets stark gemacht hatte, hielt ich es für meine Pflicht, dafür zu sorgen, dass die Aufnahme der Rock Machine erfolgreich über die Bühne ging.

Ich war seit zwei Tagen in Kanada, und in dieser Zeit hatte es unaufhörlich geschneit. Außerdem war es arschkalt. Aber wer kommt schon auf die Idee, im Januar nach Kanada zu fahren, wenn er nicht gerade Wintersport betreiben will? Und damit habe ich rein gar nichts am Hut. Ich hasse den Winter, ich hasse Schnee, und ich fahre nicht Ski, laufe nicht Schlittschuh, besitze keinen Motorschlitten und stehe nicht auf Eisangeln. Und nun schien es, als wäre ich den weiten Weg von Tulsa, Oklahoma, für nichts und wieder nichts gekommen. Denn nach reiflicher Überlegung hatte ich beschlossen, der feierlichen Aufnahme fernzubleiben. Und damit war der Grund hinfällig, der mich in die weiße Hölle des Nordens verschlagen hatte.

Ich hatte erfahren, dass sich rund um das frühere Clubhaus der Rock Machine eine knappe Hundertschaft Polizisten versammeln und sehr genau aufpassen würde, ob ich dort aufkreuzte. Die Männer in blauen Uniformen machten sich einen Spaß daraus, Biker zu schikanieren, zu fotografieren oder zu filmen, ihre Ausweise zu kontrollieren und jeden, dessen sie habhaft wurden, festzunehmen.

Acht amerikanische Bandidos hatten sie schon verhaftet, und einem längeren Gefängnisaufenthalt mit anschließender Ausweisung aus Kanada waren sie nur entgangen, weil sie, wie ein Stempel in ihrem Pass belegte, legal eingereist waren. In meinem Pass hingegen fehlte ein solcher Stempel. Streng genommen hielt ich mich also illegal im Land auf, und irgendwie hatten die Behörden Wind davon bekommen.

Einige Tage zuvor, an einem düsteren und stürmischen Nachmittag, war ich mit dem Auto nach Kanada eingereist, getarnt als Bauarbeiter und mit meiner Schwester Kitty am Steuer. Zuvor hatte ich einige Varianten, wie ich die Grenze passieren sollte, durchgespielt und mich für die Einreise mit dem Auto entschieden. Früher war ich öfter in Kanada gewesen, doch aufgrund meiner Vorstrafen und der Mitgliedschaft bei den Bandidos war mir in letzter Zeit mehrfach die Einreise verweigert worden. Ob man mich durchließ oder zurückschickte, hing im Grunde von der Laune des diensthabenden Grenzbeamten und davon ab, wie ernst er seinen Job nahm.

Die meisten US-amerikanischen Bandidos, die nach Kingston reisen wollten, hatten beschlossen, bis Toronto zu fliegen. Weil sich dort Bandidos aus aller Welt treffen würden, hielt ich es für sehr wahrscheinlich, dass die Kontrollen am Flugplatz besonders streng sein würden. Um anderes auch nur zu hoffen, kannte ich zu viele Fälle, in denen die kanadischen Einwanderungsbehörden Mitglieder gleich welcher Motorradclubs gefilzt und schikaniert hatten, auch wenn sie nicht, wie ich, vorbestraft waren.

Obwohl seit meiner letzten Verurteilung fast 20 Jahre vergangen waren, hatte ich keinen Zweifel daran, dass man mich am Flughafen von Toronto abfangen und umgehend zurückschicken würde. Also beschloss ich, über den Grenzübergang zwischen Detroit und Windsor einzureisen. Kitty lebte in Michigan nicht weit von der Grenze entfernt und überquerte sie ziemlich regelmäßig.

Windsor ist die südlichste Stadt Kanadas und wie Detroit vom Automobilbau geprägt – wenn auch alles ein bis zwei Nummern kleiner. Zwischen beiden Städten verläuft der Detroit River, der den Eriesee mit dem Lake St. Claire verbindet. Den Fluss quert man entweder über die Ambassador-Brücke, oder man unterfährt ihn durch einen Tunnel. In Windsor beginnt der Highway 401, die meistbefahrene Fernverkehrsstraße Kanadas, so dass an dem Grenzübergang stets reger Betrieb herrscht. Ich nahm an, dass die Kontrollen zu den Hauptverkehrszeiten weniger streng wären, und diese Annahme erwies sich als richtig. Der kanadische Grenzer wirkte gelangweilt und schien in seinem Kabuff zu frieren. Er ließ sich nicht einmal unsere Ausweise reichen, sondern begnügte sich damit, sie aus der Ferne zu mustern. Dann fragte er Kitty, wohin wir wollten und wie lange wir bleiben würden.

„Wir wollen nur für ein paar Stunden ins Spielkasino", sagte sie.

Daraufhin wurden wir durchgewinkt, und ich war in Kanada – wenn auch knapp 600 Kilometer von meinem Ziel Kingston entfernt. Wie wir wurden die meisten Autos ohne große Kontrollen durchgewinkt, und mich beschlich der Verdacht, dass alles vielleicht eine Spur

zu leicht gegangen war. Doch Kitty versicherte mir, dass die Grenzüberquerung an dieser Stelle fast immer so mühelos vonstatten ging wie
an diesem Tag. Bis zum 11. September 2001 brauchte man nicht einmal einen Pass, und wenn der Grenzer doch einmal einen Ausweis sehen wollte, genügte der Führerschein.

Nachdem Kitty mich abgesetzt hatte, reiste ich von Windsor über
London nach Toronto, wo ich die Outlaws und die Bandidos in ihren
Clubheimen besuchte. An einem Freitagnachmittag erreichte ich
schließlich Kingston, wo ich mich in dem Travelodge-Hotel einquartierte, dass das Chapter Kingston für die Gäste aus aller Welt reserviert
hatte.

Am Samstagmorgen schaltete ich nach dem Frühstück mein Laptop
an, um im Internet ein paar Zeitungen durchzusehen. Dabei stieß ich
auf einen Artikel, der mich schlagartig hellwach werden ließ. Eine Zeitung berichtete, dass die Polizei auf dem Flughafen von Toronto mehrere Bandidos verhaftet hatte, die nach Kanada einreisen und zu einer
Clubfeier nach Kingston wollten. Einigen Rockern, so der Bericht weiter, sei es gelungen, unbemerkt ins Land zu kommen, darunter ein Bandido aus Oklahoma, USA.

Auch wenn mein Name nicht genannt wurde, traf mich der Bericht
wie ein Schlag. Ich war der einzige Bandido aus Oklahoma, der Richtung Kanada gereist war. Irgendwie hatten die Behörden Wind davon
bekommen und mich nun auf dem Kieker. Einen amerikanischen Bandido festzunehmen, der sich illegal in Kanada aufhielt, wäre für sie eine gute Gelegenheit, bei der Bevölkerung Sympathiepunkte zu machen
und der Presse ein paar Schlagzeilen zu liefern.

Am meisten bedrückte mich jedoch die Gewissheit, dass es eine undichte Stelle geben musste. Seit ich in Kanada war, hatte ich mich
bemüht, keine Spuren zu hinterlassen, und weder meine Kreditkarte
noch mein Handy benutzt oder bei den Übernachtungen meinen richtigen Namen angegeben. In Gedanken stellte ich eine Liste derjenigen
Personen zusammen, die von meinem Aufenthalt wussten. Meine
Schwester kam als undichte Stelle nicht infrage, weil sie mich niemals

hintergehen würde. Es blieben eine Reihe von Outlaws aus Toronto und natürlich meine Kameraden von den Bandidos. Und auch wenn sich alles in mir gegen den Gedanken sträubte, musste mich einer von ihnen an die Behörden verraten haben. Dass selbst die Presse davon erfahren hatte, amüsierte mich hingegen. Vielleicht hatten die Behörden die Nachricht ja absichtlich lanciert, um mir mitzuteilen, dass sie mir auf die Spur gekommen und hinter mir her waren.

Auch wenn es mir denkbar schwerfiel, beschloss ich, nicht zu der Aufnahmefeier zu gehen und stattdessen mit Robert „Tout" Leger gemütlich zu Abend zu essen. Tout war früher Mitglied der Rock Machine in Montreal gewesen und gehörte nun zu den kanadischen Bandidos. Ich hatte ihn vormittags kennengelernt und festgestellt, dass wir viele Gemeinsamkeiten hatten. Natürlich war mir auch bekannt, dass er es war, der nach Texas gereist war, um im Namen der Rock Machine den Kontakt mit den amerikanischen Bandidos herzustellen.

Bandido Tout war ein energiegeladener Kerl, den man einfach gern haben musste. Wie ich schraubte der Franko-Kanadier mit großer Begeisterung an seiner Harley und hatte viele Jahre lang einen eigenen Motorradladen besessen. Schon das verband uns. Im Zuge einer laufenden Ermittlung gegen ihn gab es eine gerichtliche Verfügung, die ihm den Kontakt zu anderen Mitgliedern der Rock Machine untersagte. Die meisten von ihnen waren inzwischen Bandidos, und zu denen war Tout der Kontakt nicht verboten. Doch Tout hielt es für besser, es nicht darauf anzulegen und der Veranstaltung fernzubleiben. Beim Essen bot er mir an, mich für ein paar Tage in seinem Haus in der Nähe von Montreal zu verstecken, um dann mit dem Zug über Vermont in die USA zurückzufahren.

„Das dürfte der sicherste Weg sein, um wieder nach Hause zu kommen", sagte er in akzentfreiem Englisch. „Niemand rechnet damit, dass du über Quebec ausreist."

Auch wenn ich mir angewöhnt habe, die Polizei nie zu unterschätzen, schien mir sein Vorschlag plausibel, und ich beschloss, das Angebot anzunehmen. In Kingston zu bleiben und darauf zu warten, dass man mich schnappte, war keine lukrative Alternative. Wir beschlossen, um 20 Uhr loszufahren und die dreistündige Fahrt nach Montreal in Angriff zu nehmen. Gegen 19 Uhr gingen wir in unsere Zimmer, um zu packen. Da wir das Telefon nicht benutzen wollten, schickten wir einen Boten mit der Nachricht ins Clubhaus, dass wir die Stadt verlassen würden. Ich stopfte meine Sachen in die Reisetasche und schaltete noch einmal den Computer ein, um die E-Mails zu checken. Wie gewohnt, war ein Haufen geschäftlicher Mails dabei, dazu ein paar von meiner damaligen Verlobten Caroline und ein halbes Dutzend von anderen Bandidos. Während ich auf Tout wartete, beantwortete ich die wichtigsten.

Als Tout kam, blieben wir in meinem Zimmer, um die Antwort aus dem Clubhaus abzuwarten. Von dort bis in unser Hotel war es nur ein Katzensprung, so dass wir jeden Moment mit dem Boten rechneten. Um ihn nicht zu verpassen, ließ ich die Tür einen Spalt offen und schob den Riegel vor, damit sie nicht zufiel. Plötzlich wurde die Tür aufgestoßen, und Beamte der Polizei von Kingston sowie einer Sondereinheit der Polizei von Ontario zur Bekämpfung der Bikerkriminalität stürmten ins Zimmer.

„Keine Bewegung!" brüllte ein Offizier. „Wenn ihr pariert, geschieht niemandem etwas. Und nun die Hände hinter den Kopf. Und zwar ein bisschen plötzlich."

Wir gehorchten und sahen uns unvermittelt zwei Beamten der Einwanderungsbehörde gegenüber, die offenbar vor der Tür gewartet und nun den Raum wie zwei Katzen betraten, die just einen Kanarienvogel verspeist hatten.

„Seid ihr Mitglieder der Bandidos?" fragte einer der Polizisten aus Kingston.

Die Frage war müßig, schließlich trugen Tout und ich auf Gürtel und T-Shirt den Bandidos-Schriftzug und befanden uns in einem Teil des Hotels, der komplett für Bandidos reserviert worden war. Nachdem wir die Frage wahrheitsgemäß beantwortet hatten, sollten wir Namen und Wohnort nennen. Als ich sagte, dass ich in Oklahoma zu Hause sei, traten die beiden Beamten der Einwanderungsbehörde vor – nun hatte ihr Stündchen geschlagen.

„Werden Sie in der Szene auch Connecticut Ed genannt?" wollte einer von ihnen wissen. Ich bejahte.

„Aber sagten Sie nicht, dass Sie aus Oklahoma kommen?"

Ich erklärte ihm, dass ich ursprünglich aus Connecticut stamme und den Namen zur Unterscheidung von anderen Bandidos bekam, die den Vornamen Ed tragen.

Nachdem sie sich mit einem Blick in meinen Pass von der Richtigkeit meiner Angaben überzeugt hatten, wurde ich wegen Verstoßes gegen die kanadischen Einwanderungsbestimmungen festgenommen. Man legte mir Handschellen an und führte mich in den Flur. Die Beamten aus Kingston blieben mit Tout zurück. Nachdem sie sich von seiner Identität überzeugt und vergewissert hatten, dass er nicht gegen gerichtliche Auflagen verstoßen hatte, durchsuchten sie das Zimmer nach Drogen und Waffen. Weil sie nichts fanden, durfte Tout gehen. Ich hingegen blieb in der Obhut der kanadischen Behörden.

Als die feiernden Bandidos erfuhren, dass man mich verhaftet hatte, waren sie nicht sonderlich überrascht. Unverständlich blieb hingegen, dass mich die Einwanderungsbehörde festgenommen hatte. Die Behörden vor Ort hatten gerade erst einige amerikanische Bandidos laufen lassen müssen, weil die Einwanderungsbehörden es nicht für nötig befunden hatten, sich nach Kingston zu bequemen und die Verhafteten zu übernehmen. Natürlich fragte ich mich, warum sie ausgerechnet an mir solch großes Interesse hatten. Erklären konnte ich es mir nur damit, dass die anderen einfache Mitglieder gewesen waren, wohingegen ich enge Verdingungen zum Präsidium hatte und daher interessant für die Einwanderungsbehörden war. Doch wie es kam, dass man mich dort so genau kannte, war mir ein Rätsel.

Von Kingston aus brachte man mich in das Untersuchungsgefängnis von Lansdowne, etwa 70 Kilometer östlich von Kingston. Ich war mal wieder hinter Gittern. Die Situation war mir vertraut, aber ich hatte mich nicht darum gerissen, sie erneut zu erleben – schon gar nicht in einem Land, dessen Rechtssystem und Gesetze ich nicht kannte, und ich deshalb nicht die geringste Ahnung hatte, was mich erwartete.

Es mutet fast wie ein Witz an, dass Lansdowne nur den sprichwörtlichen Steinwurf von der Grenze zu den USA entfernt ist. Mit einem echten Steinwurf hätte ich also den Grenzposten der USA auf Wellesley Island treffen können, die zu den Tausend Inseln gehören, die sich über den Sankt-Lorenz-Strom verteilen wie die Sterne am Himmel.

„Sie brauchen sich gar nicht erst häuslich einzurichten", erklärte man mir auf dem Weg in die Zelle. „Dafür bleiben Sie nicht lang genug hier. Wir bringen Sie nach Ottawa." Als Grund nannte der Beamte, dass mich seine Vorgesetzten aus der Hauptstadt in ihrer Nähe haben wollten, um mir die „angemessene Aufmerksamkeit" angedeihen zu lassen. Offenbar waren sie davon überzeugt, dass ihnen ein dicker Fisch ins Netz gegangen war und sie einen Fang gemacht hatten, über den die Medien begeistert herfallen würden. Denn wie überall auf der Welt machen auch die kanadischen Boulevardblätter liebend gern mit reißerischen Schlagzeilen über „kriminelle Rockerbanden" auf.

Ich will nicht verschweigen, dass die Beamten, die mich verhafteten und ins Gefängnis brachten, außergewöhnlich respektvoll mit mir umgingen. Eine solche Behandlung durch die Behörden war ich nicht gewöhnt. Vielleicht lag es daran, dass sie davon überzeugt waren, ein wirklich hohes Tier aus der Welt der Einprozenter vor sich zu haben. Während ich darauf wartete, nach Ottawa gebracht zu werden, erkundigte sich ein Beamter tatsächlich, ob er irgendetwas für mich tun könne. Zu seiner großen Verwunderung bat ich ihn um ein Buch, durch das ich mich mit den Bestimmungen des kanadischen Einwanderrechts vertraut machen konnte.

„Wir haben auch was Vernünftiges zu lesen", erwiderte er irritiert. Ich blieb bei meiner Bitte – ohne ihm zu erklären, dass ich über erhebliche juristische Vorkenntnisse verfügte –, und er erfüllte sie mir. Einen Moment lang war ich versucht, auf alle Rechtsmittel zu verzichten und in die sofortige Abschiebung einzuwilligen. Doch je länger ich in dem Gesetzestext las, desto größer wurde mein Wunsch, zu bleiben und für meine Rechte zu kämpfen. Warum ich nicht den Weg des geringsten Widerstands wählte, kann ich nicht mit Sicherheit sagen. Es mag damit zu tun haben, dass ich vor Streit noch nie davongelaufen bin. Außerdem war es mir wichtig, jederzeit zurückkommen zu können, um ungestört meine Arbeit für die kanadischen Bandidos erledigen zu können. Aber vielleicht wollte ich auch nur wissen, ob ich einer solchen Auseinandersetzung noch gewachsen war.

Am Montag, den 8. Januar, überführte man mich in die Carleton-Haftanstalt in Ottawa, ein Hochsicherheitsgefängnis am Rand der kanadischen Hauptstadt. Vorsorglich steckte man mich in eine Einzelzelle. Offenbar saßen in der Anstalt mehrere Mitglieder der Hells Angels ein, und man fürchtete um meine Sicherheit. Mir wurde mitgeteilt, dass meine Anhörung auf den 17. Januar verschoben worden war. Am 9. Januar wurde ich per Telefon mit der Anklage konfrontiert.

Ich verteidigte mich selbst, und trotz des Einspruches eines Vertreters der Staatsanwaltschaft konnte ich den Haftrichter dazu bewegen, für meine Entlassung eine Kaution von 20.000 Dollar festzusetzen. Nach US-amerikanischem Recht hätte ich davon zehn Prozent, also 2.000 Dollar, hinterlegen müssen. Ich war zuversichtlich, die Summe aufbringen zu können. Entsprechend enttäuscht war ich, als ich erfuhr, dass das kanadische Recht die Zehn-Prozent-Regel nicht kennt und ich für meine Entlassung die volle Summe hinterlegen musste: 20.000 Dollar in bar.

Ich war nicht wegen eines Verbrechens, sondern nur wegen eines Vergehens verhaftet und angeklagt worden, und selbst im Falle einer Verurteilung hatte ich keine Haftstrafe zu erwarten. Schlimmstenfalls drohte mir die sofortige Ausweisung aus Kanada und die Rückführung in die USA. Und genau dort wollte ich hin. Es dauerte eine Weile, bis ich die eigenwillige Logik begriff, die mich hinter Gitter gebracht hatte. Inzwischen war ich sicher, dass die Behörden sehr genau wussten, wer ich war, dass ich mir seit 1982 nichts mehr hatte zu Schulden kommen lassen und in den USA nichts gegen mich vorlag – geschweige denn in Kanada.

Nach Hause zurückkehren durfte ich trotzdem nicht, weil die kanadische Regierung mich so lange bei sich behalten wollte, bis die Einwanderungsbehörden mich offiziell ausweisen konnten. Die Situation war grotesk, aber für die Beamten war es Alltag. Sie traten sehr bestimmt auf und verhielten sich, als hätte ich einen Mord oder ein ähnlich schweres Verbrechen begangen. Erschwerend kam hinzu, dass es das kanadische Recht erlaubte, die Verhandlung gegen mich um bis zu zwei Jahre hinauszuzögern.

So gesehen konnte ich von Glück sagen, dass der Haftrichter mir die Möglichkeit eingeräumt hatte, mich mittels einer Kaution „freizukaufen“. Wie es hieß, war ich der erste Biker, dem dieses Privileg eingeräumt wurde. Alles in allem war ich zuversichtlich, dass der Spuk schnell vorbei sein würde und ich nach Oklahoma zurückkehren könnte, wo meine achtjährige Tochter Taylor sehnsüchtig ihren Papa erwartete.

Kaum kannte ich die Höhe der Kaution, nahm ich Kontakt mit Jean „Charley“ Duquaire auf, einer meiner neuen kanadischen Kameraden und erster Präsident der kanadischen Bandidos. Er begriff augenblicklich meine Lage und erklärte sich bereit, mir den Betrag vorzuschießen. Als Sicherheit reichte ihm mein Versprechen, dass er das Geld binnen weniger Tage zurückbekommen würde. Weil das Geld nachweisbar sauber sein musste, belieh Presidente Charley seine Kreditkarte bei der Bank of Montreal und ließ sich einen Barscheck über die erforderliche Summe ausstellen, den er im Büro der Einwanderungsbehörde in Ottawa hinterlegte.

Am frühen Nachmittag des 10. Januar, einem Mittwoch, wurde ich aus der Haft entlassen und nach Kingston gebracht, wo ich ein paar Tage im Haus des kanadischen Bandidos Marc „Garfield“ Yakimishan und seiner Familie verbrachte. Die Freilassung auf Kaution war mit der Auflage verbunden, dass ich Kanada nicht verlassen durfte, und Bandido Garfield sollte Sorge dafür tragen, dass ich pünktlich zu meiner nächsten Vernehmung erschien. Garfield war damals bereits als kommender El Secretario von Kanada auserkoren und dass ich mich in seiner Nähe aufhalten sollte daher geradezu ideal. Wenn mir schon ein längerer „Urlaub" in Kanada bevorstand, konnte ich die Zeit wenigstens sinnvoll nutzen und Garfield seine künftigen Aufgaben erklären. Natürlich wäre es mir ein Leichtes gewesen, das Land heimlich zu verlassen. Doch erstens wollte ich die Kaution, meine Bandidos Colors und meinen Pass wiederhaben, zweitens wollte ich nicht klein beigeben und gegen die drohende Abschiebung kämpfen. Und drittens war ich überzeugt, dass ich den Kampf gewinnen würde.

Sobald ich das Gefängnis verlassen hatte, engagierte ich einen der besten Strafverteidiger Kanadas: Josh Zambrowsky hatte seine Kanzlei in Kingston und war bei den Bandidos aus Montreal und aus Kingston hoch angesehen. Ein paar Jahre zuvor hatte er einige von ihnen vor Gericht vertreten; seither galt er als scharfer Hund.

Zu unserer Vorbereitung für die Verhandlung gehörte es, Jonathan M. Sutton und William J. Patterson, zwei befreundete Anwälte aus Oklahoma, um Referenzen zu bitten, in denen ich erschreckend gut wegkam. Das einzige Problem war, dass mir kein Strafprozess bevorstand und wir es daher nicht mit einem Strafgericht zu tun hatten, sondern mit der Einwanderungsbehörde, die es gewohnt waren, die Dinge nach ihrem Gutdünken zu entscheiden, ohne an ein Rechtssystem gebunden zu sein.

Einer der vielen Zeitungsartikel, die sich mit meinem Fall beschäftigen, erschien am Tag meiner Entlassung aus dem Gefängnis von Ottawa. Darin findet sich auch die Vermutung, dass ich eines der führenden Mitglieder der US-amerikanischen Bandidos sei. Doch obwohl ich zeitweilig für das nationale Präsidium gearbeitet habe und gelegentlich als El Secretario eingesetzt wurde, kann von einer wichtigen Funktion in der Organisation oder gar einer Führungsrolle nicht die Rede sein. Das einzige Amt, das ich je bekleidet habe, war das des Secretarios des Chapters Oklahoma.

Motorradrocker kommt auf Kaution frei

von John Steinbachs
10. Januar 2001

Ein hochrangiges Mitglied des Motorradclubs Bandidos soll heute aus dem Gefängnis entlassen werden, wo er Gelegenheit hatte, sein Mütchen zu kühlen. Edward Winterhalder, 45, erschien gestern vor einer Kommission der Einwanderungsbehörde, die über seinen Antrag auf vorzeitige Entlassung zu befinden hatte. Der Vorsitzende gab dem Antrag unter strengen Auflagen und nach Hinterlegung einer Kaution in Höhe von 20.000 Dollar statt.

Das Mitglied der Bandidos war am Sonnabend in Kingston am Rande eines Treffens von gut 50 Motorradfahrern wegen illegalen Grenzübertritts festgenommen worden. Mit der Veranstaltung in Kingston wurde der Eintritt zahlreicher Mitglieder der Rock Machine in die Organisation der Bandidos begangen. Nur eine Woche zuvor waren Dutzende Mitglieder kleiner Motorradclubs aus Ontario den rivalisierenden Hells Angels beigetreten.

Der Verhaftete – bei dem es sich um ein wichtiges und einflussreiches Führungsmitglied der Bandidos handeln soll – stammt aus Tulsa und wird der illegalen Einreise beschuldigt. Deshalb soll sich Winterhalder am 17. Januar vor einem Untersuchungsausschuss verantworten, der prüfen wird, inwieweit die Beschuldigungen berechtigt sind und die sofortige Ausweisung angemessen ist.

Die Grenzbeamten ließ er im Ungewissen

Laut Anklage hat Winterhalder, der aus seiner Mitgliedschaft bei den gefürchteten Bandidos keinen Hehl macht, am 5. Januar in Fort Erie die Grenze überschritten, ohne die Beamten von der Mitgliedschaft in Kenntnis zu setzen. 1995 hatte er schon einmal versucht, am selben Übergang nach Kanada einzureisen; damals hatte man ihn jedoch am Grenzübertritt gehindert. Laut Einwanderungsbehörde hat Winterhalder ein langes Vorstrafenregister, in dem sich Delikte wie Hehlerei, Scheckbetrug, Autodiebstahl und unerlaubter Waffenbesitz finden. Die letzte Verurteilung stammt aus dem Jahr 1983.

Seit einiger Zeit versuchen kriminelle Motorradbanden, in Kanada Fuß zu fassen. Deshalb sind die Beamten an neuralgischen Punkten wie dem Flughafen von Toronto besonders wachsam. So konnten jetzt vier Mitglieder der Bandidos aufgehalten werden, die zur Gründung der Ortsgruppe in Kingston reisen wollten. Die Männer, die aus Denver, Washington und Amsterdam stammten, wurden zurückgeschickt. Einem hochrangigen Mitglied aus Washington gelang zwar die Einreise, doch bereits am Sonntag verlies der Mann Kanada wieder.

Ein Brief des Anwaltes Jonathan Sutton aus Tulsa zur Vorlage bei der kanadischen Einwanderungsbehörde.

An die zuständigen Behörden
15. Januar 2001

Hiermit verwende ich mich für den US-amerikanischen Staatsbürger Mr. Edward Winterhalder, der ein guter Freund von mir ist. Doch ehe ich mich über ihn äußere, möchte ich mich selbst kurz vorstellen. Ich bin von Beruf Rechtsanwalt und praktiziere überwiegend in Oklahoma. Meine Zulassung als Anwalt gilt für sämtliche Bezirke und Instanzen bis hin zum Obersten Gerichtshof der Vereinigten Staaten von Amerika. Vor meiner Selbstständigkeit habe ich für namhafte Firmen wie United Parcel Service und das Büro des Bezirksstaatsanwaltes von Tulsa gearbeitet.

Mr. Winterhalder kenne ich seit etwa fünf Jahren und habe seither regelmäßig Kontakt zu ihm. Ich habe ihn als hoch motivierten, intelligenten und entschlossenen Menschen mit einem tadellosen Charakter und klaren Wertvorstellungen kennen- und schätzen gelernt. Da ich

Mr. Winterhalder mehrfach vertreten habe, kann ich bezeugen, dass sich sämtliche Anschuldigungen, die in den letzten Jahren gegen ihn vorgebracht wurden, als haltlos erwiesen haben. Über die Zeit davor kann ich natürlich nichts sagen, aber seit ich Mr. Winterhalder kenne, ist nichts vorgefallen, was die jetzigen Anschuldigungen erklären könnte. Vielmehr ist er ein liebevoller Vater, ein angesehener Geschäftsmann und mir ein geschätzter Freund. Ich kenne allerhöchstens fünf Personen, über die ich dergleichen sagen würde, doch Mr. Winterhalder genießt mein vollstes Vertrauen.

Deshalb wünschte ich, dass es mehr Menschen wie ihn gäbe – dann wäre es um uns und unsere Gesellschaft besser bestellt. Mr. Winterhalder ist ein Mann, der zu seinem Wort steht, Versprechen hält und sich auch in schwierigen Situationen richtig entscheidet. Er hat meinen ganzen Respekt, und ich vertraue darauf, dass Sie, was immer Sie ihm vorwerfen mögen, die einzig richtige Entscheidung treffen und ihn umgehend aus der Haft entlassen.

Hochachtungsvoll
Jonathan Sutton

Während ich auf den 17. Januar und die Anhörung wartete, fuhr ich eines abends mit Alain Brunette nach Toronto. Alain war damals Vizepräsident der kanadischen Bandidos. Jean „Charley" Duquaire, der als Anführer der einstigen Rock Machine automatisch zum Präsidenten der Bandidos geworden war, hatte Alain zu seinem Stellvertreter ernannt. Da ich ihn zirka zwei Jahre zuvor bei einer anderen Gelegenheit in den USA bereits kennengelernt hatte, freute mich seine Ernennung.

Obwohl es an dem Tag stark geschneit hatte, waren die Straßen gut befahrbar, so dass Alain und ich am frühen Abend die Außenbezirke Torontos erreichten. Im Hintergrund wurden die Konturen des weltberühmten CN-Towers erkennbar, der sich wie eine riesige Nadel in den Abendhimmel reckte und die Skyline trotz der vielen Wolkenkratzer drumherum dominierte.

„Die Stadt wirkt ja ziemlich chaotisch", sagte ich, „aber die Aussicht von da oben ist bestimmt gigantisch."

„Der Fernsehturm von Toronto ist das größte freistehende Gebäude der Welt", erklärte Alain, „und ein Besuch für jeden Touristen absolute Pflicht."

Auf meine Frage, wie hoch der Turm sei, sagte Alain etwas von fast 600 Meter. Um meine Neugier zu befriedigen, sah ich später im Internet nach und fand heraus, dass der Turm exakt 1.815 Fuß beziehungsweise 553 Meter hoch ist. Den Blick von der oberen Aussichtsplattform hätte ich mir liebend gern gegönnt, aber wir waren ja nicht als Touristen gekommen. Ich beschloss, es später nachzuholen.

Sinn und Zweck unserer Reise in die Hauptstadt Ontarios war ein Treffen mit dem Präsidenten des Toronto Loners MC, Peter „Peppi" Barilla, und der Besuch des neuen Bandidos-Chapters Toronto Nord. Mit Peppi wollten wir erörtern, ob der Wechsel der Loners zu den Bandidos in naher Zukunft eine Option sei. Mir war berichtet worden, dass Peppi über erheblichen Einfluss in der Biker-Szene von Toronto verfügte und sein Wort großes Gewicht hatte. Obwohl er von Statur eher klein war, strahlte er eine natürliche Autorität aus – gedrungen und muskulös, am ganzen Körper tätowiert, schulterlanges, strohblondes Haar, Bart und fast immer ein Lächeln auf den Lippen. Er war ein angenehmer Zeitgenosse, doch klar war auch, dass man es tunlichst vermeiden sollte, sich mit ihm anzulegen.

Das Treffen mit Peppi dauerte länger als erwartet, und als wir zum Clubhaus der Bandidos in einem Industriegebiet Torontos kamen, war der „Kirchgang", wie das wöchentliche Vereinstreffen genannt wird, gerade beendet. So konnten wir nur noch bedauernd zur Kenntnis nehmen, dass sie dem Anwärter Eric „Eric the Red" McMillan die Aufnahme verweigert hatten. Eric kam aus Oshawa, einem Ort gut 25 Meilen östlich von Toronto. Er hegte tiefen Groll gegenüber einigen Bikern, die den Hells Angels beigetreten waren. Den genauen Grund für seine Verbitterung habe ich nie erfahren, aber dass Mitglieder des einen Clubs Mitglieder des anderen hassten, war nichts Ungewöhnliches. Oft hatten sie begründeten Anlass dazu, aber manchmal war es auch nur eine Marotte, die zum „guten" Ton gehörte. Alain und ich hielten Eric für einen der hoffnungsvollsten Männer des gesamten Chapters Toronto, aber die Mitglieder vor Ort hielten seine Ablehnung der Hells Angels für heillos überzogen.

Mit gemischten Gefühlen verließen Alain und ich Toronto. Das Treffen mit Peppi gab uns ein gutes Gefühl, die Begegnung mit den Bandidos ein schlechtes. Peppi stand einem Anschluss der Loners an die Bandidos aufgeschlossen gegenüber – das war das erfreuliche Ergebnis unserer Mission. Allerdings bestand wenig Aussicht, dass das Chapter Toronto überleben würde – das war der unerfreuliche Befund. Natürlich fragten wir uns, wie viele Bandidos zu den Hells Angels wechseln würden. Ihre positive Einstellung zu den Angels – aus der sie uns gegenüber keinen Hehl gemacht hatten – ließ einen solchen Schritt ziemlich wahrscheinlich werden.

Weil es ohnehin auf unserem Weg nach Kingston lag, beschlossen Alain und ich, in Oshawa Halt zu machen. Als wir Toronto verließen, forderte ich Alain auf, mir von sich zu erzählen. Eigentlich ist diese Direktheit nicht meine Art, aber ich hielt es für nicht ganz unwichtig, die künftige Führung der kanadischen Bandidos so gut wie möglich kennenzulernen, auch wenn ich mit ihnen nicht allzu viel Zeit verbringen würde. Das Gespräch mit Alain kam nur schleppend in Gang, aber schließlich erfuhr ich, dass er aus Montreal stammte und am Südufer des Sankt-Lorenz-Stroms aufgewachsen war. Motorrad fuhr er seit dem fünfzehnten Lebensjahr – im selben Alter hatte auch ich damit begonnen.

„Meine erste Maschine war ein Zwei-Zylinder-Zweitakter mit 350 Kubik", berichtete Alain. „Damit habe ich fahren gelernt. Später folgten eine 650er Kawasaki und eine 1100er Yamaha. Nichts für Anfänger, aber ich war zum Glück ja keiner mehr. Na ja, und dann habe ich mir die erste Harley zugelegt." Dann erzählte er, dass er schon als Jugendlicher zu arbeiten begonnen hatte, vor allem im Landschaftsbau und auf dem Bau. So entdeckten wir manche Gemeinsamkeit, denn schließlich habe auch ich schon als junger Mensch zu arbeiten begonnen, und das Baugewerbe war mir bestens bekannt.

Als wir in Oshawa ankamen – die Stadt verdankt ihre Existenz einem Werk von General Motors –, fuhren wir direkt zum Haus von Eric und klingelten ihn aus dem Bett. Zum Ausgleich für das frühe Wecken führten wir ihn in ein Restaurant, wo wir um zwei Uhr morgens frühstückten. Nachdem wir uns seine Version der gescheiterten Aufnahme angehört hatten, beschlossen wir, den Beschluss rückgängig zu machen. Und um dem Konflikt mit dem Chapter Toronto aus dem Wege zu gehen, nahmen wir Eric ins Chapter Kingston auf, das Alain unterstand. Später riefen wir in Toronto an und teilten den dortigen Kollegen unseren Beschluss mit. Wie man sich leicht vorstellen kann, kochten sie vor Wut.

Der Höhepunkt meines unfreiwillig verlängerten Aufenthalts in Kanada war der Besuch in Quebec und die Begegnung mit einigen Bandidos des Chapters Montreal, darunter auch Tout, den ich seit meiner Festnahme nicht mehr gesehen hatte. Spontan beschloss ich, die Einladung, die er im Travelodge von Kingston ausgesprochen hatte, anzunehmen und für ein paar Tage bei ihm abzusteigen. Obwohl ich mich laut richterlichen Auflagen bei Garfield in Kingston aufhalten sollte, glaubte ich mir diesen Ausflug erlauben zu können. Selbst wenn man mir auf die Schliche käme, würde man mich kaum ins Gefängnis stecken. Und in dem Fall, dass ich bei der Anhörung verlieren würde, würde man mich ohnehin umgehend ausweisen.

Alain und ich fuhren von Kingston, wo er lebte, mit dem Auto nach Laval vor den Toren Montreals. Wir nahmen den Highway 401, der an der Grenze zwischen Ontario und Quebec endet. In einem der besseren Hotels von Laval hatten die Bandidos aus Montreal ein Zimmer gemietet, in dem wir uns ungestört treffen konnten. Früher hatte das Haus dem berüchtigten Charter Nord der Hells Angels *[alle Clubs verwenden den Begriff „Chapter", nur die Hells Angels verwenden stattdessen*

„Charter". – Anm. d. Lek.] als Basis gedient. Ob das Treffen meinetwegen anberaumt worden war oder es einen anderen Grund gab, vermag ich nicht zu sagen. Dafür weiß ich, dass der Ort vor den Toren der hektischen Großstadt ideal gewählt war. Das Zimmer lag in einer der oberen Etagen und bot einen fantastischen Ausblick auf die ländliche Gegend und die Skyline der Metropole Montreal.

Schon vor meiner Ankunft war beschlossen worden, Bandido Garfield doch nicht zum El Secretario zu ernennen. Er war nicht sonderlich gut organisiert und begriff nur mit Mühen, was von ihm erwartet wurde. Das war allerdings die Mindestvoraussetzung für den Job. Also musste jemand Passendes gefunden werden, und Charley, der Präsident, sein Vize Alain und ich kamen zu dem Schluss, dass Robert „Tout" Leger der ideale Mann dafür war. Alain kannte Tout ziemlich gut und hatte mir versichert, dass auf ihn absolut Verlass sei.

Seinen Einwänden, dass er nicht einmal einen Computer besitze und den Job gar nicht wolle, zum Trotz, setzten wir uns durch, und Tout war der neue El Secretario. Anschließend fuhren wir nach Montreal, um uns in einem angesagten italienischen Restaurant mit weiteren Bandidos zu treffen und gemeinsam zu Mittag zu essen. Wir ließen es uns in der Gewissheit schmecken, dass es um die Zukunft der Bandidos in Quebec gut bestellt war. Nach dem Essen verabschiedete ich mich vom Chapter Montreal und dem Vizepräsidenten Alain und fuhr mit dem neuen El Secretario Tout zu seinem Haus im Süden der Stadt.

Meine Anhörung war nur noch wenige Tage entfernt, und da ich die Region um Kingston eigentlich nicht verlassen durfte, beschloss ich, den Aufenthalt zu verkürzen. Es wurden dann doch zwei Tage und Nächte mit Tout und seiner Familie, und es war eine ausgesprochen schöne Zeit. Familie Leger führte vor, was Franko-Kanadier unter Gastfreundschaft verstehen. Am Tag vor meiner Anhörung fuhr Tout mich bis an die Grenze von Ontario, wo wir Alain trafen, der mich nach Kingston bringen wollte. Als ich mich von Tout mit dem Versprechen verabschiedete, ihn so bald wie möglich wieder zu besuchen, konnte ich nicht ahnen, dass es kein Wiedersehen geben würde.

Damit es so aussah, als hätte ich mich penibel an alle Auflagen gehalten, fuhr mich Bandido Garfield am 17. Januar persönlich die neun-
zig Meilen von Kingston zu meiner Anhörung nach Ottawa. Es war ein
bitterkalter Tag, und je näher wir unserem Ziel kamen, desto dichter
wurde der Schnee und desto häufiger begegneten uns Lastwagen, die
mit der weißen Fracht beladen waren. Als ich Garfield fragte, was es
damit auf sich hatte, erklärte er mir, dass der Schnee von Straßen und
öffentlichen Parkplätzen geräumt und auf Lastwagen verladen wurde,
die ihn dann irgendwo in den Fluss kippten. Ich rieb mir die Augen
und vergewisserte mich, dass ich nicht träumte – so etwas hatte ich
noch nie gesehen.

Die Anhörung erwies sich als reine Zeitverschwendung, wenn nicht
gar als Farce. Ich hatte Anlass mich zu fragen, ob die kanadischen
Behörden und Bürokraten den Kontakt zur Realität verloren hatten.
Denn wäre es nach dem Vertreter der Einwanderungsbehörde gegangen, hätte ich mindestens vier weitere Monate in Kanada bleiben müssen. So jedenfalls lautete sein Vorschlag, und die Mischung aus Hoch-
näsigkeit und fehlendem gesunden Menschenverstand war fast schon
wieder amüsant. Mein Anwalt Josh Zambrowsky erklärte mir, dass man
mich so zur Kapitulation bewegen wolle – ihnen behagte es nicht, pro-
voziert zu werden.

Offensichtlich nahm die Behörde an, dass die Androhung, vier weitere Monate im Land bleiben zu müssen, mich in die Knie zwingen und
dazu bewegen würde, in meine Abschiebung einzuwilligen. Auch wenn
in den Zeitungen, die lieber über Vorurteile als über Fakten berichten,
später kein Wort darüber stand, argumentierte Josh, dass die Maßnahme überflüssig sei, weil ich auch ohne sie pünktlich zur nächsten Anhörung erscheinen würde. Das schien den Vorsitzenden zu überzeugen,
denn er setzte den nächsten Termin auf Mitte Mai fest. Bis dahin, so
verkündete er, könne ich mich aufhalten, „wo immer es Ihnen beliebt“.
Falls ich Kanada verlassen wolle, müsste ich die Behörden davon jedoch
in Kenntnis setzen. Nun durfte ich endlich zu meiner Tochter, meiner
Verlobten, dem Chapter Oklahoma und meiner Arbeit zurück.

Am Freitag, den 19. Januar, verabschiedete ich mich von allen, die mir geholfen und beigestanden hatten, und überschritt die Grenze passenderweise in Lansdowne, wo ich ein paar Wochen zuvor zwei Nächte im Gefängnis verbracht hatte. Von dort aus fuhr ich nach Syracuse im Bundesstaat New York, wo ich den Nachtzug nach Cleveland, Ohio, nahm. In Cleveland bestieg ich ein Flugzeug nach Tulsa. Schon bald würde ich wieder im Herzen Amerikas sein.

Durch die Anhörung am 17. Januar geriet mein Fall wieder in die Schlagzeilen. In der «Ottawa Sun» erschien ein erstaunlich fairer und sachlicher Bericht über die Verhandlung. Umso erstaunlicher ist es, dass auch dieser Journalist meine Einreise nach Kanada von Windsor nach Fort Erie verlegte. Zwischen den beiden Städten liegen immerhin 248 Meilen oder ziemlich genau 400 Kilometer.

Abreise verschoben
Rocker soll bis Mai im Land bleiben
von John Steinbachs
18. Januar 2001

Edward Winterhalder, Mitglied des Motorradclubs Bandidos, wird beschuldigt, sich illegal in Kanada aufzuhalten; der Staat und die Einwanderungsbehörden wollen ihn ausweisen. Deshalb mutete es etwas befremdlich an, als ein Vertreter der Anklage forderte, dass Winterhalder bis zur nächsten Verhandlung Mitte Mai auf kanadischem Territorium bleiben müsse. Sollte er das Land trotzdem verlassen und irgendwann versuchen, wieder einzureisen, würden die staatlichen Stellen ihn daran hindern und die Kaution einbehalten.

Der beschuldigte Bandido – angeblich ein führendes Mitglied der Organisation – wurde am 7. Januar in einem Hotel in Kingston am Rande eines Bikertreffens festgenommen, bei dem zahlreiche Mitglieder der Rock Machine zu Mitgliedern der international operierenden Bandidos ernannt wurden. Nach fünf Tagen Haft wurde er gegen eine Kaution von 20.000 Dollar auf freien Fuß gesetzt.

Winterhalder, der nach eigenen Angaben eine Baufirma besitzt, will so bald wie möglich nach Hause und zu seiner kleinen Tochter zurückkehren. Der Vorsitzende Richter, der einräumte, keinerlei Entscheidungsspielraum zu haben, ordnete die Vertagung des Verfahrens an und lehnte Winterhalders Antrag ab, das Land als freier Mann verlassen zu dürfen. Mit der Kaution als Sicherheit und dem Versprechen, zur Anhörung Mitte Mai zu erscheinen, entließ er den Angeschuldigten unter Auflagen.

Als Grund für die Verschiebung nannten die Behörden, mehr Zeit für Ermittlungen zu benötigen, um neben der illegalen Einreise auch die Vorstrafen und die Mitgliedschaft in einer kriminellen Vereinigung beweisen zu können. Vor allem den letzten Punkt wies Winterhalder als Unterstellung zurück.

„Die Bandidos sind keine kriminelle Organisation", sagte er im Anschluss an die Anhörung. Und er sei auch nicht illegal nach Kanada eingereist, sondern von den Grenzbeamten in Fort Erie durchgewinkt worden, ohne Gelegenheit zu haben, sich auszuweisen und auf seine Vorstrafen aufmerksam zu machen.

Während des Fluges nach Oklahoma gingen meine Gedanken zu den kanadischen Bandidos, ihrem Vorläufer, der Rock Machine, und wie ich mit ihnen in Kontakt gekommen war. Dazu kam mir eine Begebenheit in den Sinn, die sich einige Jahre zuvor in Washington, dem Bundesstaat im äußersten Nordwesten der USA, zugetragen hatte.

Es war Frühling und ich der Annahme, dass es hier oben ständig regnete. Tatsächlich aber war es einer jenen seltenen und kostbaren Tage mit strahlendem Sonnenschein. Auf dem Flug nach Seattle waren meine Tochter Taylor, die mich begleitete, und ich gleichermaßen beeindruckt von der überwältigenden Pracht des Mount Rainier, dessen schneebedeckter weißer Gipfel die gesamte Region überstrahlte. Und nach der Landung schien es egal, in welche Richtung wir uns wandten – im Hintergrund zeichnete sich immer der Mount Rainier ab. Am Flugplatz von Seattle holte uns der Bandido Tim „TJ" Jones ab, bei dem wir während unseres kurzen Aufenthaltes wohnen würden. Er und seine Frau hatten Kinder, die in etwa so alt wie Taylor waren: fünfeinhalb.

So konnte ich sicher sein, dass Taylor sich nicht langweilte, wenn ich nicht in der Nähe war.

Dass wir im April 1999 nach Washington reisten, hatte weder berufliche Gründe, noch wollten meine Tochter und ich Urlaub machen. Ich war gekommen, um an der Beerdigung des Bandidos Mississippi Charlie teilzunehmen. Den hatte der Tod just in dem Moment ereilt, als er mit seiner Freundin schlief. Wenn ein Biker vor der Zeit stirbt, dann oft durch Gewalt. Hier lagen die Dinge eindeutig anders. Und wenn der Anlass nicht so traurig gewesen wäre, hätte man sich über das Szenario kaputtlachen mögen. Ganz mochte sich das Lachen auch niemand verkneifen: Beim Sex zu sterben ist sicherlich nicht die schlechteste Art, aus dem Leben zu scheiden.

Hunderte Biker hatten sich auf dem Friedhof des kleinen Ortes in der Nähe von Seattle versammelt, wo die Beerdigung stattfinden sollte. Bei den meisten handelte es sich um Bandidos, doch auch Washingtoner Chapter anderer Clubs waren vor Ort. Ich kannte einige der Leute und natürlich auch ihre Abzeichen, aber ein Mann stach aus der Masse der Anwesenden heraus. Er hatte etwas an sich, dass meine Aufmerksamkeit auf ihn lenkte – und damit meine ich nicht seine rundlichen Formen. Als Erstes fiel mir sein Abzeichen auf, das ausgesprochen ungewöhnlich war. Der obere und der untere Teil trugen silberne Schrift auf schwarzem Grund, die Ränder waren rot abgesetzt. In der Mitte prangte ein stilisierter Adlerkopf, den ich nie zuvor gesehen hatte. Ich arbeitete mich durch die Menge, um herauszufinden, für welchen Club der Aufnäher stand. Als ich nahe genug gekommen war, erkannte ich, dass es sich bei dem großen und geheimnisvollen Mann, den ich auf Mitte dreißig schätzte, um ein Vollmitglied der Rock Machine handelte. Von dem Club wusste ich kaum mehr als den Namen und dass es ihn nur in Kanada und dort vor allem in der Provinz Quebec gab. Zudem war mir die bisweilen tödliche Rivalität zwischen der Rock Machine und den kanadischen Hells Angels bekannt. Nun hatte ich zum ersten Mal ein Mitglied der Rock Machine vor Augen, und dass er für die Beerdigung eines Bandidos eine so weite Reise auf sich genommen hatte, überraschte mich sehr. Auswärtige Biker – egal von welchem Club – trifft man eigentlich nur, wenn ein hochrangiges Mitglied zu Grabe getragen wird. Theoretisch war es möglich, dass der Mann und Mississippi Charlie Freunde gewesen waren, doch das hielt ich für wenig wahrscheinlich.

Daher überlegte ich, welchen anderen Grund es haben könnte, dass der Mann den halben Kontinent überquert hatte, um an der Beerdigung eines Bandidos teilzunehmen. Vielleicht hatte es berufliche Gründe; vielleicht wollte er auch die Gelegenheit nutzen, die Bande zu den Bandidos fester zu knüpfen. Bereits im Herbst 1997 hatte es Bestrebungen der Rock Machine gegeben, in die Bandidos Nation aufgenommen zu werden. Und einige Monate zuvor war der Präsident der australischen Bandidos, Michael „Mick" Kulakowski, nach Kanada gereist, um einen möglichen Zusammenschluss zu diskutieren. Leider habe ich von diesen Verhandlungen sehr viel später erfahren, als mir lieb und der Sache hilfreich war.

Anders als die US-amerikanischen Bandidos waren die australischen und die europäischen Bandidos dafür, den Club auch in Kanada zu etablieren. Dank der Gespräche zwischen Mick und Vertretern der Rock Machine war die Fusion so gut wie beschlossen. Doch am 9. November 1997 wurde in einem Nachtclub ein tödliches Attentat auf Mick und zwei weitere Bandidos verübt, und so kam die Sache zum Erliegen. Andernfalls wäre die Aufnahme wohl schon zu Weihnachten 1997 vollzogen geworden. Dann hätte sich auch das Verhältnis zu den Hells Angels mit Sicherheit anders entwickelt. Damals war die Rock Machine noch wesentlich stärker und straffer organisiert als im Dezember 2000, als sie schließlich zu den Bandidos übertraten. Wäre das drei Jahre früher erfolgt, hätte das ihre Position gegenüber den Hells Angels sicherlich gestärkt, und vielleicht hätte der Revierkampf schon damals ein Ende gefunden.

Nachdem ich herausgefunden hatte, welchem Club der Mann angehörte, war ich neugierig, ihn kennenzulernen, und sprach ihn an. Er antwortete mit starkem französischem Akzent und stellte sich als Alain

Brunette aus Montreal vor. Wir wechselten einige Worte, ehe wir uns der Aufgabe widmeten, die uns hergeführt hatte, und schaufelten Erde auf den Sarg unseres toten Freundes. Mir schien, als sei ich der Einzige, der an dem Gast aus Kanada Interesse hatte oder sich gar mit ihm unterhielt. Letzteres konnte daran liegen, dass Alain nicht sonderlich gut Englisch sprach. Aber vielleicht war auch seine Mitgliedschaft in der Rock Machine schuld. Ich war ja selbst nicht sicher, ob ich ihn aus Neugier angesprochen hatte oder weil ich mich zu Menschen hingezogen fühle, die einem Achtung ebenso abnötigen wie entgegenbringen. Und aus welchem Grund auch immer, fühlte ich mich von diesem Mann angezogen wie die sprichwörtliche Motte vom Licht. Warum, wusste ich nicht zu sagen, aber das Mitglied der Rock Machine Alain Brunette faszinierte mich. Noch konnte ich nicht wissen, wie wichtig dieser Franko-Kanadier für mich und mein Leben werden sollte, und noch konnte ich nicht wissen, welch wichtige Rolle ich bei der Eingliederung der Rock Machine in die Bandidos Nation spielen sollte. Rückblickend kann ich nur konstatieren, dass das Schicksal es so wollte.

Aus Zeitgründen konnte ich nicht am Leichenschmaus teilnehmen. Deshalb versuchte ich Alain in der Menge ausfindig zu machen, ehe die Trauergemeinde den Friedhof verließ. Doch er war wie vom Erdboden verschluckt, und um mein Flugzeug nicht zu verpassen, musste ich schleunigst los und Taylor bei TJ abholen. Doch eine innere Stimme sagte mir, dass sich Alains und meine Wege irgendwann wieder kreuzen würden.

Mein nächster Kontakt zu Mitgliedern der Rock Machine fand auf der Red River Biker Rally in New Mexico Ende Mai 1999 statt. Daran erinnere ich mich noch so genau, weil genau ein Jahr zuvor die Bandidos aus Oklahoma offiziell anerkannte Mitglieder der Bandidos Nation geworden waren. Zu meinem Erstaunen stellte ich fest, dass sich das Abzeichen der Rock Machine vollständig geändert hatte: Statt Silber und Schwarz dominierten nun die Farben Rot und Gold. Kurz vor meinem Aufbruch nach New Mexico war mir gerüchteweise zu Ohren gekommen, dass die europäischen Bandidos die Rock Machine als „hangaround club“ und damit als potenziellen Neuzugang bezeichnet hatten. Als sichtbares Zeichen für die Annäherung hatte die Rock Machine daraufhin mit Rot und Gold jene Farben gewählt, die auch die Bandidos trugen. Als sich meine Verwunderung gelegt hatte, fand ich heraus, dass es sich um kein Gerücht, sondern um eine Tatsache handelte. Mir war durchaus bewusst, dass die meisten der älteren US-amerikanischen Bandidos jede Erweiterung kategorisch ablehnten – eine Form der rückwärtsgewandten Sentimentalität, die ich nicht teilte. Umso mehr freute ich mich darüber, dass die Rock Machine ihrem Ziel, eines Tages den „dicken Mexikaner“ der Bandidos zu tragen, einen großen Schritt näher gekommen war.

Seit ich um ihren schweren Stand in Quebec wusste, empfand ich eine gewisse Bewunderung für die Hartnäckigkeit, mit der sich die Rock Machine der ungleich mächtigeren und einflussreicheren Hells Angels aus Montreal und dem elitären Nomads Charter erwehrte. Die Hells Angels setzten alles daran, die Rock Machine zu schwächen, und hatten einen erbitterten Bandenkrieg mit zahlreichen Toten, Verletzten und Vermissten angezettelt. Besonders respektabel fand ich die Beharrlichkeit, mit der sich die Rock Machine bemühte, ein kanadisches Chapter der Bandidos auf die Beine zu stellen. Damit konnte ich mich identifizieren, schließlich hatte mich ein ähnlicher Versuch viele Jahre meines Lebens beschäftigt.

Dass sie nun den Status eines „hangaround club“ erlangt hatten, freute mich deshalb besonders, weil daran für jeden Biker ersichtlich war, dass sich ein kleiner Club um die Aufnahme in einen größeren bemühte und der größere die Verschmelzung ernsthaft erwog. Die Regeln der Bandidos schreiben vor, dass nach einem Jahr Probezeit die Mitglieder darüber abstimmen, ob die Aufnahmekandidaten es wert sind, das Abzeichen der Bandidos zu tragen. Lautet die Antwort „Ja“, wird der Club zu einem Bandidos-Probationary-Chapter. In Anbetracht der skeptischen Haltung der US-amerikanischen Bandidos hielt ich es nicht für ausgemacht, dass die Mitglieder der Rock Machine diese Hürde jemals würden nehmen können. Doch als Befürworter der Öffnung der Bandidos hoffte ich für sie das Beste. Nicht wissen konnte ich, dass ich nur 18 Monate später an diesem entscheidenden Schritt zur Vollmitgliedschaft maßgeblich beteiligt sein würde.

Mitte November 2000 führte mich meine Tätigkeit für die Bandidos nach Dänemark, jenem Land, dem wir die Biere Carlsberg und Tuborg verdanken. Vor den Toren Kopenhagens fand ein Treffen von Mitgliedern aus aller Welt statt, und Bandidos-Präsident George Wegers persönlich hatte auf meiner Teilnahme bestanden. Da bei diesen Versammlungen nur Funktionäre zugelassen waren, hatte man mich kurzerhand zum El Secretario ernannt. Auf dem Treffen sollten Themen diskutiert werden, die für Bandidos rund um den Globus von Bedeutung waren. Veranstaltungen wie diese waren für gewöhnlich ausgesprochen intensiv und anstrengend, weil maximal zwei Tage zur Verfügung standen, in denen quasi rund um die Uhr debattiert wurde. Als ich nach Dänemark delegiert wurde, war mir das noch nicht klar, aber die Situation der Rock Machine in Kanada, ihr Konflikt mit den Hells Angels und eine mögliche Aufnahme in die Bandidos Nation standen ebenfalls auf der Tagesordnung.

Anstatt direkt nach Kopenhagen zu fliegen, machte ich einen Umweg über Frankfurt am Main, weil die deutschen Grenzbeamten Mitglieder von Motorradclubs weniger misstrauisch empfingen als die dänischen Kollegen. Vielleicht war die Wachsamkeit der Dänen eine Spätfolge der Schießerei am Flughafen von Kopenhagen im Mai 1996, bei der ein Bandido getötet und drei verletzt wurden. Dieter Tenter, ebenfalls Biker, holte mich am Frankfurter Flughafen ab. Nach einer Nacht bei ihm und seiner Familie traf ich mich tags darauf mit unserem Präsidenten George und dem Vizepräsidenten Jeffrey „Jeff" Pike. George hatte den weiten Weg von Bellingham im Staat Washington auf sich genommen, Jeff war von Houston in Texas aus geflogen.

Für die Fahrt nach Dänemark schlossen sich uns drei deutsche Bandidos an, darunter der Vizepräsident für Europa, Leslave „Les" Hause, und Hans Jürgen „Diesel" Herzog, der als europäischer Sergeant at

Arms für die Einhaltung der Clubregeln verantwortlich war. In einem mistneuen Minivan machten wir uns auf den 800 Kilometer weiten Weg nach Kopenhagen. Irgendwo auf der deutschen Autobahn setzte sich ein unscheinbares Fahrzeug neben uns auf die Überholspur, dessen Fahrer mit theatralischen Handbewegungen unsere Aufmerksamkeit auf sich zu lenken versuchte.

„Was, zum Teufel, soll das?" fragte George besorgt. Offenbar fürchtete er, dass es Unannehmlichkeiten geben könnte.

Ich gebe zu, dass ich mir dieselbe Frage stellte. Mir fielen nur drei Möglichkeiten ein: Es handelte sich um Mitglieder eines anderen Clubs, die Streit suchten, eine Polizeistreife wollte sich die Zeit damit vertreiben, ein paar Biker zu drangsalieren, oder ein paar einfältige Bürger legten es darauf an, „Rocker" zu verhöhnen. Jede der Möglichkeiten provozierte allerdings die Frage: Woher wussten die Insassen des Autos, dass wir Biker waren? An unserem Minivan gab es keinen sichtbaren Hinweis darauf, und wie es zur Tradition der Bandidos gehörte, trug niemand von uns während der Fahrt seine Colors.

„Es ist eine Zivilstreife", sagte Les, der am Steuer saß. „Offenbar soll ich rechts ran fahren."

Plötzlich beschleunigte das Fahrzeug und scherte vor uns ein. Dann tauchte in der Heckscheibe eine Leuchtschrift auf: „Bitte folgen!" Vor der nächsten Abfahrt signalisierte uns die Streife mit dem Blinker, dass wir die Autobahn verlassen würden. Warum, war uns weiterhin ein Rätsel. Der einzige Grund, der uns einfiel, war unsere Mitgliedschaft bei den Bandidos. Und wenn die deutschen Behörden nicht ganz blöde waren, wussten sie, dass ein Auto mit hochrangigen Bandidos auf ihren Straßen unterwegs war – für jeden Polizisten ein gefundenes Fressen.

„Bleibt bloß cool", sagte Bandido Les gelassen. „Lasst uns erst mal hören, was sie wollen."

Cool zu bleiben war sicherlich das Beste. Noch war tatsächlich offen, was die Polizei von uns wollte, und das Schlimmste, was uns Amerikanern passieren konnte, war die Abschiebung. An der ersten Möglichkeit fuhr die Zivilstreife rechts ran, Les hielt dahinter. Ich staunte nicht schlecht, als er ausstieg und zu den Beamten ging, die ihrerseits im Wagen sitzen blieben. In den USA läuft es immer umgekehrt, und wer sich nicht daran hält, läuft Gefahr, von einer gezogenen Waffe ausgebremst zu werden.

Les und der Beamte am Steuer unterhielten sich kurz, dann reichte Les den Führerschein und die Fahrzeugpapiere durchs Fenster. Die nächsten Minuten blickte er mit Unschuldsmiene in den Himmel, als hätte er einen Hubschrauber entdeckt. Dann erhielt der Vizepräsident der europäischen Bandidos seine Papiere wieder und kam zu unserem Wagen zurück, während die Zivilstreife davonfuhr.

„Ich bin zu schnell gefahren", erklärte er kopfschüttelnd. „Ist es denn zu fassen?" Er setzte sich wieder ans Steuer, startete den Motor und fuhr zurück auf die Autobahn. Dann erzählte er, dass wir angehalten worden waren, weil er vor mehr als 30 Kilometern angeblich die Geschwindigkeitsbegrenzung in einer Baustelle missachtet hatte. Sogar auf deutschen Autobahnen gibt es so etwas wie ein Tempolimit! Les wusste das natürlich, und er war sicher, dass er sich daran gehalten hatte. Schließlich legte er es nicht darauf an, von der Polizei angehalten zu werden. Bei allen Bikern auf dieser Welt gehören solcherlei Begegnungen zu den Dingen, die man nach Möglichkeit vermeidet.

„Vielleicht beobachten sie uns auch und wollten nur sichergehen, dass sie das richtige Auto verfolgen", ergänzte Les schulterzuckend.

Es war in der Tat eine befremdliche Begebenheit; aber befremdliche Begebenheiten sind für Einprozenter nichts Ungewöhnliches. Warum die Polizisten eine kleine Ewigkeit brauchten, um uns anzuhalten, werden wir nie erfahren, aber immerhin blieben uns größerer Ärger und Verspätung erspart. So erreichten wir gegen 19 Uhr unser Ziel im Osten Dänemarks. Die Sonne war bereits untergegangen, und die ländliche Gegend war in Dunkelheit getaucht. Nur ein paar Straßenlaternen und die erleuchteten Fenster der Häuser, an denen wir vorbeifuhren, spendeten etwas Licht.

Auch wenn ich noch unter dem Jetlag litt und mich nicht sonderlich gut fühlte, freute ich mich auf die Begegnung mit Bandidos aus aller Welt, die sich in dieser abgelegenen Ecke zusammenfanden. Zu den Angereisten gehörten auch die Sergeants at Arms Helga aus Norwegen und Johnny aus Schweden sowie als Vertreter der europäischen Nomads der Schwede Clark, der europäische Präsident Jan „Jim" Tinndahn und sein Vize Mike (zuständig für Skandinavien), beide aus Dänemark, die europäischen El Secretarios Gessner und Munk, beide ebenfalls aus Dänemark, der europäische Vizepräsident Les (für Deutschland zuständig) und der Sergeant at Arms Diesel, beide aus Deutschland, der australische Präsident Jason Addison und sein El Secretario Larry, und aus den USA schließlich El Presidente George, sein Vize Jeff und meine Wenigkeit.

Das Treffen fand in einem abgelegenen Haus statt, das von Feldern, Wald und bewaffneten Bandidos umgeben war. Wer es betreten hatte, durfte es bis zum Schluss der Veranstaltung nicht mehr verlassen, nicht einmal, um einen Moment lang frische Luft zu schnappen. Es hieß, dass diese Maßnahme unserer Sicherheit diene. Denn auch wenn die skandinavische Bikerszene seit 1997 einigermaßen befriedet war, wollten unsere Gastgeber keinerlei Risiko eingehen. Dafür war die Erinnerung an die Ermordung von zwei Bandidos und einem Begleiter im finnischen Lahti Anfang Februar 2000 noch zu frisch. Die drei hatten in einem Restaurant gesessen und etwas gegessen, als der Anschlag sie aus dem Leben riss. Die Bandidos Björn Isaksson, Präsident des Chapters Helsinki, und Sakke Pirra sowie Juha Jalonen, der dem Black Rhino Motorradclub angehörte, starben in einem Kugelhagel. In den Tagen darauf nahm die Polizei ein gutes Dutzend Mitglieder des Cannonball MC fest, und drei wurden beschuldigt, an der Schießerei beteiligt gewesen zu sein.

Für die Behörden handelte es sich bei dem Überfall um die Rache für einen Mordanschlag auf ein Mitglied des Cannonball MC vom Oktober 1999. Das Opfer überlebte mit einer Kugel im Bein. Die Bandidos, denen man diese Tat anlastete, standen ungefähr zur selben Zeit in Lahti vor Gericht, als sich dort der Anschlag ereignete. Kein guter Start ins neue Jahr.

Kurz nach unserer Ankunft teilte man uns mit, dass drei Mitglieder der Rock Machine erwartet wurden, die an unserem Treffen teilnehmen wollten. Es handelte sich um Martin „Blue" Blouin, Alain Brunette und einen dritten, der mir als „Will" Williamson in Erinnerung ist. Ich war überrascht, dass Alain sich in der Gegend rumtrieb, und freute mich auf das Wiedersehen.

Weil der kommende Tag anstrengend werden würde, nahm ich mir vor, zeitig zu Bett zu gehen. Aus Erfahrung wusste ich, dass mich die Zeitverschiebung einige Tage lang beschäftigen würde. Also suchte ich nach einem ruhigen Plätzchen und stieß auf eine kleine Sauna, wo ich etwas Schlaf zu finden hoffte. Doch dann beschloss Johnny, mich in eine Partie seiner Version von Ace of Spades einzubeziehen. Das hieß, dass er die ganze Nacht über versuchte, sich an einen Schlafenden heranzuschleichen und ein Pik Ass auf ihm abzulegen, ohne dass der es merkte. Ich hatte ihm gesagt, dass ich einen extrem leichten Schlaf und er keine Chance hätte, mich zu überrumpeln.

„Das wird dir nichts nutzen", entgegnete er. „Ich kann nämlich so leise gehen wie eine Katze." Als der Morgen anbrach, hatte Johnny sich davon überzeugt, dass Connecticut Ed tatsächlich einen leichten Schlaf hatte. Er konnte von Glück sagen, dass ich kein Zocker bin und nicht auf seine Wette eingegangen war. Sonst hätte er in diesen Stunden viel Geld verloren.

Der nächste Tag verging mit Debatten und Diskussionen, in den Pausen guckten viele von uns Fernsehen – die europäischen Bandidos waren geradezu versessen auf amerikanische Western –, dann setzten wir uns wieder zusammen, um die Diskussion nur für die Mahlzeiten zu unterbrechen. Das Kochen hatten die europäischen Bandidos übernommen, an der Spitze Vizepräsident Mike, der eine Ausbildung als Koch absolviert hatte. In den wenigen Tagen, die uns zur Verfügung standen, diskutierten wir eine Vielzahl von Themen, die für den Club weltweit von Bedeutung waren. Um illegale Aktivitäten ging es dabei nicht. Falls uns jemand belauschte, bekam derjenige ziemlich profane Dinge zu hören, erst recht, wenn er sich belastendes Material erhofft hatte.

Am Nachmittag wurde die Frage diskutiert, ob die Rock Machine in die Bandidos Nation aufgenommen werden sollte. Immerhin waren sie seit 18 Monaten „Hangarounds“, und es wurde Zeit für eine Entscheidung. Die europäischen und die australischen Bandidos stimmten mit Nachdruck dafür, sie umgehend aufzunehmen. Das war auch meine Meinung. El Presidente George und sein Vize Jeff hingegen waren strikt dagegen. Für sie kam die Aufnahme weder jetzt noch in Zukunft infrage.

Gerüchte besagten, dass George mit den US-amerikanischen und den kanadischen Hells Angels eine Absprache getroffen hatte, die genau das zum Inhalt hatte. Angeblich hatten sie sich darauf verständigt, dass die Bandidos niemanden aufnehmen würden, der mit den Hells Angels verfeindet war. Ob es nur ein Gerücht war oder den Tatsachen entsprach, wusste ich nicht, aber das Thema wurde lange und erbittert diskutiert. Zu meiner Überraschung ging George, der sicherlich gute Absichten hatte und es allen recht machen wollte, irgendwann dazu über, Versprechungen zu machen, die er unmöglich halten konnte. Damals schien es mir undenkbar, dass George absichtlich so verfuhr. Später hatte ich reichlich Gelegenheit, sein wahres Naturell kennenzulernen und mich davon zu überzeugen, dass er notfalls vorsätzlich ein falsches Spiel betrieb. Nach viel Zank und Streit einigten wir uns am späten Nachmittag des zweiten Tages der Versammlung auf einen Kompromiss: Die US-amerikanischen, europäischen und australischen Bandidos verständigten sich darauf, dass die Rock Machine zu den Bandidos wechseln sollte, sobald ihre Fehde mit den Hells Angels beendet wäre.

Am selben Abend trafen Alain, Blue und Will ein. Sie kamen rechtzeitig zum Essen. Es gab ein ausgesprochen leckeres Eintopfgericht, das unser Gastgeber Mike zubereitet hatte. Anschließend zogen sich die meisten kurz zurück, später versammelten wir uns an einem großen Tisch und diskutierten das leidige Thema erneut. Alain, Blue und Will wurden davon in Kenntnis gesetzt, dass es zunächst bei dem Provisorium bleiben und die endgültige Aufnahme erst nach einem Friedensschluss der Rock Machine mit den Hells Angels erfolgen würde. So lautete der Kompromiss, dem alle zugestimmt hatten. Ich war aber ziemlich sicher, dass George sich nur deshalb darauf eingelassen hatte, weil er einen stabilen Frieden für ausgeschlossen hielt und davon ausging, dass die Rock Machine ihr Bestreben, Mitglied der Bandidos zu werden, irgendwann aufgeben würde. Und damit war George nicht allein. Bedenkt man, wie lange sich die Revierkämpfe zwischen der Rock Machine und den Hells Angels bereits hinzogen und wie sehr die Angels zuletzt Oberhand gewonnen hatten, konnten nur unverbesserliche Optimisten annehmen, dass der Streit ein gutes Ende nehmen würde.

Nicht wissen konnte unsere amerikanische Delegation auf dem Treffen jedoch, dass sich die Rock Machine bereits am 26. September 2000 mit den kanadischen Hells Angels zusammengesetzt hatte. Zum ersten Mal in der Geschichte der beiden Clubs hatten sich die Präsidenten, Frederick „Fred" Faucher für die Rock Machine und Maurice „Mom" Boucher für die Hells Angels Nomads, in einem Gerichtsgebäude in Quebec City getroffen, um die Bedingungen für einen Friedensschluss zu debattieren. Die Wahl des Ortes ging auf den Vorschlag der beteiligten Anwälte zurück, und die Vertreter der Justiz reagierten ausgesprochen pikiert, als sie von der Zweckentfremdung ihrer „heiligen Hallen" erfuhren.

Zwei Wochen nach diesem Treffen erklärten Faucher und Boucher den Krieg zwischen der Rock Machine und den Hells Angels offiziell für beendet. Statt, wie zu den Verhandlungen, im Geheimen trafen sie sich nun, für die Verlautbarung, an einem öffentlichen Ort, dem ehrwürdigen Restaurant Bleu Marin in Montreal. Ein Fotograf des Boulevardblatts «Allô Police» hielt den Moment fest, in dem sich die beiden Präsidenten die Hände reichten. Anschließend setzten sich Fred und Mom samt ihrer Entourage an einen Tisch und ließen es sich schmecken. Das Ganze wirkte wie von einer Werbeagentur ausgedacht und durchgeführt. Mehr als ein Werbegag war es aber auch nicht, denn schon kurz nach diesem Termin kursierten Gerüchte, dass die Rock Machine den Hells Angels beitreten wollte. Mom Boucher – der auch den Ehrennamen „John Gotti der Biker" trug – mochte von einer solchen Entwicklung geträumt haben; die Mitglieder der Rock Machine wollten jedoch nicht zu den Hells Angels, sondern zu den Bandidos wechseln. Es war ein offenes Geheimnis, dass sich Faucher schon im Oktober 1997 mit George, der seinerzeit noch Vizepräsident war, getroffen und auf eine unkomplizierte Möglichkeit des Übertritts gesetzt hatte. Damals war die Hoffnung verfrüht gewesen, doch auch wenn sich George weiterhin dagegen sträubte, war es nur eine Frage der Zeit, bis sich Fauchers Wunsch erfüllen würde.

Als die abendliche Besprechung zu Ende war, konnte ich mich endlich in Ruhe mit Alain unterhalten. Seit der Beerdigung in Seattle vor fast 18 Monaten hatte ich ihn nicht gesehen. Ich wollte an diese Begegnung anknüpfen und ihn ein bisschen besser kennenlernen. Die Möglichkeit eines Wechsels zu den Bandidos vor Augen, war Alain bester Laune, und in Anbetracht der Probleme, die man als Mitglied der Rock Machine zwangsläufig hatte, war er körperlich in erstaunlich guter Verfassung. Alain war kein unbeschriebenes Blatt, und normalerweise zog er eine kugelsichere Weste über, bevor er sich auf die Straße wagte. Der brutale Revierkampf in Kanada forderte nicht nur von den beteiligten Motorradclubs Tribut, sondern auch von der unbeteiligten Öffentlichkeit.

Ich staunte nicht schlecht, als ich erfuhr, dass es den europäischen und australischen Bandidos kurz nach dem Treffen in Dänemark gelungen war, El Presidente George dazu zu bewegen, die Aufnahme der Rock Machine in die Bandidos nicht länger zu blockieren. Auf der Fahrt nach Aachen, wo sie an der feierlichen Aufnahme einiger Anwärter teilnehmen wollten, bearbeiteten der australische und der europäische Präsident, Jason und Jim, George und dessen Vize Jeff, bis sie ihren Widerstand schließlich aufgaben. Getrieben wurden Jim und Jason von der Wut über einen Vorfall, der sich zu Beginn des Jahres auf einem Treffen in Thailand zugetragen hatte. Dort hatte George dem Zusammenschluss offenbar bereits zugestimmt, ehe er es sich wieder anders überlegte – wahrscheinlich, weil er vor den amerikanischen

Bandidos, die diesen Schritt kategorisch ablehnten, nicht als „Umfaller" dastehen wollte.

Alain, Blue und Will kamen einen Tag eher in Aachen an als George und seine Begleiter. Dort erwartete sie bereits der amtierende Präsident der Rock Machine, Jean „Charley" Duquaire, den sie über die Ergebnisse des Treffens informierten. Charley beschloss, George ein wenig „Dampf unter dem Hintern zu machen", wie er sich ausdrückte. Ohne Rücksprache mit dem Präsidium in Kanada entschied er sich, die Gunst der Stunde zu nutzen und George gleich nach dessen Ankunft mitzuteilen, dass sein Club zum Übertritt zu den Bandidos bereit sei. Der Revierkampf in Quebec hatte auf beiden Seiten viel Schaden angerichtet, insbesondere aber auf Seiten der Rock Machine. Nun war keine Zeit mehr zu verlieren.

Der Krieg zwischen der Rock Machine und den Hells Angels war 1994 in Montreal ausgebrochen. Seither hatte er sich auf ganz Quebec ausgeweitet und mehr als 160 Menschen das Leben gekostet. Die Verletzten blieben ungezählt. Die Biker Quebecs standen in dem Ruf, die niederträchtigsten und gefährlichsten des ganzen Planeten zu sein, und der blutige Krieg untermauerte diesen Ruf. Unter den Opfern befand sich auch ein elfjähriger Junge namens Daniel Desrochers. Er kam zufällig vorbei, als in Montreal unter dem Auto von Marc Dubé, eines kleinen Drogendealers, der sich angeblich mit den Hells Angels angelegt hatte, eine Bombe explodierte. Dubé wurde bei dem Anschlag im Bezirk Hochelaga-Maisonneuve auf der Stelle getötet, der Junge erlag erst vier Tage später seinen Kopfverletzungen. In militärischen Begriffen würde man seinen Tod wohl als Kollateralschaden bezeichnen und nicht viel Aufhebens davon machen. In Quebec jedoch sorgte der Vorfall für eine solche Empörung, dass sich die kanadische Regierung genötigt sah, das Gesetz C-95 zu erlassen. Es richtet sich ausdrücklich gegen Bandenkriminalität und das organisierte Verbrechen und sieht bereits für die bloße Mitgliedschaft in einer kriminellen Vereinigung lange Haftstrafen vor. Das Gesetz versetzte die Behörden Quebecs in die Lage, die Bikerszene, und damit auch die Mitglieder der Outlaws, der Hells Angels und der Bandidos, massiv unter Druck zu setzen.

Wie die meisten Mitglieder der Rock Machine vertraute Charley darauf, dass der Übertritt zu den Bandidos dem sinnlosen Blutvergießen in Montreal ein Ende bereiten würde. Noch während der Feierlichkeiten in Aachen setzte er sich mit George, Jason, Jim, Jeff und einigen weiteren hochrangigen Bandidos zusammen und beantragte offiziell die Aufnahme der Rock Machine in die Bandidos Nation. George sah ein, dass er in der Minderheit war, und willigte schweren Herzens ein. Der Dank aller Anwesenden war ihm gewiss. Nur El Vice Presidente Jeff, einer der ranghöchsten amerikanischen Bandidos, schmollte. Er wollte mit den Kanadiern nichts zu tun haben.

Nach dem Ende des Treffens in Dänemark fuhr ich nach Kopenhagen, um einen Bandido namens Kemo zu treffen. Bei einer früheren Europareise hatte ich ihn kennengelernt, und seither war unser Kontakt nicht abgerissen. Wir hatten in einer gottverlassenen Gegend getagt, und so war ich ziemlich überrascht, als ich schon nach gut dreißig Minuten die Außenbezirke der dänischen Hauptstadt erreichte, die zu den ältesten Städten Europas gehört. Kurz darauf klingelte ich an Kemos Tür. Ich hatte mich nicht angemeldet, doch zu meiner Freude war er zu Hause, zerrte mich förmlich über die Schwelle und bestand darauf, dass ich bei ihm übernachtete. Nach einigen Stunden Schlaf fühlte ich mich fit genug für eine Sightseeing-Tour durch Kopenhagen, auf der Kemo mich begleitete. Jahre zuvor war ich schon einmal dort gewesen, und die Stadt hatte mich auf Anhieb fasziniert. Diesmal erging es mir nicht anders. Unterwegs machte Bandido Kemo mich auf ein Geschäft aufmerksam, das die dänischen Hells Angels vor Kurzem eröffnet hatten. Es wirkte ausgesprochen vornehm, und weil ich dergleichen nie zuvor gesehen hatte, überredete ich Kemo, Halt zu machen und uns das Ganze von innen anzusehen.

„Wenn du willst, kannst du ja mal einen Blick reinwerfen“, sagte er. „Ich glaube nicht, dass etwas dagegen spricht.“

Er suchte einen Parkplatz, um das Auto abzustellen. Als wir ausgestiegen waren, zogen wir unsere Kutten über. Nun als Bandidos deutlich erkennbar, überquerten wir die Straße und gingen in das Haus, in dem sich der Laden befand. Doch weiter wollte Kemo mich nicht begleiten.

„Geh allein weiter" sagte er. „Ich besuche derweil einen Freund, der im Keller ein Tätowierstudio betreibt. In fünf Minuten treffen wir uns hier wieder, okay?" Dann ging er über eine Wendeltreppe ins Untergeschoss.

Ich blieb mit der Frage zurück, ob Kemo es tatsächlich für gefährlich hielt, dass ich den Laden der Hells Angels von innen sehen wollte. Zu Beginn des Jahrzehnts hatte es in Dänemark ernsthafte Auseinandersetzungen zwischen Bandidos und Hells Angels gegeben, aber das war lange her. Von etwa 1994 bis Mitte 1997 hatte in ganz Skandinavien Krieg zwischen den beiden Clubs geherrscht, an dem sich auf beiden Seiten andere Clubs beteiligten. Zu den Waffen, die Verwendung fanden, gehörten neben Messern und Pistolen auch Bomben, Handgranaten und Panzerfäuste.

Der skandinavische Bikerkrieg kostete elf Menschen das Leben, und 96 wurden verletzt. Fünf der Getöteten waren Bandidos: der schwedische Präsident Mikael „Joe" Ljunggren, der finnische Vizepräsident Jarkko Kokko, Uffe Larsen und Björn Gudmandsen aus Dänemark sowie der norwegische Anwärter Jan Krogh Jensen. Zu den übrigen Opfern zählte eine junge Norwegerin. Wie der elfjährige Junge aus Montreal war auch sie den Verletzungen erlegen, die sie sich bei der Explosion einer Autobombe zugezogen hatte. Die Detonation brachte das Clubhaus der Bandidos in Drammen zum Einsturz, forderte aber erstaunlicherweise keine weiteren Opfer.

Zunächst schrieben die skandinavischen Behörden den Ausbruch der Gewalt dem Kampf um die Vorherrschaft im kriminellen Milieu zu. Erst als sie mehr darüber wussten — beziehungsweise sich mehr trauten —, nannten sie es beim Namen: eine Kräftemessen unter Platzhirschen, das beweisen sollte, welcher Club der beste, härteste und angesehenste war. Nachdem sich die Wogen wieder geglättet hatten, brachte ein Polizeisprecher das Ganze auf den passenden Nenner, dass der Konflikt „zwar kindisch, aber auch sehr blutig" gewesen sei.

Begonnen hatte die Auseinandersetzung mit Schüssen auf einen Hells Angel im Februar 1994, geendet hatte er mit Schüssen auf einen Anwärter der Bandidos im Juni 1997. Ein offizieller Waffenstillstand wurde einige Monate später geschlossen. Seither war es vergleichsweise ruhig geblieben, und ich sah keinen Grund, einen Bogen um den Laden der Hells Angels zu machen. Das galt umso mehr, als dass ich im Frühjahr 1998, also erst kurz nach Beendigung des Konflikts, schon einmal in Kopenhagen gewesen war. Damals hatten mich Bodyguards auf Schritt und Tritt begleitet, aber es war nicht einmal ansatzweise zu einer kritischen Situation gekommen. Und das erwartete ich auch an diesem Tage nicht.

Als ich den Laden betrat, fiel mir als Erstes auf, wie makellos sauber, elegant und perfekt ausgeleuchtet alles war. Geschäfte, in denen Hells Angels sich eindecken konnten, gab es viele, aber dieses gehörte einer anderen Liga an. Einen derart gediegenen Bikershop hatte ich nie zuvor gesehen. Da ich aus der Baubranche stamme, konnte ich halbwegs ermessen, wie viel Geld in die Ausstattung geflossen war. Das Haus selbst war zwar recht zurückhaltend, aber im Laden fanden sich wertvolle Materialien wie Chrom, Teak, Mahagoni und andere edle Hölzer. Augenblicklich fühlte ich mich an gehobene Einkaufspaläste an der Fifth Avenue in New York oder dem Rodeo Drive in Beverly Hills erinnert.

Alle Artikel, die hier angeboten wurden, vom T-Shirt bis zum Jogging-Anzug, waren Hells Angels-Support-Merchandise und aufwendig auf teuren Regalen drappiert oder hingen an Kleiderständern aus Edelstahl. Im Laden hielt sich ein gutes halbes Dutzend Hells Angels auf, und ihrem Gesichtsausdruck nach zu urteilen, brachte sie meine Anwesenheit total aus dem Konzept. Sie starrten mich an wie einen Außerirdischen, und auf ihren Gesichtern machte sich Unglaube breit.

„Hi", begrüßte ich sie und streckte dem Angel, der mir am nächsten war, die Hand entgegen. „Ich bin Connecticut Ed. Einen schönen Laden habt ihr hier."

„Ähm ... danke", erwiderte mein Gegenüber und beäugte mich misstrauisch.

Allzu viele Bandidos verirrten sich offensichtlich nicht hierher. Und dass ich zudem noch Amerikaner war, machte ihre Verblüffung nicht geringer. Offenbar wussten sie nicht recht, was sie mit mir anfangen sollten und ob mich außer der Bewunderung für ihren Laden noch etwas anderes hergeführt hatte.

„Habt ihr was dagegen, wenn ich mich mal umsehe?" erkundigte ich mich.

„Solange du auch etwas kaufst", antwortete mein Gesprächspartner und wartete gespannt auf meine Reaktion. Die blieb jedoch aus. „War nur ein Scherz", sagte er schließlich. „Na klar kannst du dich umsehen."

Während ich durch den Laden schlenderte, bemerkte ich, dass der Typ, mit dem ich gesprochen hatte, einem seiner Kumpels Handzeichen gab. Der verschwand daraufhin in einem Büro, das auf einer Galerie in der ersten Etage lag. Kurz darauf kam ein großer kahlköpfiger Mann betont lässig die Treppe herunter und fragte den Typen, der ihn gerufen hatte, etwas auf Dänisch. Der Angesprochene zeigte auf mich. Unter den Blicken seiner Kumpel kam der Kahlkopf schließlich auf mich zu.

„Hi, ich bin Blondie", stellte er sich vor. „Und du bist ein Bandido aus den USA", fügte er mit dem Anflug eines Lächelns hinzu. Dann streckte er mir zur Begrüßung die Hand entgegen. Als ich sie ergriff, entspannten sich die anderen Angels merklich. Wie sich herausstellte, hieß mein Gesprächspartner Bent „Blondie" Nielsen. Ich war ihm nie zuvor begegnet, trotzdem war er mir nicht unbekannt. Bent Nielsen war ein führendes Mitglied der dänischen Hells Angels und in der gesamten europäischen Bikerszene clubübergreifend hoch angesehen. Mir war bekannt, dass er an der Beendigung des skandinavischen Bikerkrieges großen Anteil hatte. Wie die meisten von uns war auch er an der friedlichen Koexistenz der verschiedenen Clubs interessiert. Es war ein Medienereignis ersten Ranges, als Blondie und der Präsident der europäischen Bandidos, Jim, am 25. September 1997 vor die Presse traten und das Ende der Feindseligkeiten zwischen beiden Clubs verkündeten. Und auch wenn unterschwellig noch einige Konflikte gärten, war es seit dem symbolischen Handschlag zwischen Bandidos und Hells Angels friedlich geblieben.

„Es kommt nicht oft vor, dass ein amerikanischer Bandido uns die Ehre gibt“, sagte Blondie. „Ich glaube fast, du bist der erste. Gefällt dir unser Laden?“

Wir kamen schnell ins Gespräch, und je länger wir uns unterhielten, desto gelöster wurde die Stimmung im Laden. Es gibt eben Wichtigeres als die Zugehörigkeit zu diesem oder jenem Club. Denn was uns Biker verbindet, ist die Leidenschaft für Motorräder. Diese Gemeinschaft habe ich viele Jahre und nicht nur mit Harley-Fahrern erlebt, sondern auch mit Besitzern anderer Marken. Denn das Gefühl kennen alle Motorradfahrer, gleich ob sie nur zum Vergnügen unterwegs sind, als Bote oder Kurierfahrer arbeiten, Rennen fahren oder eine Lebenshaltung zum Ausdruck bringen wollen – oder, wie es auch vorkommt, alles gleichzeitig.

Blondie und ich unterhielten uns kurz darüber, warum es wünschenswert wäre, dass die Mitglieder verschiedener Motorradclubs besser miteinander auskommen, und schließlich über sein Geschäft, auf das er merklich stolz war. Wir wurden von Kemo unterbrochen, der in den Laden kam. Er grüßte Blondie und die anderen Hells Angels. Sie schienen einander recht gut zu kennen und keinerlei Feindschaft zu hegen.

„Dann haben wir den Besuch eines amerikanischen Bandidos also dir zu verdanken“, sagte Blondie, als Kemo ihm die Hand reichte. „Möchtet ihr einen Kaffee oder irgendetwas anderes?“

Die Frage richtete sich an uns beide, aber Kemo lehnte mit der Begründung ab, dass bis zu meiner Abreise nicht viel Zeit bliebe und er mir noch die Stadt zeigen wolle. Also versprach ich Blondie, bei meinem nächsten Aufenthalt wieder in seinen Laden zu kommen. Dann machten Kemo und ich uns auf unsere Besichtigungstour durch das wundervolle Kopenhagen.

Am 22. November 2000, eine Woche nach dem großen Treffen in Dänemark, hatte El Presidente George ein geheimes Treffen mit Richard „Dick" Mayrand, einem hochrangigen Mitglied der Hells Angels aus Quebec, im Peace Arch Park im äußersten Nordwesten der USA. Der Bogen selbst, gut 20 Meter hoch, liegt zwischen Vancouver, British Columbia, im Norden und Bellingham, Washington, im Süden und steht mit einem „Bein" auf US-amerikanischem und mit dem anderen „Bein" auf kanadischem Boden – für das Treffen eines Amerikaners und eines Kanadiers, die sich besprechen wollen, ohne Gefahr zu laufen, an der Grenze festgenommen zu werden, der ideale Ort.

Während ihres Gespräches bestätigte George die Gerüchte, die um eine mögliche Mitgliedschaft der Rock Machine bei den Bandidos aufgekommen waren. Mayrand war darüber nicht sonderlich erfreut, zumal George bislang immer beteuert hatte, keine Feinde der Hells Angels aufnehmen zu wollen.

Kurz nach diesem Treffen hörte der Rock Machine MC auf zu existieren. Am 1. Dezember 2000 wurde die kanadische „Filiale" des Bandidos MC aus der Taufe gehoben. Das dazugehörige Fest sollte am 6. Januar 2001 im Clubhaus der Ex-Rock Machine in Kingston, Ontario, stattfinden. Von dort aus sollte es in die ganze Welt getragen werden, dass die Rock Machine offiziell zu den Bandidos gehörte.

Hinter mir lagen zwei abenteuerliche Wochen in Kanada, und ich war froh, wieder nach Hause zu kommen. Ich erreichte Oklahoma mit klopfendem Herzen, und nie zuvor hatte ich es hier so schön empfunden. Doch meine Heimkehr wurde überschattet von der Nachricht, dass am Abend meiner Abreise aus Kanada am 18. Januar 2001 der Bikerkrieg wieder aufgeflammt war: Real „Tin Tin" Dupont vom Chapter Montreal der Bandidos war in seinem Auto erschossen worden.

Bandido Tin Tin war unter der Auflage auf freiem Fuß, sich von anderen Club-Mitgliedern fernzuhalten. Bis zu diesem Tage hatten sämtliche Opfer entweder zu den Hells Angels oder der Rock Machine gehört. Nun hatte es mit Tin Tin den ersten Bandido erwischt. Für alle Bandidos wo auch immer auf der Welt war das ein Alarmzeichen. Wir hatten fest damit gerechnet, dass unsere Ausweitung nach Kanada den Frieden eher stabilisieren als neue Gewalt heraufbeschwören würde. Doch wie es aussah, war der Revierkampf mit den Hells Angels keineswegs vorbei.

Bevor der Schock über Tin Tins Tod verdaut war, erwartete die kanadischen Bandidos der nächste Rückschlag. Dieser jedoch kam weniger überraschend. Wie Vizepräsident Alain und ich schon Wochen zuvor befürchtet hatten, wurde das Chapter Toronto Nord komplett abtrünnig. Die meisten fühlten sich den Hells Angels deutlich mehr verbunden als uns. Wir hatten sie davon zu überzeugen versucht, dass sie einem ordentlichen Beruf nachgehen mussten. Wenn sie als Drogendealer Karriere machen oder anderen illegalen Geschäften nachgehen wollten, dann müssten sie den Club verlassen.

Zudem hatten wir ihnen klarzumachen versucht, dass man, um von anderen respektiert zu werden, andere respektieren muss. Angst und Schrecken zu verbreiten ist dafür der denkbar falsche Weg. Nach unserer festen Überzeugung ist nur dem eine lange Laufbahn als Einprozenter beschieden, der einen halbwegs soliden Hintergrund hat: eine Arbeit, die ihn ernährt, eine Versicherung, die einspringt, wenn etwas passiert, oder eine Frau oder Freundin, die genug verdient und ohne Murren einen Biker durchfüttert, der sich zum Hausmann berufen fühlt.

Drogenhandel oder andere kriminelle Geschäfte als Broterwerb erweisen sich über kurz oder lang als ungeeignet. Die meisten kanadischen Bandidos hatten das begriffen, die meisten Mitglieder des Chapters Toronto Nord jedoch nicht. Nach der Auflösung ihres alten Chapters traten bis auf eine Handvoll alle den Hells Angels bei. Diejenigen, die sich auch diesem Schritt widersetzten, zogen sich aus der Welt der Einprozenter zurück und verstanden sich fortan als unabhängige Biker.

Biker aus Toronto schließen ihr Chapter
Von Rob Lamberti und Jack Roland
6. Februar 2001

Der Bandidos Motorradclub hat das Chapter Toronto aufgelöst. Seit die Hells Angels im vergangenen Jahr in unserer Provinz Fuß gefasst haben, ist es nun schon das zweite Mal, dass die Bandidos ein Chapter schließen. Damit ziehen sie die Konsequenz aus dem Übertritt von einem guten Dutzend Mitglieder zu den Hells Angels. Die hatten erst am 29. Dezember vier konkurrierende Clubs geschluckt.

Die Ausweitung der Hells Angels nach Ontario ist eine Reaktion auf den Beschluss der Rock Machine – die bislang in Montreal, Quebec City, Kingston, Toronto und London vertreten war –, sich zum 1. Dezember den Bandidos anzuschließen. Laut Polizei sind die Hells Angels bestrebt, den weltweit zweitgrößten Zusammenschluss von Bikern möglichst stark zu schwächen.

„So nur in Ontario"

Weil sie den Wechsel zu den Bandidos nicht vollziehen wollten, schlossen sich vier namhafte Mitglieder der Rock Machine, darunter der Präsident des Chapters Ost, Paul „Sasquatch" Porter, den Hells Angels an. Letzte Woche kehrten etwa zehn Mitglieder des Chapters Toronto ihrem Präsidenten Bill Miller den Rücken und schlossen sich dem Chapter Lanark County westlich von Ottawa an, das inzwischen von Porter angeführt wird. Die vier verbliebenen Mitglieder des Chapters Toronto wollten sich weder den Bandidos noch den Hells Angels anschließen und zogen sich aus dem Club-Leben zurück.

„Das gibt es so nur in Ontario", sagte dazu Polizei-Sergeant Guy Ouellette. „Diese Leute nehmen nur die angenehmen Seiten des Biker-Lebens mit." Joe Halak, der seit Kurzem den Bandidos in Toronto vorsteht, wollte die Vorgänge nicht kommentieren.

Die Rock Machine und die Hells Angels haben einen sechsjährigen blutigen Bandenkrieg hinter sich und schlossen erst letzten Thanksgiving einen Waffenstillstand.

Eine gute Woche später wurde wieder geschossen. Alain, der Vizepräsident der kanadischen Bandidos, entkam einem Anschlag nur denkbar knapp. Am 13. Februar 2001 fuhr er mit seinem weißen Pontiac Grand Am den Highway 15 durch die bizarre Berglandschaft der Laurentians nahe Mirabel. Es war pures Glück, dass er und sein Begleiter, der Anwärter William „Bill" Ferguson, überlebten. Zwar hatte Alain einen Bauchdurchschuss erlitten – eine der schmerzhaftesten Schussverletzungen überhaupt –, doch als ich ihn im Krankhaus anrief, war er schon wieder obenauf.

„Es ging alles so schnell", berichtete er. „Plötzlich tauchte neben uns dieses Auto auf, und dann brach die Hölle los."

Er erzählte, dass Bill unterwegs aufgefallen war, dass ihnen in einiger Entfernung ein anderes Auto folgte. Zunächst nahmen sie an, es sei die Polizei, was in Anbetracht der Hartnäckigkeit, mit der die Behörden Einprozentern nachstellten, nicht unwahrscheinlich war. Erst als das Auto zum Überholen ansetzte, wurde ihnen klar, dass es sich nicht um die Polizei handelte. Im nächsten Augenblick begann der Kugelhagel. Alains Grand Am wurde quasi durchsiebt, und fast alle Scheiben gingen zu Bruch. Um ihr nacktes Leben zu retten, steuerte Alain den Pontiac auf die Gegenfahrbahn und fuhr stur in die falsche Richtung.

„Stell dir vor, wir wären durch einen schnöden Verkehrsunfall ums Leben gekommen", sagte Alain. „Dass wir mit heiler Haut aus der Sache rausgekommen sind, haben wir wohl einem Schutzengel zu verdanken."

Kurz nach diesem Vorfall fand die Polizei in Piedmont – etwa 20 Meilen vom Schauplatz des Überfalls entfernt – eine Maschinenpistole samt Munition sowie ein ausgebranntes Auto. Nun konnte kein Zweifel mehr daran bestehen, dass die Attentäter aus dem Dunstkreis der Hells Angels stammten. Das abgefackelte Auto war erstens eine typische Hinterlassenschaft im Bandenkrieg und passte zweitens genau zu der Beschreibung des Tatfahrzeuges. Fast schien es, als hätten die Hells Angels bewusst ihre „Visitenkarte" hinterlassen. Und während es denkbar war, dass der Mörder von Tin Tin nicht aus dem Bikermilieu stammte, bedeutete der Angriff auf Alain, dass der Friede zwischen den Hells Angels und den Bandidos Geschichte war.

Am Tag des Attentats auf Alain trafen weitere schlechte Nachrichten bei uns ein. Der Präsident des Bandidos-Chapters Quebec City, Fred Faucher, der wegen zahlreicher Drogendelikte seit Dezember 2000 im Gefängnis saß, wurde nun auch wegen versuchten Mordes an mehreren Mitgliedern der Hells Angels angeklagt. Bandido Fred hatte großen Anteil am Zusammenschluss der Rock Machine und der Bandidos, er selbst hatte den Wechsel im Gefängnis vollzogen. Auch am Friedensschluss mit den Hells Angels war Fred maßgeblich beteiligt gewesen und hatte sich bei einem Treffen mit Mom Boucher in Quebec City dafür stark gemacht. Nun warf man ihm insgesamt 26 verschiedene Delikte vor, darunter die Herstellung und Verbreitung von Sprengstoff.

Ungefähr drei Monate später bekannte er sich vor Gericht schuldig und wurde zu einer Haftstrafe von zwölf Jahren verurteilt. Im gleichen Verfahren bekannte sich auch Marcel „LeMaire" Demers, ein anderer prominenter Bandido aus Quebec City, der zusammen mit Fred verhaftet worden war, schuldig im Sinne der Anklage und bekam neun Jahre aufgebrummt.

Als bereitete uns der Anschlag auf Alain und die negativen Schlagzeilen, die Fred uns einhandelte, nicht schon genügend Kopfzerbrechen, erreichte uns bereits am nächsten Tag die nächste Hiobsbotschaft: Michel Gauthier, ein Biker, der mit einigen Bandidos aus Montreal eng befreundet war, wurde um acht Uhr morgens in seinem Auto erschossen.

Wenige Tage später schien sich das Blatt in der Auseinandersetzung – die Zeitungen schreiben bereits vom „Aufflammen des Bikerkrieges" – zu wenden. In einem Holiday Inn unweit von Montreal nahm die Polizei acht Mitglieder der Hells Angels fest, die einen Mordanschlag auf Bandidos planten. Sieben der Verhafteten gehörten zum Nomad Charter Quebec. Von Mom Boucher 1995 gegründet, verstanden sich die Nomads als eine Art „Elitetruppe", die auf kriminelle Machenschaften, die Gründung neuer Charter und die Ausschaltung potenzieller Rivalen spezialisiert war. Wie der Name belegt, waren die Nomads, anders als die regulären Charter der Hells Angels, an keinen Standort gebunden und verfügten auch über kein Clubhaus. Das machte es anderen Clubs und der Polizei so schwer, die Aktivitäten der Nomads vorauszuahnen und Gegenmaßnahmen zu ergreifen.

Bei ihrer Verhaftung fand man bei den Nomads eine „Todesliste", auf der sich neben den Namen auch die Fotos der Opfer fanden. Auf dieser Liste stand auch Vizepräsident Alain. Weil Mom Boucher, der Präsident des Nomad Charters Quebec, zu dieser Zeit im Gefängnis saß, hofften wir, dass die Festnahme der neu entbrannten Feindschaft ein Ende bereiten würde. Gleichzeitig nahmen wir die Aktion als Indiz dafür, dass die Polizei entschlossen war, die Hells Angels unter Druck zu setzen und nach Möglichkeit aus Kanada zu vertreiben. Das warf natürlich die Frage auf, was das für uns bedeutete, und die wahrscheinlichste Antwort hieß: Heute die Hells Angels, morgen alle anderen Motorradclubs.

Ein entscheidendes Datum war der 28. Mai 2001, als mehr als 125 Hells Angels und deren Sympathisanten verhaftet wurden. Am gleichen Tag nahm die Polizei auch alle Mitglieder der Rockers, der Evil Ones und der sogenannten Puppet Clubs – kleinere Zusammenschlüsse von Bikern mit der Aussicht, zu offiziellen Chartern der Hells Angels ernannt zu werden – von Ontario fest, derer sie habhaft werden konnte. Viele von ihnen wurden angeklagt, gegen das Gesetz C-95 verstoßen zu haben, das sich gegen organisiertes Verbrechen und Bandenkriminalität richtete. Das Resultat war, dass 65 Vollmitglieder der Hells Angels von Quebec hinter Gitter saßen oder dort landen würden, sobald man sie erwischte. Und wir waren davon überzeugt, dass das Töten nun ein Ende hatte.

Mitte März, auf der alljährlichen Geburtstags-Ausfahrt der US-amerikanischen Bandidos, trug El Presidente George mir auf, mich so lange für die kanadischen Bandidos verantwortlich zu fühlen, bis im Dezember 2001 die Probezeit abgelaufen war. Dafür war es notwendig, dass ich mich um sämtliche organisatorischen Dinge kümmerte, also auch um die Kommunikation der einzelnen Chapter und Mitglieder als auch die Besetzung von Führungspositionen.

Anfang April erklärte ich Bandido Alain zum Nachfolger von Presidente Charley, der nach Europa gegangen war, um den kanadischen Strafverfolgungsbehörden aus dem Wege zu gehen. Ich war davon überzeugt, dass Alain die beste Wahl für den Posten war – nicht, weil wir inzwischen gute Freunde waren, sondern weil kein anderer Kandidat über so viel Schneid, Mut und Erfahrung in der Bikerszene verfügte.

Es wurde Mai, und alles lief so, wie wir uns das gewünscht hatten – reibungslos. So konnte ich mich innerlich darauf einstellen, zu meiner Anhörung nach Kanada zu reisen. Zu meiner Überraschung und Bestürzung beantragten die Einwanderungsbehörden jedoch, die Verhandlung zu vertagen. Sie behaupteten, für die Ermittlungen noch mindestens sechs weitere Monate zu benötigen. Der zuständige Richter, offenbar der einzige vernünftige Mensch in der ganzen Angelegenheit, entschied gegen die Behörde und setzte als Termin den 5. Oktober 2001 fest.

Derweil machten unsere Bemühungen, die Basis in Kanada zu vergrößern, gute Fortschritte. Für das langfristige Überleben des Clubs war das von entscheidender Wichtigkeit. Am 22. Mai 2001 bildeten zwölf Mitglieder des Toronto Loners MC ein neues Chapter der Bandidos. Das Hauptquartier lag in einem Außenbezirk Torontos. Seit Alain und ich uns dort Mitte Januar mit Peter „Peppi" Barilla getroffen hatten, waren wir mit ihm und den anderen Bikern in engem Kontakt geblieben.

Seit im Februar das komplette Chapter Toronto Nord verlustig gegangen war, waren wir bestrebt, Nachfolger zu finden; was uns fehlte, waren die richtigen Jungs. Die Loners schienen das zu sein. Für sie sprach auch, dass der Club in Italien vertreten und mit den europäischen Bandidos verbündet war. Zudem konnten die kanadischen Loners auf eine erstaunlich lange Geschichte zurückblicken. Entstanden war der Club 1979 in Ontario, doch bereits 1986 verschwand er wieder in der Versenkung, weil die meisten Mitglieder dem Outlaws MC beitraten.

1990 ließen einige frühere Mitglieder des Satan's Choice MC die Loners wieder aufleben, und 1999 gab es Chapter in Woodbridge, Richmond Hill, St. Thomas und Amherstburg, alle in Ontario. Nach dem Übertritt zu den Bandidos im Jahr 2001 blieb nur das Chapter in Woodbridge übrig.

Um die Mitgliederentwicklung im Raum Toronto steuern zu können, ernannte Alain Peppi Barilla, der schon Präsident des Chapters Toronto war, zum Vizepräsidenten der kanadischen Bandidos. Seit ich Peppi an jenem kalten Tag im Januar begegnet war, hatte ich großen Respekt vor ihm und hielt ihn für eine ausgesprochen gute Wahl. Peppi war 1990 zu den Loners gestoßen, und er kannte jeden aus der Bikerszene von Toronto. Sogar zu einigen Mitgliedern der Hells Angels hatte er einen guten Draht – vor allem solchen, die zuvor in anderen Clubs gewesen waren.

Anfang Juli war alles eitel Sonnenschein. Der tödliche Konflikt zwischen Hells Angels und Bandidos schien beigelegt, und da es endlich Sommer wurde, waren die meisten Biker damit beschäftigt, mit ihren Motorrädern durch die Gegend zu fahren. Und zum ersten Mal konnten einige von ihnen dabei voller Stolz das Abzeichen der Bandidos tragen. Besonders ermutigend war der Umstand, dass nahezu die Hälfte der kanadischen Bandidos und fast alle der Bandidos aus Ontario einen festen Job hatten. Andere betätigten sich als Hausmann, während ihre Frau oder Freundin das Geld verdiente. Natürlich gab es einige, die es mit Regeln und Gesetzen nicht ganz so genau nahmen. Aber das gehört in der Bikerszene nun einmal dazu.

Unterdessen war mein Fall noch immer für Schlagzeilen in der kanadischen Presse gut. So erschien im «Ottawa Citizen» ein langer Artikel über meinen Zwist mit den kanadischen Behörden. Ich traute meinen Augen nicht, als ich in dem Artikel las, ich sei ein erfolgreicher Geschäftsmann und angesehenes Mitglied der Gesellschaft. Meines Wissens war dies der erste Artikel in einer kanadischen Zeitung, in dem ein offizielles Mitglied eines Motorradclubs so positiv beschrieben wurde.

Der Autor Gary Dimmoch schrieb für den «Ottawa Citizen» einen aufschlussreichen Artikel über mein Verfahren, der die Einwanderungsbehörden in ein ziemlich schlechtes Licht stellte.

Kanadische Behörde verwehrt hochrangigem Biker die Einreise

Der US-Bürger besteht auf sein Recht, sich mit kanadischen Freunden und Gleichgesinnten zu treffen

von Gary Dimmock
21. Juli 2001

Edward Winterhalder, laut Behörden ein führendes Mitglied der US-amerikanischen Bandidos, einem gefürchteten, weltweit operierenden Motorradclub, versucht seit geraumer Zeit, die Beziehungen zu dem aus der früheren Rock Machine hervorgegangenen kanadischen Chapter zu intensivieren. Unterdessen befürchtet die Polizei, dass sich der Konflikt mit den rivalisierenden Hells Angels verschärfen könnte.

Winterhalder, 46, ist hingegen davon überzeugt, dass die Ausweitung der Bandidos „den Bandenkrieg beendet hat". Trotzdem verwehren ihm die kanadischen Behörden die Einreise und verweisen auf seine Vorstrafen und die angebliche Kontakte zum organisierten Verbrechen, die Winterhalder zu einer Gefahr für die Öffentlichkeit machten.

Das hochrangige Clubmitglied zeigte sich gegenüber dem «Citizen» entschlossen, gegen die Entscheidung anzugehen und sich das Recht, nach Kanada einzureisen, zu erstreiten. „Ich werde nicht klein beigeben, sagte er. „Es geht hier um meine persönliche Freiheit, und die lasse ich mir nicht nehmen."

Ein bisschen geht es auch ums Geschäft.

„Ich bin kein illegaler Ausländer, sondern Unternehmer", erklärte Winterhalder, Vater einer Tochter, der sich selbst als respektierten Bürger beschreibt. Das Firmenverzeichnis von Oklahoma führt Mr. Winterhalder als Inhaber einer Baufirma, die in den letzten beiden Jahren Aufträge im Wert von 20 Millionen US-Dollar ausgeführt hat, darunter auch den Bau eines Gerichts. Ein solches Geschäft erfordert viele Reisen, wie Winterhalder vor der Kommission erklärte. „Um meinen Betrieb zu führen, reise ich durch die ganze Welt."

Die Bandidos stammen aus Texas und wurden 1966 von desillusionierten Vietnam-Veteranen gegründet. Der Club ist streng hierarchisch organisiert, hat circa 5.000 Mitglieder und mehr als 100 Chapter in weltweit zehn Ländern, darunter auch Schweden, wo der Club zuletzt in einen blutigen Bandenkrieg mit den Hells Angels verwickelt war. Dabei gingen die verfeindeten Clubs mit Panzerfäusten aufeinander los und versetzten bei dem Versuch, sich gegenseitig zu schwächen, das Land in Angst und Schrecken.

In Kanada fasste der Club durch den Übertritt von etwa 60 Mitgliedern der früheren Rock Machine Fuß. Inzwischen ist er im östlichen Ontario, Montreal und Quebec City vertreten.

Die Geheimdienste gehen davon aus, dass die vorläufigen Mitglieder ihren Status aufzubessern versuchen werden, indem sie möglichst viel Geld für den Club beschaffen. Zu den illegalen Mitteln, derer sie sich dabei bedienen, zählen laut Geheimdiensten Geldwäsche, Drogenhandel, Kreditwucher und Prostitution.

Die heutigen Mitglieder der Bandidos beteiligen sich seit 1994 am blutigen Kampf um den Drogenmarkt von Ontario. Bis heute sind in diesem Kampf mehr als 150 Menschen gestorben, darunter ein elfjähriger Junge, der 1995 bei der Explosion einer Autobombe starb. Des Weiteren wurden im Rahmen des Bandenkrieges 124 versuchte Morde verzeichnet, neun Vermisste, 84 Sprengstoffanschläge und 130 Brandstiftungen. Sollte Mr. Winterhalder sich das Recht zur Einreise erstreiten, so die Geheimdienste, wäre es ein Freibrief, die schmutzigen Geschäfte des Clubs zu beaufsichtigen.

Die Polizei befürchtet eine neue Welle des Blutvergießens, weil die Bandidos alles daransetzen werden, die Kontrolle über den Drogenhandel von den Hells Angels zurückzuerobern, die derzeit gut drei Viertel des Marktes beherrschen. Mr. Winterhalder bemühte sich gegenüber den Behörden, diese Sorge zu zerstreuen. „Von mir geht keinerlei Gefahr für die Gesellschaft aus. Meine Vergehen liegen lange zurück und waren vergleichsweise geringfügiger Natur. Ich bin Mitglied des Bandidos MC, aber unsere Anwesenheit in Kanada hat das, was sie Bandenkrieg nennen, nicht geschürt, sondern beendet. Seit November herrscht Friede, und solange wir hier sind, wird es dabei bleiben“, sagte Winterhalder.

Die Geheimdienste teilen diese Auffassung ausdrücklich nicht. Vielmehr gehen sie davon aus, dass der Konflikt durch die Verschmelzung der Rock Machine mit den Bandidos, dem zweitgrößten Motorradclub der Welt, eskalieren wird. Zudem sei die Behauptung, dass seit November Frieden herrsche, nicht haltbar.

Tatasche ist, dass es auch in diesem Jahr zu zahlreichen Schlägereien, einem Bombenanschlag und mehrfach zu Schießereien gekommen ist. Im Februar versammelten sich vier bewaffnete Mitglieder der Nomads, einer Elitetruppe der Hells Angels, in einem Zimmer des Holiday Inn Crown Plaza in Montreal, während in der Lobby des Hotels eine Wache Position bezog.

Sinn und Zweck des Treffens war es, sich anhand von Listen Namen und Gesichter der kanadischen Bandidos einzuprägen. Zu ihnen zählen

Denis Boucher, der letzten September einen Anschlag nur knapp überlebte, und Alain Brunette, der dem Chapter Kingston vorsteht. Nur wenige Tage zuvor war auf dem Highway 15 nahe Mirabel ein Anschlag auf ihn verübt worden. In derselben Woche wurde Michel Gauthier, der den Bandidos nahe stand, in seinem Auto auf einer einsamen Landstraße in den Laurentians tot aufgefunden. Und in 30 Kilometer Entfernung fand die Polizei ein ausgebranntes Auto. Sie geht davon aus, dass damit beide Anschläge verübt wurden.

Die Polizei nimmt das als Beweis, dass der Bandenkrieg alles andere als beendet ist. Zudem sei nicht damit zu rechnen, dass die Hells Angels den Bandidos freiwillig einen Teil des Drogenmarktes überlassen. Doch wenn man sich ansieht, wie die Bandidos südlich der Grenze arbeiten, muss man die Befürchtungen der Polizei keineswegs teilen. In Oklahoma, wo Mr. Winterhalder das Chapter von Tulsa leitet, vermelden weder die Behörden noch die Gerichte irgendwelche Probleme mit den Bandidos. Selbst der Agent, der im Auftrag des US-Geheimdienstes die Motorradszene von Oklahoma beobachtet, gibt zu, dass sich die meisten Mitglieder an die Gesetze halten. Von den zehn Motorradclubs, die in Oklahoma operieren, seien die Bandidos die friedlichsten. Und von einem Bandenkrieg könne keine Rede sein.

„Bei euch in Kanada scheint es ganz anders zur Sache zu gehen“, kommentierte Lieut. Alan Lansdown von der Polizei des Osage County.

Mr. Winterhalder hat am 5. Januar in Fort Erie, Ontario, zum letzten Mal die Grenze passiert. Er saß auf dem Beifahrersitz eines Autos und hielt seine Papiere sichtbar in der Hand. Wegen einiger Vorstrafen war er 1995 an der Grenze abgewiesen worden und wusste nicht, ob man ihn dieses Mal einreisen lassen würde. Der Grenzbeamte hatte nur kurz mit dem Fahrer gesprochen und das Auto durchgewinkt.

Die Fahrt hatte nach Kingston geführt, wo Mr. Winterhalder an der feierlichen Aufnahme von 60 früheren Mitgliedern der Rock Machine teilnehmen wollte. Doch kaum hatte er sich in seinem Hotel eingecheckt, wurde er vom Offizier der Einwanderungsbehörde P. Cooper und einem Spezialteam der Polizei in seinem Zimmer festgenommen. Bei der Vernehmung zeigte sich Mr. Winterhalder kooperationsbereit. Er hatte lediglich 217 US-Dollar bei sich. Die Polizei behielt ihn mit dem Argument in Gewahrsam, er habe die Grenze illegal überschritten und stelle aufgrund seiner Verbindungen zum organisierten Verbrechen eine Gefahr für die öffentliche Sicherheit dar. Außerdem bezichtigen Sie ihn, falsche Angaben gemacht zu haben, da er es versäumt hatte, den Grenzbeamten seine Mitgliedschaft in einem Motorradclub anzuzeigen.

Allerdings hatte der Fahrer die Unterhaltung mit dem Grenzbeamten übernommen, und auf Nachfrage hätte Mr. Winterhalder seine Mitgliedschaft sicher eingeräumt. Als Argument brachte er vor, dass es gegen die Clubregeln verstoße, zu lügen.

Die Behörden wandten ein, dass es seine Pflicht gewesen wäre, seine Vorstrafen zu melden. Und die erst hatten Mr. Cooper vermuten lassen, dass sich der Gast aus den USA mit unlauteren Absichten im Land aufhielt.

Mr. Winterhalder entgegnete, dass seine letzte Verurteilung von 1983 stamme und er unterdessen seine Schuld gebüßt habe. Zu den Vorstrafen zählen unerlaubter Waffenbesitz (es ging um eine Pistole Kaliber .45), der Besitz eines gestohlenen Pkw und Scheckbetrug.

Laut kanadischem Recht dürfen Vorbestrafte einreisen, sofern seit dem letzten Vergehen mindestens fünf Jahre vergangen sind. Seit Mr. Winterhalders letzter Haftentlassung sind jedoch bereits 14 Jahre vergangen. Trotzdem hatte die Polizei ihn drei Tage in Haft behalten, bis er einem Haftrichter vorgeführt wurde. Der Vertreter der Einwanderungsbehörden, Lynn Leblanc, beschieb Winterhalder als gefährlichen Kriminellen, der hinter Gitter gehörte. Mr. Winterhalder beteuerte hingegen, dass er weder untertauchen wolle noch gefährlich sei, sondern vollständig resozialisiert.

Der Vorsitzende Richter, Rolland Ladouceur, entließ Mr. Winterhalder gegen eine Kaution von 20.000 Dollar und unter der Auflage aus der Haft, dass er sich einer Anhörung zu stellen habe – was er bereitwillig zusagte. Daraufhin beantragten die Behörden, Mr. Winterhalder für sechs Monate die Ausreise zu verweigern, um in dieser Zeit Belastungsmaterial zusammentragen zu können. Der Vorsitzende lehnte den Antrag unter anderem deshalb ab, weil es nicht zumutbar sei, den Beschuldigten so lange von seiner Tochter und seiner Firma in den USA zu trennen.

Mr. Winterhalder hat unterdessen einen renommierten Anwalt engagiert, um bei dem anstehenden Verfahren das Recht zu erwirken, jederzeit nach Kanada einreisen zu können.

„Wenn du in deinem Leben nur einmal die Chance hast, an einem Treffen teilzunehmen, dann muss es Sturgis sein", erklärte ich Alain. „Du wirst aus dem Staunen nicht rauskommen. Dagegen sind die meisten anderen Biker-Treffen Kindergeburtstage."

Sturgis in South Dakota ist Schauplatz des größten Biker-Treffens der gesamten USA. Es findet in der ersten Augustwoche statt, so dass heißes, trockenes Wetter nahezu garantiert ist. Streng genommen beginnt die Sturgis Motorcycle Rally, wie die Veranstaltung offiziell heißt, sogar schon am Freitag der Vorwoche und dauert bis zum Sonntag – insgesamt also zehn volle Tage. Schätzungen zufolge nahmen in den letzten Jahren jeweils mehr als 750.000 Menschen mit etwa 500.000 Motorrädern daran teil

Die Bandidos verfügen in Rapid City unweit von Sturgis über ein Chapter mitsamt Clubhaus. Deshalb ist das Treffen von Sturgis quasi ein Muss für den gesamten Club. Für mich war das Treffen von 2001 von besonderer Bedeutung, weil es mir gelungen war, Alain dazu zu bewegen, nach Tulsa zu kommen und mit mir zusammen den weiten Weg nach Süddakota und zurück zu fahren.

Als Alain einwandte, dass er ohne Motorrad nicht zu einem Motorradtreffen fahren könne, versicherte ich ihm, dass ich eine Maschine auftreiben würde.

„Also schön, dann komme ich also mit nach Sturgis", sagte er mit dem aparten Akzent des Franko-Kanadiers.

Sturgis war in jeder Hinsicht ein lohnendes Ziel. Der Ort liegt am Rande der Black Hills, und die großartige Landschaft sucht ihresgleichen. Die Straßen sind wie dafür gemacht, mit dem Motorrad zu fahren, und in nur wenigen Stunden sind von Sturgis aus so typisch amerikanische Ziele zu erreichen wie der Badlands-Nationalpark und der imposante Devil's Tower, der durch den Film «Unheimliche Begegnung der dritten Art» auch außerhalb der USA berühmt wurde. Der Sylvan Lake, auch Kronjuwele des Custer State Park genannt, liegt ebenfalls nicht weit entfernt. Diese Sehenswürdigkeiten sind ein Fest für die Augen und ein atemberaubendes Naturerlebnis.

Wie die meisten Events, die Kultstatus erlangt haben, hat auch die Sturgis Motorcycle Rally klein angefangen. Das erste Treffen fand 1938 statt. Damals hatten Clarence „Pappy" Hoel und ein paar andere Mitglieder des Jackpine Gypsies MC, den Hoel 1936 gegründet hatte, die Idee, ein Motorradtreffen zu veranstalten, um ihre Fahrkünste mit anderen Bikern zu messen.

Hoel besaß in Sturgis einen Motorradladen und brachte mithilfe anderer Geschäftsleute ein Preisgeld von 500 Dollar auf – damals ein kleines Vermögen. Es war nur eine Handvoll Wagemutiger, die bei diesem ersten Treffen teilnahmen, über das Oval von einer halben Meile Länge bretterten und haarsträubende Stunts hinlegten, darunter Wanddurchbrüche und Schanzensprünge. Und obwohl sich nur wenige Zuschauer einfanden, sprach sich das Ereignis schnell herum und stand bald auf festen Füßen – erst recht, als nach dem Zweiten Weltkrieg das Motorradfahren richtig populär wurde.

Zusätzlich zu dem Rennen auf dem innerstädtischen Oval wurden weitere Wettbewerbe ins Programm aufgenommen, darunter Motocross, Sprintrennen, Beschleunigungswettbewerbe und Geschicklichkeitsfahrten am Steilhang. Gemeinsame Ausfahrten gab es erst später; heute machen sie den Löwenanteil der Sturgis Motorcycle Rally aus.

Motorradfahrer aus allen sozialen Schichten — darunter Fabrikarbeiter, Lehrer, Ärzte, Krankenpfleger, Ingenieure und Vertreter weiterer Berufe — zieht es jedes Jahr nach Sturgis. Hinzu kommen viele Einprozenter aus nahezu allen in den USA vertretenen Motorradclubs.

Bandido Alain traf einige Tage vor unserer geplanten Abfahrt nach Sturgis in Tulsa ein. Um an der Grenze keine Aufmerksamkeit zu erregen, war er in Toronto wie ein Durchschnittsbürger gekleidet, die Tattoos sorgfältig bedeckt, in einen Greyhound-Bus gestiegen. Der Plan war aufgegangen, doch der Preis dafür war eine mehr als 20-stündige Busfahrt über fast 2.000 Kilometer.

Für einen Hünen wie Alain musste es eine Qual gewesen sein, sich so lange in den engen Sitz zu zwängen. Als er die Strapaze endlich hinter sich gebracht hatte, brauchte er zwei Tage, um sich halbwegs davon zu erholen. Ich freute mich sehr, ihn in meiner Nähe zu haben, und Caroline und Taylor ging es nicht anders. Alain hatte die Gabe, gute Laune zu verbreiten, und nach einer Weile hatten wir uns auch an sein eigenwilliges Englisch gewöhnt.

Für die Fahrt nach Sturgis hatte ich ihm eine 1999er Harley FXDX Super Glide besorgt, die meinem Anwalt Jonathan Sutton gehörte. Ich besaß eine 1999er FXDL Super Glide, die Jonathans in Vielem glich. Am Samstag, den 4. August, machten Alain, Caroline und ich uns auf den Weg nach Sturgis. Vor uns lag eine Odyssee über 1.500 Kilometer, die durch Missouri, Nebraska und Süddakota führen würde. Ich war die Strecke zwar schon mehrfach gefahren, konnte aber gar nicht genug davon bekommen. Auch wenn ich an der Ostküste zur Welt gekommen bin, fühlte ich mich in der endlosen Weite des Mittleren Westens längst zu Hause.

Begleitet vom satten Sound zweier getunter Harleys, fuhren Alain und ich Seite an Seite und versicherten uns von Zeit zu Zeit durch einen gehobenen Daumen, dass wir es besser nicht hätten treffen können. Ich bin sicher, dass wir während der gesamten Fahrt ein breites Grinsen im Gesicht hatten, in dem sich die Begeisterung über unsere Maschinen, die freien Straßen und die Tatsache ausdrückte, dass wir Bandidos waren. Es gibt nichts Schöneres, als zusammen mit einem anderen Biker eine Tour zu machen – erst recht, wenn der andere Biker demselben Club angehört. Noch schöner ist wohl nur, mit einem Dutzend oder gar Hunderten anderer Biker eine Tour zu machen – ein ohrenbetäubender Treck moderner Cowboys, die auf ihren eisernen Rössern durch die Prärie reiten.

Caroline, selbst begeisterte Motorradfahrerin, die, als ich sie kennenlernte, eine Sportster besaß, saß hinter mir und schlang ihre Arme um mich. Sie genoss es, sich fahren zu lassen und sich um nichts kümmern zu müssen. Wir verließen Oklahoma in nordöstlicher Richtung und fuhren auf dem Interstate Highway 44 nach Missouri, dem neben Tennessee einzigen Bundesstaat, der an acht andere grenzt.

Als wir Joplin passierten und Richtung Springfield weiterfuhren, gingen meine Gedanken zurück an die Zeit, als ich zunächst Alain und schließlich weitere Mitglieder der damaligen Rock Machine kennengelernt hatte. Ich war ein bisschen stolz darauf, dass ich dazu beigetragen hatte, aus ihnen Bandidos zu machen, und ich wusste, dass die Verbindung zu ihnen von Dauer sein würde. Noch stolzer machte mich, dass ich Alain an meiner Seite wusste. Er war ein zuverlässiger und mutiger Kerl, der es vom gewöhnlichen Mitglied der Rock Machine zum Präsidenten der kanadischen Bandidos gebracht hatte.

„Es ist lange her, dass ich auf einem Motorrad sitzen konnte, ohne befürchten zu müssen, abgeschossen zu werden“, sagte Alain während eines Tankstopps. „Ich bin froh, dass du mich überredet hast mitzukommen.“

Anfang August ist der Südwesten Missouris besonders schön, weil viele große Wälder Schatten spenden und die Sonne nicht ganz so brennt. Und bei der flirrenden Hitze waren wir für jede Abkühlung dankbar. In Springfield wollten wir einen Stopp einlegen und uns mit zwei Mitgliedern des Ozark Riders MC aus Arkansas zusammentun, um die Weiterfahrt nach Sturgis gemeinsam anzugehen.

Ich wollte mich zudem mit Kurt Newman treffen, einem alten Jugendfreund, der seit gut zehn Jahren in Springfield lebte. Nach einem Essen, bei dem Kurt und ich in Erinnerungen geschwelgt hatten, trafen wir uns mit Andy und Nick von den Ozark Riders, die mit den Bandidos verbündet waren. Irgendwann am Nachmittag verließen Alain, Andy, Nick, dessen Freundin, Caroline und ich Springfield und fuhren Richtung Ozark Lake, wo wir mit ein paar Jungs verabredet waren, die Interesse geäußert hatten, dem Ozark Riders MC beizutreten.

Die Verabredung bot die Gelegenheit, Angenehmes und Nützliches zu verbinden. Und da die Klärung von Clubangelegenheiten fast immer angenehm ist, kam uns die Verabredung doppelt gelegen. Wir erreichten unser Ziel nahe des Sees, als die untergehende Sonne den Himmel in schillernde Farben tauchte. Nach einem Essen und dem anschließenden Gespräch gingen wir schlafen. Man hatte uns freundlich empfangen, und aus den Kandidaten, mit denen wir gesprochen hatten, wurden später tatsächlich Mitglieder des Ozark Riders MC.

Früh am nächsten Morgen machten wir uns auf den Weg nach Kansas City, Missouri, unserem nächsten Etappenziel, wo wir dem örtlichen Chapter des Boozefighter MC unsere Aufwartung machen wollten. In Fachkreisen werden sie anerkennend auch „Die echten Wilden" genannt, weil sie den Film «Der Wilde» mit Marlon Brando, den ersten Biker-Film überhaupt, inspiriert haben. Wir wollten am Ziel ankommen, bevor die Hitze unerträglich würde, aber leider gelang es uns nicht. Bis wir den Norden von Kansas City erreicht hatten, war das Thermometer bereits auf 40 Grad im Schatten gestiegen. Wir „Südstaatler" kamen mit diesen Temperaturen ganz gut klar, aber Alain, der von zu Hause Eis und Schnee gewöhnt war, stieß an seine Grenzen. Er sah aus wie eine überreife Tomate und war entsprechend erleichtert, als wir unsere Maschinen am frühen Nachmittag abstellen konnten.

Wir blieben einige Stunden in Kansas City, der Stadt am Zusammenfluss von Missouri und Kansas River. Sie gilt als eine der schönsten Städte der USA und ist vor allem dafür berühmt, dass es hier mehr Boulevards gibt als in jeder anderen Stadt – außer Paris – und mehr Brunnen als irgendwo sonst – außer Rom. Auch wenn es für mich nichts Schöneres gibt als die Natur, halte ich Kansas City für unbedingt sehenswert und ein vorbildliches Beispiel gelungener Stadtplanung.

Nach einer kurzen Pause und einem guten Essen brachen wir gegen 18 Uhr auf, um spätestens kurz nach Sonnenuntergang Omaha zu erreichen. Dieses Mal hielten wir den Zeitplan ein. Wir stiegen in einem einfachen Motel ab, um durch ein paar Stunden Schlaf die Batterien für die nächste Etappe unserer Reise aufzuladen. Der Tag war ohne nennenswerte Pannen, aber mit vielen Zwischenstopps für die Aufnahme von Wasser, Nahrung und Benzin verlaufen. Der kommende Tag würde härter werden. Bald würden wir die schattigen Wälder und sanften Hügel Missouris hinter uns lassen und in die heißen Ebenen Süddakotas gelangen.

Am nächsten Tag – Montag, der 6. August – standen wir früh auf und machten uns auf den Weg nach Sioux Falls, South Dakota. Es empfahl sich, dort noch vormittags anzukommen, um der drückenden Hitze zu entgehen, die der Wetterbericht vorhergesagt hatte. Schon um die Mittagszeit sollten die Temperaturen 40 Grad erreichen, und ohne die Aussicht auf Schatten war das dann doch ein bisschen zu viel – sowohl für die Motorräder als auch für die, die sie fuhren. Zudem machte ich mir Sorgen um Alain: Die Hitze setzte ihm merklich zu.

Auch wenn wir uns alle mit Sonnencreme eingeschmiert hatten, waren sein Gesicht und sein Hals bereits alarmierend rot. Zum Glück verlief die Fahrt ohne Probleme und ohne dass Menschen oder Maschinen schlapp machten. Kurz nach zwölf Uhr Mittag erreichten wir Sioux Falls, auch „Tor zum Mittleren Westen" genannt. Hier war ich mit meinem Freund Mike verabredet, einem Einprozenter, der dem Sons of Silence MC in Minnesota angehörte. Mike wollte sich unserer

Gruppe anschließen, die dadurch für die restliche Reise auf fünf Biker und zwei Sozia anwachsen würde.

Mike und ich wollten uns in einem Tätowierstudio treffen, in dem eine gemeinsame Bekannte von uns arbeitete: Die Tätowiererin war die Witwe eines Bandidos aus Louisiana. Wir verbrachten den halben Nachmittag in dem klimatisierten Laden, entspannten und unterhielten uns und sahen zwischendurch fern. Erst als die Temperaturen etwas gesunken waren und die Hitze nicht mehr ganz so unerträglich, fuhren wir wieder los und nahmen den Interstate Highway 90 Richtung Chamberlain, South Dakota, wo wir übernachten wollten. Auf dieser Etappe nahm die Harley-Dichte eklatant zu – es waren Hunderte und Aberhunderte, die Richtung Westen unterwegs waren. Der Anblick war majestätisch, und das Motorengeräusch klang wie Musik in meinen Ohren.

In Chamberlain wollten wir eine Gruppe von etwa 50 Sons of Silence treffen, und wir hofften, die knapp 350 Kilometer bis Sonnenuntergang zu schaffen. Von dem Tätowierladen aus hatten wir telefonisch Zimmer in einem Motel reserviert. Wir konnten von Glück sagen, dass nicht alles ausgebucht war. Ich kannte die Gegend und wusste daher, wie schwer es war, in dieser Einöde Benzin, Wasser, Essen oder eine Unterkunft zu bekommen.

Wir kamen gut voran und erreichten Chamberlain in der Dämmerung. Wir hatten keinerlei Mühe, das Motel in der kleinen Stadt mit exakt 2.338 Einwohnern zu finden. Weil auf den Straßen keine Menschenseele zu sehen waren, nahmen wir an, dass man Hunde und Katzen mitgezählt hatte. Ich war erstaunt, wie sehr die Hitze uns alle mitgenommen hatte. Trotz der Pause in Sioux Falls waren wir wie ausgedörrt und sehnten uns nach einem guten Essen und einem bequemen Bett. Ich war erst Anfang vierzig, aber es schien, dass die Fahrt nach Sturgis mit jedem Jahr anstrengender wurde.

Obwohl Alain von uns allen am meisten litt, ließ er sich die geradezu kindliche Freude nicht nehmen. Trotz aller Strapazen war die Fahrt von Tulsa nach Sturgis für ihn ein einzigartiges Erlebnis, und er genoss es, die abenteuerlichen Landschaften und ungeheure Weite des Mittleren Westens sowie ständig neue Leute kennenzulernen. Und weil er, zumal im Gesicht, reichlich Farbe bekommen hatte, verpassten wir ihm einen neuen Spitznamen. „Was heißt Kopf auf Französisch?" fragte ich ihn. „Und was Tomate?"

„Kopf heißt tête und Tomate tomate", erklärte er.

Seither nannten wir ihn liebevoll „Tomato Head" oder auf Französisch „Tête Tomate".

Nachdem ich mit Caroline aufs Zimmer gegangen war, stellte ich mich rasch unter die Dusche, ehe ich in eine nahe gelegene Bar ging, wo mich ein paar Sons of Silence erwarteten. Besser: einige, und noch genauer: ungefähr 40. Doch schon nach kurzer Zeit drohten mir die Augen zuzufallen. Nach ein paar Glas Ginger Ale – ich trinke seit 1986 keinen Alkohol mehr – war ich erledigt. Ich wollte nur noch ins Bett, und nachdem ich mich von allen verabschiedet hatte, ging ich zurück ins Motel. Ich wollte nichts als schlafen, zumal wir am nächsten Tag früh los wollten, um der Gluthitze zu entgehen, die vorhergesagt war.

Wir hatten die Hoffnung, gegen Mittag Rapid City zu erreichen, und wäre nicht der untere Aufnäher auf Alains Rücken gewesen, hätten wir es auch geschafft. Wenn die Bandidos ein neues Mitglied aufnehmen, das zuvor einem anderen Club angehörte, schreiben die Regeln eine mindestens einjährige Mitgliedschaft auf Probe vor. Der Hintergrund ist, dass ein Mitglied eines anderen Clubs zwar schon Erfahrungen als Einprozenter hat, sich aber noch mit den besonderen Regeln der Bandidos vertraut machen muss.

Diese Mitglieder auf Probe sind leicht am unteren Aufnäher zu erkennen, auf dem deutlich lesbar das Wort „Probationary" steht. Nach der Bewährungszeit wird der provisorische Aufnäher durch den endgültigen ersetzt, auf dem normalerweise die Region genannt wird, aus der der Träger stammt. Auf Alains Rücken würde später also „Canada" stehen. Früher war es mal üblich, auf dem unteren Aufnäher die Stadt des Chapters zu nennen, dem der Träger angehörte. Inzwischen stand dort meist nur noch der Bundesstaat oder die Provinz. Dafür gibt es zwei Gründe: um die Polizei, andere Clubs und die Öffentlichkeit über die Herkunft im Ungewissen zu lassen, und um den Eindruck zu erwecken, dass es ungleich mehr Mitglieder gibt, als tatsächlich der Fall ist.

Am nächsten Morgen waren wir um sieben Uhr aus den Betten. In Chamberlain war zu dieser Stunde genauso wenig los wie bei unserer Ankunft. Wir gönnten uns ein kräftiges Frühstück mit Eiern und Speck, Würstchen, Pfannkuchen und Toast und spülten das Ganze mit Orangensaft, Milch und Kaffee herunter. Wie geplant, machten wir uns um halb neun auf den Weg. Der Wetterbericht hatte den frühen Aufbruch ratsam erscheinen lassen, denn wieder einmal waren tropische Temperaturen angekündigt. Und durch die Hitze, die der Motor abstrahlt, wird es auf dem Bike noch erheblich wärmer. Da bekommt sogar der Gedanke an ein Auto mit Klimaanlage plötzlich einen gewissen Reiz. Doch wir waren Biker, und die Affenhitze gehört in diesen Breitengraden zum Sommer nun einmal dazu. Wir setzten die Fahrt auf dem Interstate Highway 90 Richtung Sturgis fort, wobei wir uns um der Entspannung willen brav an das Tempolimit hielten.

Am späten Vormittag jedoch sprengte ohne erkennbaren Anlass ein Streifenwagen der Polizei von South Dakota unsere Kolonne und teilte sie recht rüde in zwei Gruppen. Es konnte kein Zweifel daran bestehen, dass der Polizist das riskante Manöver mit Absicht vollführt hatte und ohne sich um eventuelle Folgen zu scheren. Von meiner Position sah es so aus, dass der Beamte auf Bandido Alain zeigte und ihn aufforderte, an die Seite zu fahren und anzuhalten. Doch obwohl sich die Aufforderung ausdrücklich nur an Alain richtete, verlangsamte auch Andy, der direkt hinter ihm fuhr, das Tempo und fuhr schließlich rechts ran. Wenn aus einer Gruppe jemand herausgewinkt wird, versteht es sich von selbst, dass alle, die sich hinter ihm befinden, ebenfalls anhalten. Und alle, die vorausfahren, warten an der nächsten Möglichkeit.

Schnell war klar, dass sich der Polizist besonders für Alain interessierte, denn das Erste, was er tat, war, Andy zur Weiterfahrt aufzufordern. Zunächst weigerte der sich jedoch, einen Kumpel allein zu lassen, und fügte sich erst, als Alain selbst ihn dazu ermuntert hatte. Noch wussten wir nicht, warum die Behörden gerade ihn auf dem Kieker hatten, aber später erfuhren wir, dass die Kutte eines „Probationary" der Bandidos und das Motorrad aus Oklahoma das Interesse geweckt hatten. Solche Kontrollen gehörten zu dem Pflichtprogramm der Polizei von Süddakota, doch dieser hier übertrieb es insofern, als dass er dafür einen schweren und möglicherweise tödlichen Unfall riskierte.

Die vordere Gruppe, in der ich mich befand, erreichte nach ungefähr vier Meilen die nächste Abfahrt. Wir hielten unter einer Brücke, um uns vor der grellen Sonne zu schützen, und warteten auf die anderen. Als kurz darauf Andy kam, berichtete er, dass sich der Polizist ausschließlich für Alain interessierte. Wir fragten uns, was er mit ihm vorhatte, und hielten es für denkbar, dass man ihn wegen irgendeines Vergehens bei der Einreise festnehmen würde. Sicherlich hat der Beamte ziemlich dumm aus der Wäsche geguckt, als sich herausstellte, dass Alain Englisch mit starkem Akzent sprach, Kanadier war, einen Führerschein aus Quebec besaß und ein Motorrad fuhr, das in Oklahoma zugelassen war.

Die Überprüfung nahm jedenfalls ziemlich viel Zeit in Anspruch, blieb aber letztlich ohne Ergebnis. Dem Beamten blieb sogar verborgen, dass Alain Brunette der Präsident der kanadischen Bandidos war. Um seinen Übereifer rechtfertigen zu können, verdonnerte er Alain schließlich wegen eines zu lauten Auspuffs zu einer Strafe von 100 Dollar. Das war natürlich Unfug, weil das Motorrad noch ziemlich neu und mit diesem Auspuff aus der Fabrik gekommen war. Aber die Mühe, die Anlage zu kontrollieren, machte sich der Beamte gar nicht erst. Wahrscheinlich wusste er genau, dass die Anschuldigung völlig haltlos war.

Dieser Vorfall erinnerte mich daran, wie wir auf der deutschen Autobahn wegen einer vermeintlichen Geschwindigkeitsübertretung zur Kasse gebeten wurden. Wenn man als Biker kontrolliert wird, sollte man darauf gefasst sein, mindestens 20 Dollar berappen zu müssen –

vor allem dann, wenn sich der Verdacht, dass man mit Haftbefehl gesucht wird, nicht bestätigt.

Wenn ein Biker in eine Polizeikontrolle gerät und dadurch den Anschluss an die Gruppe verliert, dann, so wollen es die ungeschriebenen Gesetze, halten alle anderen bei der nächsten Gelegenheit an und warten mindestens eine Stunde. Wenn er dann noch nicht wieder aufgetaucht ist, kann man davon ausgehen, dass er verhaftet wurde. Entsprechend froh waren wir, als Alain endlich am Horizont zu sehen war und schließlich mit erhobenem Daumen die Brücke erreichte.

„Sehr erstaunlich, das Ganze", sagte er. „Ich dachte schon, er hätte mich am Arsch, aber bis auf ein Knöllchen wegen eines zu lauten Auspuffs wollte er nichts von mir."

„Das ist in der Tat erstaunlich", bestätigte ich. „Aber so kannst du wenigstens mit uns nach Sturgis fahren."

Über den guten Verlauf der Angelegenheit hoch erfreut, warfen wir die Motoren an und machten uns wieder auf den Weg. Innerlich stellte ich mich jedoch darauf ein, in wenigen Meilen in die nächste Kontrolle zu geraten. Denn genau das war mir oft genug passiert: Wenn man einmal angehalten wird, scheinen die Chancen, dass sich der Vorgang kurz darauf wiederholt, erheblich zu steigen. Immerhin konnte Alain von Glück sagen, dass es ihm in meinem Land nicht so gegangen war wie mir in seinem und er nicht an Beamte geraten war, die es darauf anlegten, ihr Opfer zu schikanieren – natürlich alles im Namen von Recht und Gesetz. Ein US-amerikanisches Gefängnis von innen kennenzulernen, das wollte ich Alain gern ersparen. Doch auch so hatte uns der Vorfall eine geschlagene Stunde gekostet, und inzwischen war es fast unerträglich heiß.

Die letzte Etappe unserer Fahrt verlief ohne besondere Vorkommnisse – sieht man mal davon ab, dass wir oft halten mussten, um etwas zu trinken und so den eklatanten Flüssigkeitsverlust auszugleichen. Gegen 13 Uhr erreichten wir endlich Rapid City und fuhren direkt zum Clubhaus der Bandidos am östlichen Stadtrand, wo wir herzlich empfangen wurden – und Alain sogar ein wenig bestaunt. Er selbst war heilfroh, die Strapaze mit heiler, wenn auch ziemlich verbrannter Haut überstanden zu haben. Eine so weite Fahrt hatte er in seinem ganzen Leben noch nicht gemacht – ein echtes Abenteuer, wie er bekannte.

Wir hielten uns ziemlich genau vier Tage in der Gegend rund um Sturgis und Rapid City auf. Angekommen waren wir am Mittag des 7. August, und wir blieben bis zum 11. August, 16 Uhr. Als wir zum ersten Mal in die Innenstadt von Sturgis fuhren, verschlug es Bandido Alain, der schon seit Tagen aus dem Staunen nicht rauskam, förmlich die Sprache. Der historische Stadtkern von Sturgis ist ausschließlich während der Rally für den Verkehr geöffnet. Nun wimmelte es dort nur so von fantasievoll ausstaffierten Motorrädern und Menschen. Ins Getümmel mischten sich circa 1.000 Einprozenter, davon etwa 400 Bandidos. Es spielten sich Szenen ab, die selbst den erschöpftesten Biker wieder auf Vordermann brachten. Während der Rally-Woche geht es vor allem darum, zu sehen und gesehen zu werden. Die Straßen sind gesäumt von Ständen, wo man alle möglichen Dinge erstehen kann: Lederklamotten, bedruckte T-Shirts, Schmuck und natürlich jedes erdenkliche Motorradzubehör. Hinzu kommen Essensstände, deren Angebot von „Klassikern" des Fastfood wie Hamburger und Pommes bis zu exotischen Dingen wie Krokodil- und Straußenfleisch oder Jambalaya reicht.

Wir tauchten in dieses Treiben ein und sogen all die verrückten Geschehnisse in uns auf; nebenher legte ich jedoch Wert darauf, dass Alain bei einer Ausfahrt einige der wichtigsten Sehenswürdigkeiten der Gegend kennenlernte – an erster Stelle natürlich der Mount Rushmore mit den in den Berg gehauenen monumentalen Porträts von vier früheren Präsidenten der USA: George Washington, Thomas Jefferson, Theodore Roosevelt und Abraham Lincoln. Und wie es sich für Touristen gehört, fotografierten wir uns vor dieser eindrucksvollen Kulisse, um zu Hause damit angeben zu können.

Die Zeit, in der wir nicht durch die Gegend fuhren oder uns durch Sturgis treiben ließen, verbrachten wir in unserem Haus in Rapid City, das wir gemietet hatten. Dort bezog das gesamte Bandidos-Chapter von Oklahoma Quartier, verstärkt durch Andy und Nick von den Ozark Riders und allen kanadischen Bandidos, die es über die Grenze geschafft hatten. Das einfache Haus lag in einem netten Viertel, hatte vier möblierte Zimmer und eine gemütliche Küche, in der wir uns meistens aufhielten. Die Frauen kochten täglich eine leckeres Essen, und wir Männer sorgten dafür, dass der Kühlschrank nicht leer wurde. Im Keller gab es einen großen Raum. Dort breiteten wir Luftmatratzen aus, die wir bei Wal-Mart gekauft hatten. Am Tag unserer Abreise schickten wir sie per Post nach Hause. Irgendwann logierten mehr als 20 Leute in dem Haus. Trotzdem verließen wir es so, wie wir es vorgefunden hatten – unbeschädigt. Wer immer noch an das alte Klischee vom ungehobelten Biker glaubt und erwartet hätte, dass wir das Haus verwüsten, muss wohl umdenken.

Gegen Ende der Woche traf ein Wagen mit Bandidos aus Kanada ein. Darunter befanden sich der Vizepräsident Peppi aus Toronto – der vor einigen Monaten vom Loners MC zu den Bandidos gestoßen war – und ein Mann namens Luis Manny „Porkchop" Raposo. Den weiten Weg von Toronto nach Rapid City waren sie in einem Rutsch gefahren – und fuhren ihn nach zwei Tagen Aufenthalt am Rutsch wieder zurück. Ein bisschen taten sie mir leid, denn außer dem Clubhaus und unserem Haus haben sie kaum etwas gesehen. Einen Eindruck von der Rally Week bekamen sie in der kurzen Zeit jedenfalls nicht, und anders als Alain besuchten sie auch keine der zahlreichen Sehenswürdigkeiten.

Ich hatte gehofft, dass Peppi und Porkchop El Secretario Robert „Tout" Leger mitbringen würden, aber vergeblich. Seit meiner Abreise aus Kanada hatte ich nahezu täglich mit Tout telefoniert, und seit Alains Ankunft in Oklahoma hatten wir ihn bei jeder sich bietenden Gelegenheit angerufen und ihn bedrängt, er solle doch auch nach Sturgis kommen. Und einmal wähnten wir uns bereits am Ziel. Doch dann erklärte Tout: „Ihr wisst doch selbst, wie gern ich kommen würde, Jungs, aber wenn ich wegen irgendeiner Lappalie verhaftet werde, habe ich ein echtes Problem. Mein Herz sagt, ich soll fahren, und mein Verstand sagt, ich sollte es lieber lassen. Versteht ihr mich?"

Natürlich verstanden wir ihn. Bandido Tout vermied es zu jener Zeit nach Möglichkeit, Kanada zu verlassen. Laut gerichtlicher Auflage durfte er ja nicht einmal den Großraum Montreal verlassen. Um kein unnötiges Risiko einzugehen, beschloss er schweren Herzens, nicht nach Sturgis zu kommen. Von dort aus telefonierte ich zwei oder drei Mal mit ihm und musste eingestehen, dass er sich richtig entschieden hatte.

„Das muss dir nicht leid tun", sagte er. „Mir geht's gut. Ich fahr am Wochenende mit meiner Familie in unser Häuschen auf dem Land. Da kann ich mich richtig ausspannen. Und die nächste Gelegenheit, uns zu treffen, kommt bestimmt."

Nach vier ausgelassenen und sonnigen Tagen zusammen mit Bandidos aus aller Welt traten Alain, Caroline und ich den Rückweg nach Oklahoma an. Am Nachmittag des 11. August, einem Samstag, machten wir uns auf den Weg zur Eisenbahnerstadt North Platte, Nebraska, eine Etappe von gut 500 Kilometer. In North Platte suchten wir uns ein Motel und schliefen kurz nach der Ankunft ein. Wir wollten die gesamte Strecke in zwei Tagen schaffen. Alains Flug ging am Dienstagmorgen, und er wollte gern einen Tag haben, um sich von der Reise zu erholen.

Am nächsten Morgen standen wir früh auf, um die verbleibenden knapp 1.000 Kilometer nach Tulsa in Angriff zu nehmen. Es war wolkig und sollte im Tagesverlauf regnen. Auf dem Weg aus der Stadt kamen wir am Union Pacific Railroad Bailey Yard vorbei, dem größten Rangierbahnhof der Welt. Er erstreckt sich über sage und schreibe 1.150 Hektar und hat eine Länge von fast 13 Kilometer. Je weiter östlich wir auf dem Interstate Highway 80 kamen, desto wahrscheinlicher wurde es, dass es eine nasse Fahrt werden würde. Um das Regengebiet zu umfahren, hielten wir uns zunächst südlicher als geplant, ehe wir uns wieder ostwärts wagten. Die Hitze beim Motorradfahren zu ertragen ist das eine, Regen etwas anderes. Ich persönlich ziehe es vor, im Trockenen zu fahren, auch wenn es, wie in diesem Falle, bedeutete, von der geplanten Route abzuweichen. Dafür wurden wir mit einem strahlend blauen Himmel entlohnt und fuhren über einige kleinere Straßen, auf denen so gut wie kein Verkehr war.

Zwar verloren wir dadurch kostbare Zeit, doch dafür sahen wir Nebraska von einer Seite, die Touristen sonst verborgen bleibt: Wir kamen durch idyllische kleine Städtchen und passierten endlose Maisfelder, die die flirrend heiße Luft mit einem süßlichen Geruch füllten. Kein Wunder, dass Nebraska als *das* Maisland der USA gilt.

Irgendwann während der Fahrt befiel mich die Sorge, das Benzin könnte mir ausgehen. Und obwohl unsere Maschinen nahezu identisch waren, brauchte meine mehr als Alains – schließlich saß auf meiner auch Caroline. An diesem Tag konnte ich mich davon überzeugen, dass eine Super Glide FXDL mit der Reserve gut 40 Kilometer schafft, was gerade reichte, um bis zur nächsten Tankstelle zu kommen. Nach dem Tankstopp erreichten wir über den Highway 81 Kansas und fuhren zwischen Weizenfeldern auf Salina und Wichita zu.

Am späten Nachmittag überquerten wir auf dem Interstate Highway 35 die Grenze nach Oklahoma und machten an einer Tankstelle nördlich von Blackwell Rast. Ich nutzte die Gelegenheit und hörte die Mailbox meines Handys ab. Zu meiner Verwunderung waren dort mehrere Nachrichten eingegangen, doch alle waren für Alain, und alle hatten denselben Inhalt: „Ruf umgehend zu Hause an." Erst beim letzten Tankstopp vor zwei Stunden hatte ich die Mailbox abgehört, und da war noch keine Nachricht eingegangen. Offenbar war etwas passiert. Ich reichte Alain mein Handy, der mit zittrigen Fingern eine Nummer eintippte.

„Das klingt nicht gut", sagte er unterdessen. „Wenn man umgehend zu Hause anrufen soll, verheißt das nie etwas Gutes."

Dass es diesmal nicht anders war, wurde mir noch vor dem Ende des Telefonats klar, als ich sah, dass über Alains Wange eine Träne lief. Weil er Französisch sprach, hatte ich keine Ahnung, was genau vorgefallen war. Das einzige Wort, das ich verstand, war „Tout". Und der Anruf verhieß nicht nur nichts Gutes – es war die schlimmste Nachricht, die mir seit Jahren zu Ohren gekommen war. Als das Gespräch beendet war, erzählte Alain mir und Caroline mit erstickter Stimme, dass Robert „Tout" Leger von den Hells Angels ermordet worden war.

„Sie haben ihn in seinem Wochenendhäuschen erschossen – vor den Augen seiner Frau und der Kinder. Er hatte seine Mörder kommen sehen und versucht, seine Familie in Sicherheit zu bringen. Ihr werdet es vielleicht nicht glauben, aber Tout war sieben Jahre lang Anwärter der Rock Machine. Nicht, weil er ein unsicherer Kantonist war oder so etwas. Ich glaube, am Ende war es ihm egal, ob er Vollmitglied wurde oder nicht. Er machte ohnehin sein eigenes Ding. Er war ein Biker von echtem Schrot und Korn, und wir alle haben zu ihm aufgesehen und ihn bewundert."

Alain berichtete, dass bei dem Anschlag auf Tout eine Maschinenpistole und ein Colt benutzt worden waren. Der Kugelhagel hatte ihn förmlich durchsiebt. Alles in mir sträubte sich, die Nachricht zu glauben. Ich kannte Tout zwar noch nicht lange, aber mir war zumute, als hätte ich einen lebenslangen Freund verloren. Eine kleine Ewigkeit lang saßen wir schweigend und wie gelähmt an der Tankstelle. Es war für uns alle ein denkbar trauriger Tag – und für alle Bandidos. Tout war der erste Funktionsträger des Clubs, der von Mitgliedern eines anderen Clubs ermordet wurde.

„Tout ist so gestorben, wie er gelebt hat. Er war stets ein Vorbild an Mut und Entschlossenheit und immer für andere da", sagte Alain irgendwann, um sich und uns aufzumuntern.

Mir war klar, dass Alain noch ein wenig Zeit brauchte, um sich von dem Schock zu erholen, und so konnte ich meinen Gedanken nachhängen. Caroline, die ihre Gefühle selten offen zeigte, starrte ausdruckslos vor sich hin und dachte an wer weiß was. Ich dachte an eine Geschichte zurück, die Tout mir irgendwann in den zurückliegenden acht Monaten erzählt hatte. Mitte der 1990er Jahre war Tout einer der ersten Mitglieder der Rock Machine, die es gewagt hatten, in die USA zu reisen. Sein Auftrag war klar definiert: Er sollte Kontakt zu den Bandidos aufnehmen und ihnen den Wunsch der Rock Machine übermitteln, dem Club beizutreten. Weil Tout ausgezeichnet Englisch sprach, hatte man ihn auserkoren, nach Houston zu reisen und dort Mitglieder der Bandidos ausfindig zu machen. Und da es im Vorfeld nicht den geringsten Kontakt zwischen den Clubs gegeben hatten, war ihm jeder Bandido recht.

„Ich kannte in ganz Texas keine Menschenseele", hatte er mir erzählt. „Aber da ich nichts zu verlieren hatte, machte ich mich auf den Weg. Von den Hells Angels hatten wir jedenfalls die Nase voll, weil sie einem ständig vorschreiben wollten, was man zu tun und zu lassen hatte."

Selbstsicher und erfinderisch, wie er war, gelang es Tout, in einer Bar in Houston einige Bandidos aufzustöbern. Als er ihnen erzählte, dass er zur kanadischen Rock Machine gehörte und mit dem Auftrag gekommen war, einen möglichen Übertritt zu den Bandidos zu besprechen, machten sie ihm in deutlichen Worten klar, dass er sich aus dem Staub machen solle.

„Wenn ich heute daran denke", hatte er damals lachend gesagt, „war das ein ziemlich gewagtes Unterfangen. Ich kann von Glück sagen, dass ich ohne Blessuren wieder zurück nach Kanada gekommen bin. Es war ziemlich naiv von uns anzunehmen, dass die Bandidos uns mit offenen Armen empfangen würden."

Plötzlich spürte ich, wie sich Carolines Hand auf meine Schulter legte und mich leicht rüttelte. Alain saß bereits auf seiner Maschine.

„Lass uns weiterfahren", sagte Caroline. „Alain ist schon startklar."

Traurig schleppte ich mich zu meiner Harley, und wir machten uns daran, die letzten gut hundert Meilen bis Tulsa hinter uns zu bringen. Wir fuhren in östlicher Richtung, um südlich des Städtchens Pawhuska eine Rast einzulegen. Hier finden alljährlich die Biker Days statt, ein großes Motorradtreffen und sozusagen das Sturgis von Oklahoma – wenn auch einige Nummern kleiner. Ich hatte Alain versprochen, ihm die Stelle zu zeigen. Er hatte immer vorgehabt, an dem Treffen teilzunehmen, es aber nie einrichten können. Immerhin konnte er nun mit Fug und Recht behaupten, schon einmal am Ort des Geschehens gewesen zu sein.

Das Foto, das Caroline dort von Alain und mir schoss, ist wie ein Dokument dieses schicksalhaften Tages: Alain – mit Sonnenbrand – und ich geben uns alle Mühe, fröhlich auszusehen, aber gelingen will es uns nicht. Die letzten Kilometer unserer Fahrt waren das schreckliche Ende einer wundervollen Woche. Aber so ist das Leben wohl: eine komplizierte Abfolge von Hochs und Tiefs, Freude und Kummer, in der sich Gutes und Schlechtes – hoffentlich – irgendwie ausgleichen. Und unsere Fahrt endete am Sonntagabend kurz nach Sonnenuntergang vor meinem Haus.

Wir duschten, aßen etwas und gingen ins Bett. Noch beim Einschlafen kreisten meine Gedanken um Tout und seinen sinnlosen Tod. Mir war klar, dass Gewalt und selbst der Tod aus dem Leben eines Bikers nicht ganz auszuschließen sind, doch die Brutalität dessen, was jetzt in Kanada geschehen war – und zuvor in Skandinavien –, machte mich sprachlos. In den USA, wo vergleichsweise viele Einprozenter leben, waren solch hemmungslose Gewaltausbrüche eher selten. Mein letzter Gedanke vor dem Einschlafen galt der Hinfälligkeit allen Lebens – und meiner Kindheit. Ich war glücklich, noch unter den Lebenden zu weilen.

Das Licht der Welt erblickte ich im Sommer 1955 in Hartford, Connecticut. Außer als Hauptstadt des Bundesstaates Connecticut ist Hartford berühmt für die vielen Versicherungsgesellschaften, die hier ihren Sitz und der Stadt den Beinamen „Versicherungshauptstadt der Welt" eingetragen haben. In Hartford ansässig ist auch die berühmte Waffenschmiede Colt Manufacturing Company, die 1847 gegründet wurde. Später brachte mich der Besitz der berühmten Pistole Kaliber .45 von Colt mit den Gesetzen von Oklahoma, Texas und Florida in Konflikt.

Am Tag nach meiner Geburt gab meine Mutter mich zur Adoption frei, und ich kam in ein Pflegeheim. Damals wusste mein Vater noch nichts von meiner Existenz. Auch wenn die Scheidung noch lief, hatten meine Eltern keinerlei Kontakt miteinander. Als er irgendwann von meinem Los erfuhr, bemühte er sich vergeblich um das Sorgerecht. Vielleicht war dieser unglückliche Beginn nicht ganz unschuldig am weiteren Weg, den mein Leben später nehmen sollte: ein Leben voller

Abenteuer und Missgeschicke – ein Leben, dass schließlich für mich die Laufbahn als Biker und Einprozenter vorsah.

Im Alter von sechs Monaten adoptierten mich Warren und Helen „Dolly“ Winterhalder, ein kinderloses Paar aus Hamden, Connecticut, einem beschaulichen Vorort von New Haven und Geburtsort des Oscar-prämierten Schauspielers Ernest Borgnine. Warren handelte mit Geschäftsformularen und Vordrucken, Dolly war Hausfrau. Sie waren wunderbare Menschen, und ich hatte großes Glück, dass sie es waren, die mich aus dem Heim holten. Die ersten fünf Jahre lebten wir in der Gorham Avenue, wo ich mit den Nachbarkindern spielte und den nahegelegenen Kindergarten besuchte. Im Sommer 1961 bezogen wir ein Haus im Zentrum einer Neubausiedlung in Northford, Connecticut, einem Städtchen mit nicht einmal 1.000 Einwohnern.

Unser neues Zuhause war eine halbe Stunde Autofahrt von Hamden entfernt, hatte drei Schlafzimmer auf zwei Etagen und lag in der Carlen Drive, einer Sackgasse mit einem Wendehammer, auf dem ein Basketballkorb stand. Dahinter lag ein kleiner See, der von einem Bach gespeist wurde. Über eine kleine Holzbrücke erreichte man ein großes Feld, auf dem wir Kinder im Sommer Baseball spielten und im Herbst Football. Hinter dem Feld standen einige Bäume, die mir wie ein ausgewachsener Wald erschienen. Für ein sechsjähriges Kind war dieses Umfeld der Himmel auf Erden. Und auch wenn ich mich bei der Erkundung an gewisse Regeln zu halten hatte, war ich vom ersten Moment an von dieser Freiheit fasziniert.

Im Herbst 1961 kam ich auf die William Douglas Elementary School. Von einem unauffälligen Grundschüler, der in der Masse aufging, zum Gesprächsstoff der ganzen Schule wurde ich in einer Pause, als mich eine Horde Fünftklässler beim Footballspielen über den Haufen rannte. Ich blieb mit einem gebrochenen linken Bein zurück. Im Herbst 1963, ich war acht Jahre alt, wechselte ich auf die Stanley T. Williams Grundschule in Northford.

Kurz vor der Versetzung in die vierte Klasse war mir aufgefallen, dass ich einigermaßen intelligent war. Als Belege nahm ich die guten Noten und den Umstand, dass mir das Lernen ziemlich leichtfiel. Damals habe ich sehr viel gelesen, und daran hat sich bis heute nichts geändert. Und auch wenn es zur Pflichtlektüre gehörte, war «Die Outsider» von Susan E. Hinton eines meiner ersten Lieblingsbücher. Erst später erfuhr ich, dass die Autorin aus Tulsa stammt. (Während einer Werbereise für mein erstes Buch, «Out in Bad Standings», traf ich Susan Hinton zufällig in New York City und konnte ihr berichten, wie wichtig «Die Outsider» für mich gewesen waren.)

Obwohl ich gern und viel las, sah ich auch oft fern, vor allem Serien. Zu meinen Favoriten gehörten «Bonanza», «Wagon Train», «Route 66» und «Mission Impossible». Jahre später stellte ich fest, dass mein leiblicher Vater eine winzige Rolle in «Wagon Train» gespielt hatte, so dass ich, ohne es zu ahnen, meinem Dad in einer meiner liebsten Western-Serien zusehen konnte.

Auch für Musik interessierte ich mich sehr und entwickelte eine gewisse Begeisterung für Myron Floren, den Akkordeonspieler aus der «Lawrence Welk Show». Ich redete so lange auf meine Eltern ein, bis ich an der Betty Revegno Accordion School in Wallingford, Connecticut, Akkordeonunterricht nehmen durfte. Und weil sich kaum ein anderes Kind für das Instrument interessierte, verlieh es mir eine gewisse Sonderstellung. Ich war mit solcher Begeisterung dabei, dass ich bereits 18 Monate nach meiner ersten Unterrichtsstunde einen Wettbewerb gewann, an dem Zehnjährige aus ganz Connecticut teilnahmen. Trotzdem musste ich bald erfahren, dass mit dem Instrument kein Staat zu machen war: Gitarre war wesentlich cooler, weil die beliebtesten englischen und amerikanischen Gruppen damit auftraten. Um meinen neuen Helden ähnlich zu sein, wollte ich nun auch Gitarre spielen.

Doch so sehr ich auch darum bettelte, Unterricht und ein Instrument zu bekommen, blieben meine Eltern stur. Schließlich fand ich aber einen Weg, meinen Willen durchzusetzen: Ich nahm weiterhin Akkordeonunterricht, und zwar vor allem, um dabei Gitarrespielen zu lernen. Dafür kam ich immer früher als nötig in die Schule, und die

Gitarrenlehrerin erlaubte mir, mich in ihre Klasse zu setzen und beim Unterricht zuzusehen. Und im Anschluss an meine Akkordeonstunde durfte ich mir eine Gitarre ausleihen und üben, was ich zuvor gelernt hatte. Es sollte Jahre dauern, bis mir die umständliche Art, ein Instrument zu lernen, zu etwas nutze sein sollte, aber irgendwann war es so weit. Als ich älter war, schrieb ich viele Songs selbst, und mit 35 Jahren hatte ich unter dem Künstlernamen Warren Winters drei Alben eingespielt und produziert.

Davon abgesehen, dass ich den meisten Kindern in der Nachbarschaft wegen meiner Intelligenz suspekt war, verlief mein Leben zumindest in den ersten zehn, elf Jahren ziemlich normal. Ich war das, was man wohl einen braven Jungen nennt, gab keine Widerworte und bewegte mich stets auf dem Pfad der Tugend. Wie viele Kinder, die mit einer gewissen Intelligenz gesegnet sind, war ich im Sport eher eine Niete. Selbst der liebste Zeitvertreib aller Amerikaner, Baseball, erwies sich als zu schwer für mich. Denn obwohl ich mich – auf Drängen meines Vaters – für ein Jahr einem Team anschloss, glänzte ich meistens als Bankdrücker mit nur wenigen kurzen Einsatzzeiten. Schnell begriff ich, dass Sport nicht zu meinen Stärken gehörte, und wandte mich einer Beschäftigung zu, die ich für einträglicher hielt: dem Geldverdienen.

Im zarten Alter von elf Jahren zeigte sich mein Unternehmergeist zum ersten Mal. Um mein Taschengeld aufzubessern, schippte ich im Winter Schnee, und im Sommer mähte ich den Rasen. Und auch wenn beide Tätigkeiten nichts Ungewöhnliches waren, scheuten die meisten Kinder davor zurück, damit ihre Freizeit zu verbringen. Anders ich: Wenn es irgendwo etwas zu verdienen gab, war ich zur Stelle. Und auch wenn es nicht allzu gut bezahlt wurde, konnte ich mir Dinge leisten, auf die ich sonst hätte verzichten müssen: zum Beispiel bei Barkers, dem örtlichen Kaufhaus, die neueste Single der Beatles kaufen. Ich war ein großer Fan der Beatles und habe mir damals alle ihre Platten gekauft, auch die Langspielplatten.

Ganz besonders interessierten mich die vielen Neubauten, die seinerzeit in unserem Viertel wie Pilze aus dem Boden schossen. Es war

die Zeit, in der überall neue Siedlungen entstanden und an jeder Ecke
gebaut wurde. Auch wenn ich es mir selbst nicht erklären konnte, faszinierte mich jeder einzelne Abschnitt, den es brauchte, damit ein
Haus entstand. Und ich hatte das eigentümliche Gefühl, als sei mir jeder einzelne Handgriff irgendwie vertraut. Dreißig Jahre später erfuhr
ich, dass mein leiblicher Vater, mein Großvater und mein Urgroßvater
in dieser oder jener Weise mit dem Bauhandwerk verbunden waren.
Der Apfel fällt nicht weit vom Stamm, heißt ein Sprichwort, das sich
auch in meinem Fall bewahrheitete.

Zu Beginn der sechsten Klasse wechselte ich auf die Junior High
School von North Branford, Connecticut. Northford, das Viertel, in
dem wir wohnten, lag am Rande von North Branford, und mein Schul-
weg verlängerte sich auf fünf Meilen. Damals kam es mir wie eine halbe Weltreise vor! Die soziale Zusammensetzung der Schülerschaft an
der High School war vollkommen anders als an der Grundschule, und
so dauerte es nicht lange, bis ich, wie Eltern es wohl nennen, in schlechte Gesellschaft geriet. Doch aus Gründen, die ich nicht verstand, fühlte ich mich im Kreise meiner neuen Freunde ausgesprochen wohl. Sie
machten sich nicht lustig über mich, störten sich nicht an meinem IQ
und hänselten mich nicht wegen meines fehlenden sportlichen Talents.
Sie akzeptierten mich so, wie ich war, und schon bald gehörte ich zu
den Anführern unserer Gruppe.

Schnell verlegte ich mich darauf, meine Intelligenz dafür zu verwenden, mir die verwegensten Streiche auszudenken, um mir dafür
ziemlichen Ärger einzuhandeln. Während des ersten Jahres an der Junior High School von North Branford durchlebte ich einen rasanten
Wandel. Zuvor war ich ein Musterschüler und braver Sohn gewesen,
doch nun stellte ich jegliche Autorität infrage. Damals erzählten mir
meine Eltern auch, dass sie mich adoptiert hatten. Und auch wenn ich
zunächst sehr schockiert darüber war, half es mir, mich und meine Situation besser zu verstehen. Der Gedanke, dass ich adoptiert sein könnte, war mir zuvor schon einige Male gekommen, und nun hatte ich endlich eine Erklärung dafür, dass ich mich von Warren und Dolly in

Connecticut Ed's
Fotoalbum

Ich auf meiner '68er
Panhead Anfang 1974

Mai 1977: Meine '58er
Pan Shovel

Juli '76: Meine Harley
Marke Eigenbau - jedes
Teil kam woanders her

Im März '77 mit meiner
Superglide

Meine '78er Harley mit
Starrahmen im winter-
lichen Connecticut

Ich und Lee bei einer
Ausfahrt im Juli '76
in Oklahoma . . .

. . . und 10
Jahre später

Links: Mein Rogues MC
Prospect Patch von '76
Oben: Ich 1980 als
Rogue
Rechts: Rogue Rocky

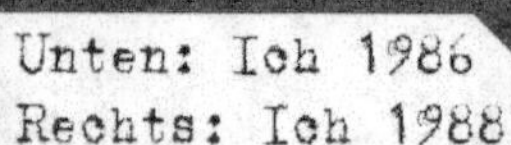

Unten: Ich 1986
Rechts: Ich 1988

Bandidos MC Chapter
Tulsa mit OK Riders;
Juni 1999

Fuzzy vom Outlaws MC
mit mir in Florida '99

Der deutsche Ghostrider MC wurde
im Dezember '99 ein Bandido-Chap-
ter. Hier zu sehen mit dem Euro-
Presidente Jim Tinndahn

El Presidente George
mit Kelly

Die Bandidos Angus und
Mario im März '98

Bandido Buller 1998

November 1998: El Presidente
George (rechts) mit Texas-
Bandido Rude

Ich mit Bandido Pirate
sowie den Ghostridern
Armin und Les 1998

Die Bandidos JW und
Lee im September '99

Ich und Caroline im
September'99 auf dem
Osage Run in Pawhuska

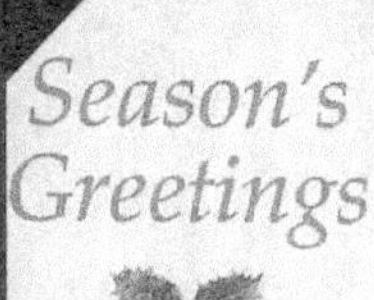

Diverse Weihnachtskarten . . .

Bandido Alain mit Ozark Ridern am Mount Rushmore

Bandido Alain mit Dawn

Ich mit Bandido
Bill Wolf 2002

Ich mit Bandido
Clark (Dänemark) '03

Mongols zu Besuch
in Oklahoma 2001

Ich und OK Rider Mike
in Luxemburg

Ich mit meiner
Funktionärs-Kutte

Ein schöner (Bandido)
Rücken kann auch ent-
zücken; Ich 2003

Ozark Riders mit mir
in ihrer Heimat '01

Ozark Riders;
September 2001

Gruppenfoto auf der Party
der Ozark Riders anläss-
lich der übergabe der
ersten Full Patches im
Juni '01

Ozark Riders; Mai 2001

Unser Bandidos-
Chapter 2002

Unser Bandidos-
Chapter 2000

Bandido Buddy

Bandido Ian
auf Probe

Von links nach rechts:

CT Ed Bei Bandidos CH In Aachen

Geschenke gabs reichlich. Hier ein Präsent
aus den USA, genauer von „74 Jim", der seit
28 Jahren im Knast sitzt und dort auch
dieses Holzmotiv geschnitzt hat

CT ED Und Bandido Jacob

CT Ed Und Dieter Bei Biker Swap Meet In1995

Robert "Toute Toute" Legere

Gelsenkirchen Clubhouse

CT Ed Mit Bandido Jack "Jack-E" Tate In 1997

vielerlei Hinsicht – von Äußerlichkeiten bis hin zum Charakter – so grundsätzlich unterschied.

Obwohl Mom mich immer unterstützt hatte und sehr stolz auf meine Auffassungsgabe war, hatte sich Dad, ein eher durchschnittlicher Mann, der seine Gefühle gut verbarg, immer ein wenig daran gestört. Ich weiß noch, wie er sich einmal fürchterlich aufregte, weil ich mit sieben oder acht Jahren ein Weihnachtsgeschenk im Nu zusammengebaut hatte. Er selbst war daran gescheitert, und dass es mir beinahe mühelos gelang, muss ihn sehr beschämt haben. Seither hat er mir nie wieder etwas geschenkt, das noch zusammengebaut werden musste.

In der Junior High School schloss ich Freundschaften mit Jungen, die mich sehr beeindruckten. Zuerst und vor allem wäre da Peter „Pete" Hansen zu nennen, der sechste von sieben Söhnen seiner Eltern und so alt wie ich. Zwei seiner älteren Brüder kannte ich, Walter „Walt" Hansen und Harry „Skip" Hansen. Es sollte sich erweisen, dass Skip eine wichtigere Rolle in meinem Leben spielen würde als Pete. Jahre später, als wir längst erwachsen waren und Skip nach Oklahoma umzog, wurden er und ich enge Freunde. Er hat sogar an einem meiner Bau-Projekte mitgearbeitet und war wie ich Gründungsmitglied der Bandidos Oklahoma.

Die Hansens waren sämtlich große, zähe Burschen, die in dem Ruf standen, sich nicht alles gefallen zu lassen. Bei und mit ihnen fühlte ich mich wohl. Pete und ich waren eine zeitlang dicke Freunde und nahezu unzertrennlich. Sehr zum Missfallen unserer Eltern stellten wir jede Menge Blödsinn an.

Inzwischen hatte ich jeden Spaß am Akkordeonspielen verloren. Zur Enttäuschung meiner Eltern übte ich so gut wie gar nicht mehr und gab auch den Unterricht auf. Geld zu verdienen hatte nun oberste Priorität, denn ich glaubte erkannt zu haben, dass Geld die Welt regiert. Schon im Sommer vor meiner Umschulung hatte ich mit Dads altem Aufsitzmäher bei ungefähr 20 Familien den Rasen gemäht.

Ein solches Gerät war damals noch eine Seltenheit, und wenn ich damit durch unser Viertel raste, fühlte ich mich wie ein kleiner König.

Doch am Ende des Sommers gab der Motor den Geist auf, und zwar endgültig. Dass ich den Mäher als Rennwagen missbraucht hatte, hatte das Ableben fraglos rapide beschleunigt. Dad wollte mir eine Lektion erteilen und kaufte sich von meinem Geld einen nagelneuen Aufsitzmäher. Dafür ging jeder Cent drauf, den ich in jenem Sommer verdient hatte. Ich war stinkwütend und schwor, eine neue Einnahmequelle ausfindig zu machen. So kam es, dass ich mich mit zwölf Jahren auf einem Milchbauernhof verdingte, um aufgrund von Problemen mit dem Vorarbeiter schließlich zu einem Gemüsebauern zu wechseln, wo die Arbeit weniger schwer war und es mir besser gefiel.

Der Bauer war der Vater eines Freundes, und ich verdiente dort nicht schlecht. Zudem lernte ich mit einem alten Chevrolet Pickup, mit dem normalerweise die Gemüsekisten von den Feldern auf den Hof gebracht wurden, das Autofahren. Der Chevi hatte ein Schaltgetriebe, was es für einen Fahranfänger fraglos schwerer machte, aber es stellte sich heraus, dass ich ein echtes Talent war. Doch was ein Segen hätte sein sollen, erwies sich später als Fluch.

Mit Beginn der siebten Klasse endete meine Karriere als Musterschüler und braver Sohn, und für meine Eltern wurde ich von der Lust zur Last. Der Unterricht interessierte mich nicht mehr, und ich langweilte mich zu Tode. Die Schule empfand ich als rausgeschmissene Zeit, und ich beschloss, mich mit anderen Dingen zu beschäftigen. Längst gehörte ich zur Gruppe der notorischen Unruhestifter – nur dass ich dafür nicht meine Muskeln, sondern meinen Grips gebrauchte.

Im Spätherbst 1967 schwänzten Pete und ich mal wieder die Schule – was öfter vorkam – und irrten zwar ziellos, aber für einen Streich stets bereit durch die Gegend. In einem Lebensmittelgeschäft wollten wir Zigaretten kaufen, doch dann erspähten meine Augen auf dem Parkplatz ein Auto, in dessen Zündschloss der Schlüssel steckte. Es war, als wedelte jemand mit einem roten Tuch vor einem Bullen herum. Denn ohne nachzudenken setzte ich mich ans Steuer, ließ den Motor an und fuhr los. Pete verzichtete klugerweise darauf, mich auf meiner

Spritztour zu begleiten. Für einen zwölfjährigen Jungen war das ein unvergleichliches Abenteuer, das mich so sehr faszinierte, dass ich mich kurz darauf in Hamden wiederfand – gut 30 Kilometer von meinem Zuhause entfernt. Ich war noch so klein, dass ich kaum über das Lenkrad sehen konnte, und als ich vor einer Schule an einem Zebrastreifen halten musste, fiel das einem Polizisten auf.

Ich wurde verhaftet und in die Westbrook-Kaserne der Polizei von Connecticut gebracht. Dort sperrte man mich in eine Zelle, bis mein Vater, der gleichermaßen wütend und verlegen war, mich abholte. Ungleich schlimmer als die Festnahme oder die Zeit in der Zelle war die Heimfahrt, auf der mein Vater kein Wort sagte und ich mir ausmalen konnte, welche Bestrafung er sich für mich ausdenken würde. Nach einer kräftigen Standpauke und eindringlichen Warnungen wurde ich schließlich zu drei Monaten Stubenarrest verdonnert.

Für die meisten Kinder wäre das eine Lehre fürs Leben gewesen, doch mich ließ das Geschehen unbeeindruckt, und dass ich die Strafe unwidersprochen hinnehmen würde, kam nicht infrage. Also schlich ich mich des Nachts aus dem Haus und traf mich mit meinen Freunden. Das Unheil nahm seinen Lauf, und die Stimmung zu Hause verschlechterte sich mit jedem Tag.

Irgendwie schaffte ich trotz des Ärgers, den mir der Autodiebstahl eingebrockt hatte, die Versetzung in die achte Klasse. Doch längst hatte mich ein Virus befallen, dem ich nichts entgegenzusetzen hatte. Ich suchte die Herausforderung und brauchte etwas, das mein Gehirn anregte.

Ich fand es dadurch, dass mir der Autodiebstahl zur Gewohnheit und schließlich zur Sucht wurde. Der Adrenalinstoß, den ich dabei verspürte, berauschte mich geradezu, und das Gefühl der Unbesiegbarkeit, das ich empfand, wirkte wie eine Droge. Hinzu kam, dass sich das Spielfeld, auf dem ich mich bewegte, urplötzlich radikal vergrößerte, denn ich konnte nahezu überall hinfahren.

Im Juni 1968, der sogenannte Sommer der Liebe lag ein Jahr zurück, wurde ich dreizehn. Die wilden 60er drohten ein trauriges Ende zu nehmen, und die Aufbruchstimmung einer ganzen Generation war tiefer Ernüchterung gewichen – Ernüchterung über die amerikanische Regierung, den Vietnamkrieg im Besonderen und die Weltlage im Allgemeinen. Robert F. Kennedy war gerade erst in San Francisco ermordet worden, und wenige Monate zuvor hatte in Memphis eine Kugel Martin Luther King Jr. niedergestreckt.

Es war aber auch die Hochzeit der sogenannten Muscle-Cars, die auf Serienmodellen basieren, jedoch wesentlich stärker motorisiert sind. Und für diese Autos interessierte ich mich ungleich mehr als für Politik. Wenn es darum ging, eines davon zu stehlen, dann war ich ein gefragter Experte. Nahezu jedes Model – vom Dodge Charger Hemi über Plymouth Barracuda und Ford Mustang bis hin zu einem GTO oder Firebird von Pontiac – wurde irgendwann meine Beute. Am liebsten aber saß ich, wie es sich für einen Chevi-Fan gehört, in einem Sportwagen von Chevrolet, gleich ob Nova, Chevelle oder Camaro.

Wenn nichts anderes greifbar war, stahl ich auch schon mal eine gewöhnliche Limousine oder einen Kombi, doch normalerweise sorgte ich dafür, dass an den Wochenenden ein „standesgemäßes" Auto zur Verfügung stand. Wenn ich mal knapp bei Kasse war, zerlegte ich zusammen mit ein paar Freunden ein Auto in seine Einzelteile, die wir dem nächsten Schrotthändler verkauften. Ersatzteile für Muscle-Cars, insbesondere Motoren, Getriebe, Karosserieteile und Schalensitze, waren schwer zu bekommen und entsprechend einträglich. Ab und zu droschen wir zum Spaß mit dem Vorschlaghammer auf ein Auto ein und verkauften den verbeulten Rest am Stück. Wenn wir keine Lust hatten, ein Auto zu klauen, wartete ich, bis meine Eltern schliefen, nahm Dads Auto und brachte es zurück, ehe er wieder aufwachte. Das Leben war so unbeschwert!

Das achte Schuljahr verging wie im Fluge – ich erreichte sogar das „Klassenziel"! –, und der Sommer 1969 lag vor mir. Es war das Jahr des großen Festivals von Woodstock, New Yorck, und der Mondlandung. Am ersten Ereignis habe ich nicht teilgenommen, das zweite habe ich im Fernsehen verfolgt. Näher lag der North Branford Carnival, ein großes Volksfest, und dort ereignete sich etwas, das mein Leben von Grund auf ändern sollte. Ich war mit ein paar Freunden zu dem Volksfest gefahren, und während wir herumlungerten und den Mädchen hinterhersahen, hörte ich plötzlich einen lauten, mir bislang unbekannten Ton – eher ein Grollen –, der die plärrende Musik und die grölende Menge übertönte. Ich blickte in die Richtung, aus der das Geräusch kam, und sah eine Gruppe Harley-Fahrer, die auf uns zukam und in unserer unmittelbaren Nähe hielt.

Die Fahrer der chromverzierten Chopper gehörten einem Motorradclub aus New Haven an. Die Aura aus Macht und Bedrohlichkeit, die sie umgab, faszinierte mich sofort, und gebannt verfolgte ich, wie sich auf ihrem Weg über den Festplatz vor ihnen eine Gasse bildete, als seien sie irgendwelche Prominente. Doch kaum weniger als die Biker hatten es mir ihre Maschinen angetan, und an diesem Tag schwor ich mir, dass ich eines Tages auch so eine Harley fahren würde. Am meisten aber faszinierten mich zwei Typen, die aus der ohnehin auffälligen Gruppe noch herausstachen: Sie waren Mitglieder der Hells Angels.

Bis dahin hatte ich noch nie einen Hells Angel gesehen, ja, nicht einmal den Namen gehört. Nun sah ich diese beiden Männer und war total gefangen von dem, was mir die ideale Verbindung von äußerlicher Erscheinung und innerer Einstellung vorkam. Die Art, wie sie die Motorräder auf den Ständer stellten, den Motor abschalteten, von den Maschinen stiegen und sich entfernten, sprach von einem schier unerschütterlichen Selbstvertrauen und sandte die eindeutige Botschaft aus: „Leg dich lieber nicht mit mir an." Der geflügelte Totenkopf, den sie auf ihren ärmellosen Jeansjacken trugen – ich konnte ja nicht wissen, dass man die Aufnäher „Patches" und die Westen „Kutten" nennt –, ließ keinen Zweifel daran aufkommen, dass die Warnung angebracht war. Und ich wusste instinktiv, dass mein Leben soeben ein Ziel bekommen hatte: Ich wollte Biker werden!

Eines Nachts, irgendwann zu Beginn des Sommers, „lieh" ich mir den 1967er Pontiac Lemans von meinem Dad aus, um meinem Elternhaus den Rücken zu kehren. Ich hatte genug davon und wollte sehen, wie es sich woanders leben ließ. Durch den Einbruch in einem Büro beschafften Pete und ich das Geld für die Fahrt nach Florida. Zusammen mit zwei Mädchen und einem weiteren Freund machten wir uns über den Interstate Highway 95 auf den Weg Richtung Süden. Irgendwo in South Carolina, knapp 1.000 Meilen von zu Hause entfernt, gingen uns Geld und Benzin aus.

Bei dem Versuch, in einer ruhigen Wohngegend ein parkendes Auto anzuzapfen, beobachtete uns ein Polizist. Wir wurden verhaftet und in das Gefängnis von Orangeburg gebracht. Dort warteten wir darauf, dass die Väter von Pete und einem der Mädchen kamen und uns abholten. Die Rückfahrt von Orangeburg nach New Haven stellte selbst die deprimierende Heimfahrt nach meiner ersten Verhaftung in den Schatten. Dieses Mal ging es nicht um gut 30, sondern um knapp 1.500 Kilometer! Zu Hause angekommen, lasen meine Eltern mir die Leviten und erteilten mir Stubenarrest für ein Jahr. Ich hielt mich genau einen Tag daran, dann ignorierte ich die Strafe und büchste von zu Hause aus, wenn mir danach war.

Im September 1969 kam ich in die neunte Klasse der North Branford High School. Ich war vierzehn Jahre alt und galt als sehr begabter Schüler. Dummerweise lebte ich meine Talente auf außerschulischen Gebieten aus. Außerdem war ich zum ersten Mal in meinem Leben richtig verliebt. Das Objekt meiner Begierde hieß Cathy Newell, die ich bei einer kirchlichen Tanzveranstaltung kennengelernt hatte. Cathy war ein Jahr jünger als ich und ein richtig süßes Geschöpf. Ich verbrachte viele nächtliche Stunden damit, per Anhalter durch die Stadt zu fahren – ich wollte bei ihren Eltern einen guten Eindruck machen und nicht jedes Mal ein Auto stehlen –, um sie für eine oder zwei Stunden zu sehen. Zwei Jahre lang ging das so, und ich dachte, wir würden bis ans Ende unseres Lebens zusammenbleiben.

Als ich im Sommer 1970 15 Jahre alt wurde, war ich bereits ein versierter Automechaniker. Wenn es um technische Dinge ging, war ich offenbar ein Naturtalent, und großen Spaß machte es mir obendrein, an Autos herumzuschrauben. Einigen älteren Freunden ging ich zur Hand, wenn an ihren Autos etwas zu reparieren war, und lernte so weiter dazu. Für mich stand fest, dass ich, sobald ich alt genug dafür wäre, mir einen Job als Mechaniker suchen würde, am liebsten natürlich bei einem Chevrolet-Händler. Später fand ich heraus, woher ich das Talent hatte: Der Vater meiner leiblichen Mutter war ebenfalls Automechaniker, und von ihm hatte ich die Begabung geerbt.

Inzwischen hatte sich mein Ruf als Autoknacker in ganz Northford herumgesprochen. Ich tat alles, um diesem Ruf zu entsprechen, und stahl so viele Autos wie nur möglich. Doch Ende November wurde ich erneut erwischt – und dieses Mal kam ich nicht so glimpflich davon wie bisher. Ich hatte einen Kombi von Mercury geklaut, von dem ich mich nicht so recht trennen mochte. Nachts stellte ich ihn in einem Wäldchen in der Nähe unseres Hauses ab, doch tags über fuhr ich damit wie selbstverständlich durch die Gegend und sogar zur Schule. Irgendwann lebte ich in dem Glauben, dass er mir gehörte.

Eines Tages war ich mal wieder damit unterwegs, als einem Streifenpolizisten auffiel, dass es sich um den als gestohlen gemeldeten Wagen des Apothekers handelte. Ich war auf frischer Tat ertappt. Erschwerend kam hinzu, dass sich im Inneren des Wagens weiteres Diebesgut befand, darunter Werkzeug, Ersatzteile und hochprozentiger Alkohol, den ich oder einer meiner Kumpel illegal erworben hatte, um ihn gewinnbringend weiterzuverkaufen. Natürlich war es nicht sonderlich klug, „heiße Ware" in einem gestohlenen Auto zu transportieren, aber die Autos, die ich stahl, dienten mir auch als mobiles „Lager", von dem aus ich diese Ware verkaufte.

Doch damit war es nun vorbei, und schon bei meiner Verhaftung war mir klar, dass die Haft dieses Mal länger dauern würde, als mein Vater bräuchte, um mich abzuholen. Ich wurde in die Jugendstrafanstalt von New Haven verfrachtet, wo ich bis ins neue Jahr blieb. Nach mehr als einem Monat in einem richtigen Gefängnis wurde ich entlassen und der Obhut meiner Eltern übergeben. Zuvor aber musste ich dem Richter hoch und heilig versprechen, mich künftig an Recht und

Gesetz zu halten. Um aus dem Gefängnis freizukommen, hätte ich jeden Eid geschworen, und so gab ich ihm mein Wort im Wissen, dass ich mich nicht daran halten würde.

Es dauerte nur ein paar Monate, bis ich das Versprechen, das ich dem Richter gegeben hatte, brach. Mitte Mai 1971, ich war in der zehnten Klasse, besiegelte ich mein Schicksal. Einer der Jungen, mit denen ich in den Pausen rumhing, hatte einen Kanonenschlag mit in die Schule gebracht, dessen Sprengkraft in etwa der einer Stange Dynamit entsprach, und behauptet, ich würde es nicht wagen, den Sprengkörper anzuzünden und im Jungen-Waschraum zu deponieren. Ich war kein Feigling, aber auch nicht so schlau, wie ich dachte, denn ich nahm den Kanonenschlag, zündete ihn an, warf ihn in eine Toilette und betätigte die Spülung.

Ich ging davon aus, dass das Wasser die Lunte löschen und den Sprengsatz in die Kanalisation befördern würde. Doch weit gefehlt, denn noch bevor ich den Waschraum verlassen konnte, erschütterte eine gewaltige Explosion die Schule, und als ich durch die Tür trat, war ich von kleinen Porzellanscherben übersät. So rannte ich in meine Klasse, um pünktlich zur Mathestunde da zu sein. Ich hoffte auf ein Wunder und rechnete mit einer Katastrophe. Die Katastrophe trat ein, und zwar sehr schnell. Fünf Minuten nach Unterrichtsbeginn wurde ich zum Direktor bestellt. Der hatte von mir und meinen Streichen längst die Nase voll und suchte nur nach einem Grund, mich loszuwerden. Diesen Grund hatte er nun, und ehe ich mich's versah, war ich für den Rest des Schuljahres suspendiert.

„Ich muss komplett verrückt sein, Winterhalder, aber wenn du bis zu den Sommerferien den Schaden bezahlt hast, will ich Gnade vor Recht ergehen lassen und auf eine Anzeige verzichten", erklärte er. „Und dann lasse ich dich auch zu den Prüfungen zu. Das schulde ich deinen armen Eltern. Für dich würde ich das nicht machen, merk dir das."

Natürlich waren meine Eltern zutiefst enttäuscht über mein Verhalten, aber inzwischen hatten sie sich wohl an den Gedanken gewöhnt, dass ich machte, was ich wollte, und es nicht in ihrer Macht stand, daran etwas zu ändern. Ich war ihrem Einfluss entwachsen. Gleichwohl bemühte ich mich eine Weile lang, unauffällig zu bleiben und keinen neuen Staub aufzuwirbeln. Schließlich hatte ich nicht die geringste Lust, auf Kosten des Staates Connecticut eine Auszeit zu nehmen und in eine ihrer speziellen Haftanstalten für schwer erziehbare Jugendliche zu wandern. Also arbeite ich wie ein Blöder, um die Reparatur des Waschraums und die Rechnung des Klempners bezahlen zu können. Das gelang mir, und obwohl ich mehr als 60 Schultage verpasst hatte, bestand ich sogar die Prüfungen und wurde in die 11. Klasse versetzt.

Im Sommer 1971 wurde ich 16 – ein Meilenstein im Leben eines amerikanischen Jugendlichen. Nun konnte ich endlich den Führerschein machen und legal ein Auto fahren. Und tatsächlich: Trotz aller „Jugendsünden" und zu meiner großen Überraschung wurde ich zur Prüfung zugelassen. Da ich über vier Jahre Fahrerfahrung verfügte, bestand ich sie auf Anhieb und mit Bravour.

Den Sommer über arbeitete ich ein einer Autowaschanlage und verfluchte jede Minute, die ich dort verbringen musste. Am Ende des Sommers bekam ich meinen ersten Traumjob an einer Tankstelle im Zentrum von Northford. Dort verdiente ich genügend Geld, um mir mein erstes Auto zu kaufen. Es kostete 300 Dollar, doch nach drei Wochen platzte der Motor, weil ich ihn bei dem Versuch, vor meinen Freunden anzugeben, schlicht überdreht hatte.

Im selben Sommer zog mein Freund Pete Hansen mit seinen Eltern ein Stück die Küste hoch in eine Kleinstadt namens Old Saybrook. In Westbrook, nicht weit davon entfernt, besaßen die Hansens ein Boot. Fast jedes Wochenende fuhr ich nach Old Saybrook: Wenn die Eltern auf dem Boot waren, hatten wir das Haus für uns, und wenn die Eltern zu Hause blieben, zogen wir uns auf das Boot zurück.

So oder so konnten wir ungestört unsere Freundinnen treffen oder mit Kumpels abhängen. Im Herbst rang ich mich dazu durch, meine Schullaufbahn fortzusetzen. Die Schule war sogar bereit, mich wieder aufzunehmen. Ich habe nicht die geringste Ahnung, womit ich das verdient hatte.

Natürlich stand ich unter besonderer Beobachtung, und mir war klar, dass ich mir nichts mehr erlauben konnte. Es ging genau einen Tag lang gut. Dann forderte mich ein Mitschüler in der Mittagspause auf, mit ihm die Kräfte zu messen. Eine Stunde später war ich relegiert. Mir war es egal, wenn nicht sogar recht, denn ich wusste, dass dort draußen andere und wichtigere Dinge auf mich warteten.

Mitunter passieren Dinge von großer Tragweite, die man sich nicht erklären kann und für die auch kein Grund ersichtlich ist. Doch gleich ob glücklicher Zufall, Vorsehung oder Schicksal – im Frühjahr 1974 nahm mein Leben eine entscheidende Wende, und der Auslöser war, dass jemand an der Tür meiner Wohnung in Wallingford, Connecticut, klopfte. Zunächst glaubte ich, es sei die Polizei, doch dann fiel mir auf, dass ich seit geraumer Zeit nichts ausgefressen hatte. Außerdem ruft die Polizei immer „Aufmachen, Polizei!" wenn sie klopft.

Ich öffnete die Tür und sah mich einem wutentbrannten Biker gegenüber, der behauptete, ich hätte ihm seine Stereoanlage geklaut. Ich hatte keine Ahnung, wovon der Mann sprach, und genau das sagte ich ihm. Er gab mir zu verstehen, dass irgendjemand bei ihm eingebrochen war und die Stereoanlage mitgenommen hatte. Ich erklärte ihm, dass ich nichts damit zu tun hatte, und forderte ihn auf, hereinzukommen und sich mit eigenen Augen davon zu überzeugen. Nachdem er sich in der Wohnung umgesehen und nichts Verdächtiges gefunden hatte, unterstellte er mir, das Diebesgut verkauft zu haben.

„Ich habe deine Anlage nicht geklaut, verstanden?" sagte ich. „Es ist nicht meine Art, bei anderen einzubrechen und sie zu bestehlen. Außerdem verdiene ich genügend Geld, um mir eine Anlage zu kaufen. Ich arbeite als Mechaniker bei Cooke's, dem großen Baumaschinenhändler."

„Sehr beeindruckend", erwiderte der Typ ironisch. „Ich finde schon raus, wer mir die Anlage geklaut hat, und wer immer es war, kann sich auf etwas gefasst machen. Darauf kannst du deinen Arsch verwetten", setzte er hinzu, drehte sich um und verschwand.

Ich nahm an, ich würde ihn nie wiedersehen, doch ein paar Tage darauf stand er erneut vor der Tür. Dieses Mal klopfte er weniger stürmisch. Ich machte auf und staunte nicht schlecht: Er hatte einen Kasten Bier dabei.

„Ich wollte mich bei dir entschuldigen", sagte er. „Inzwischen weiß ich, wer mir die Anlage geklaut hat. Und weil ich dich zu Unrecht verdächtigt habe, wollte ich dir das Bier dalassen", fügte er hinzu und reichte mir den Kasten.

Ich fand die Geste ausgesprochen nobel; also forderte ich ihn auf, hereinzukommen und ein Bier mit mir zu trinken. Er stellte sich als Richie Doolittle vor und erzählte, dass er die Stereoanlage wieder und die Diebe einer schmerzhaften Erziehungsmaßnahme unterzogen hatte. Während wir Bier tranken, unterhielten wir uns zwanglos, und natürlich kam auch das Thema Motorräder zur Sprache. Ich erkundigte mich, welche Maschine er fuhr, und schon sein Gesichtsausdruck machte mir klar, wie dumm die Frage war.

„Eine Harley, was denn sonst?" antwortete er bestimmt.

Wir waren uns darin einig, dass etwas anderes gar nicht infrage kam. Seit im Herbst 1973 meine zweijährige Militärzeit geendet hatte, war mein einziges Bestreben, eines Tages eine Harley-Davidson zu besitzen. Ein früherer Arbeitskollege hatte eine besessen, und immer, wenn ich ihn auf seiner Maschine sah, überkam mich ein eigentümliches Gefühl, das man wohl Neid nennen muss. Ich sehnte mich förmlich danach, selbst eine Harley zu besitzen. Mit 14 hatte ich auf einer 50er Benelli das Motorradfahren gelernt, einer alten Mühle, die einem Freund gehörte, der jeden darauf fahren ließ. Diese Benelli war ein nettes Spielzeug, aber nichts, was irgendwelche Sehnsüchte auslöste. Das konnte nur eine Harley. Richie und ich unterhielten uns noch eine Zeitlang über Motorräder, bevor er das Gespräch auf Autos lenkte – noch ein Thema, das mir am Herzen lag.

Als Richie sagte, dass er eine Corvette besaß, erwähnte ich beiläufig, dass ich ein großer Fan von Chevrolet sei und als Mechaniker darauf spezialisiert. Er war sofort hellhörig und erzählte, dass er in der gesamten Stadt keine Werkstatt kannte, der er halbwegs vertrauen konnte. Dann fragte er mich, ob ich ihn nicht mal besuchen und bei der Gelegenheit einen Blick auf seine Corvette werfen könnte. Ich sagte begeistert zu, und im darauffolgenden Sommer verbrachten Richie und ich viel Zeit miteinander. Ich half ihm, die Corvette in Schuss zu halten, und zum Ausgleich erhielt ich einen Crash-Kurs in Sachen Harleys. Es war wie ein Wink des Schicksals – und eine Fügung, die mir schließlich die Welt der Einprozenter eröffnen sollte.

Im Herbst 1974 verkaufte ich schweren Herzens meinen Chevrolet Nova – in den ich viel Arbeit gesteckt hatte – und erstand von einem Freund von Richie für 2.500 Dollar eine Harley Panhead, Baujahr 1963. Der Verkäufer war ein charismatischer Kerl namens Cecil Pullen, ein hart gesottener Biker, der aber, wie auch Richie, keinem Club angehörte. Cecil war einer der besten Harley-Mechaniker weit und breit, und so war es geradezu eine Ehre, dass ich ihm eine Harley abkaufen durfte.

Die Maschine war ein Unikat, denn der legendäre Schweißer „Gene the Bean" hatte sich am Rahmen zu schaffen gemacht und im Zuge dessen den Radstand um 45 Zentimeter vergrößert. Doch auch wenn die Maschine mechanisch einwandfrei war und traumhaft lief, war ich entschlossen, sie komplett zu zerlegen und durch eine neue Lackierung zu „meinem" Motorrad zu machen.

Nachdem ich es zerlegt hatte, fuhr ich zu einem renommierten Lackierer in Meriden, unweit von New Haven. Er lackierte den Rahmen in leuchtendem Cyanblau, den Tank und die Schutzbleche in tiefem Dunkelblau. Auf den Tank fabrizierte er die Kopie des Tattoos, das ich auf dem Arm trug: zwei gekreuzte Kolben und ein Totenkopf. Ich fühlte mich wie im siebten Himmel: Kaum 19 Jahre alt, durfte ich mich stolzer Besitzer eine Harley nennen. Und nicht irgendeiner: Ich besaß einen Chopper, nach dem sich die Leute umdrehten.

Auch wenn es dafür eigentlich zu kalt war, fuhr ich mit dem Prunkstück zur Schule meiner Freundin Toni. Ich hatte ihr versprochen, sie abzuholen, und wollte sie nicht versetzen. Zu meinem großen Leidwesen fiel mir das Motorrad auf dem Schulparkplatz um – und das vor zirka 100 Schülern als Zeugen. Zum Glück nahm die Maschine keinen Schaden, mein Stolz dafür umso mehr. Ich sah ein, dass ich zwar eine Harley mein Eigen nennen durfte, aber ein Junge blieb, der ein Motorrad besaß. Um als Biker durchzugehen, war es noch ein weiter Weg.

Zum Jahreswechsel litt mein Arbeitgeber Cooke's Equipment Company unter massivem Auftragsrückgang. Nur mühsam brachte ich es auf eine Arbeitszeit von 40 Stunden pro Woche, und es sah danach aus, dass man mir bald kündigen würde. Die Aussicht hatte durchaus etwas Verlockendes, denn die kalten Winter Neu Englands waren mir schon lange verhasst, und seit geraumer Zeit dachte ich über einen Umzug nach.

Im Februar 1975 konnte ich Toni – sie war inzwischen fast 17 – dazu überreden, mit mir zusammen nach Tulsa in Oklahoma zu ziehen. Ein Onkel von mir hatte in den 1960er Jahren dort gewohnt, und von ihm wusste ich, dass jemand, der bereit war, sich die Hände schmutzig zu machen, dort problemlos Arbeit fand. Und das Wetter war angeblich ungleich angenehmer als in Connecticut. Der Tag, an dem wir in Tulsa ankamen, bestätigte das, denn es war sonnig, und die Temperaturen lagen bei über 20 Grad.

Für die erste Nacht quartierten wir uns in einem Motel an der Ecke 11. Straße und Memorial Avenue ein. Meine erste Amtshandlung bestand darin, meine Harley aus dem Anhänger zu holen und eine Spritztour durch die Stadt zu machen. Und schon am Tag nach unserer Ankunft machte ich eine Wohnanlage ausfindig, wo mir gegen die Zusage, im Haus einige Wartungsarbeiten durchzuführen, die Miete erlassen wurde. Die Anlage hieß Orchard Park Apartments und lag in einer netten Gegend zwischen 64. Straße und Peoria Avenue unweit der Oral Roberts-Universität. Um meine Harley brauchte ich mir keine Sorgen zu machen, weil ich sie durch die Terrassentür bis ins Schlafzimmer fahren konnte. Um unser Glück abzurunden, bekam ich in einer Baufirma einen Teilzeitjob, so dass mir Zeit genug blieb, die örtlichen Baumaschinenhändler nach einer Stelle als Mechaniker abzuklappern und mich abends oder an den Wochenenden als Hausmeister zu betätigen.

In der raren Freizeit fuhr ich oft mit dem Motorrad zum Arby's-Restaurant. Es lag im Zentrum des „Ribbon", einem zwei Meilen langen Teil der Peoria Avenue, wo sich im Sommer die Jugend der Stadt traf. Jede Clique hatte ihren eigenen Treffpunkt, und da ich mich inzwischen als Biker fühlte – die Harley war mir nicht wieder umgefallen –, gesellte ich mich normalerweise zu den einheimischen Motorradfahrern, die sich im Arby's trafen.

Eines Nachts wurde ich von der Polizei angehalten, kaum dass ich den Parkplatz des Restaurants verlassen hatte. Als Grund nannte der Beamte, dass ich keine Schutzbrille getragen hatte. Doch als er sah, dass die Harley in Connecticut zugelassen war, beschloss er kurzerhand, sie zu beschlagnahmen. Ich fragte, wer ihm das Recht dazu gab, und protestierte entschieden. Ein Wort gab das andere, und schließlich eskalierte die Situation darin, dass ich wegen Widerstands gegen die Staatsgewalt verhaftet wurde. Während mein Motorrad auf einen Abschleppwagen verfrachtet wurde, brachte man mich ins Gefängnis. Die Kaution wurde auf 300 Dollar festgesetzt. Wie sollte ich so viel Geld beschaffen? Ich kannte doch niemanden in Tulsa, und da Toni um alles, was nach Arbeit aussah, einen großen Bogen machte, besaß sie auch kein Geld. Ich gebe zu, dass ich ziemlich ratlos war.

Doch während ich noch nach einem Ausweg aus meiner Lage suchte, berichtete mir ein Beamter zu meinem Erstaunen, dass die Kaution hinterlegt worden sei. Ich wurde aus der Haft entlassen. Als ich auf die Straße trat, warteten dort schon einige der Biker, mit denen ich mich bei Arby's getroffen hatte. Sie hatten gesehen, dass ich verhaftet und mein Motorrad beschlagnahmt worden war, und sofort begriffen, dass ich in Schwierigkeiten steckte. Sie waren mir zum Gefängnis gefolgt, und einer von ihnen hatte die Kaution hinterlegt. Nun brachten sie mich zum Hof des Abschleppdienstes und lösten meine Harley aus. Drei Stunden nach meiner Verhaftung saß ich wieder im Arby's. Nie zuvor hatte ich eine solche Kameradschaft und ein solches Zusammengehörigkeitsgefühl erlebt.

Im Frühjahr 1976 – ich war mehrmals umgezogen und hatte auch mehrfach die Arbeitsstelle gewechselt – war ich so knapp bei Kasse, dass ich mich gezwungen sah, die Panhead zu verkaufen, um meine Rechnungen bezahlen zu können. Doch ganz ohne Motorrad wollte ich nicht sein; also nahm ich einen Teil des Geldes, das ich eingenommen hatte, und kaufte davon einen alten Harley-Rahmen und diverse Motorenteile. Ich war entschlossen, mir den Motor selbst zu bauen. Und wenn, dann sollte es eine 1,3 l-Maschine sein.

Im Harley-Shop von Sand Springs fand ich einen Pleuelsatz und passende Kurbelwangen, die ich für wenig Geld bekam. Alle Motorenteile schickte ich zu Truett und Osborn in Wichita, Kansas, wo sie zu einem leistungsstarken Motor zusammengesetzt wurden. Unterdessen hatte Toni eingesehen, dass sie mehr Geld ausgeben könnte, wenn sie etwas verdient, und in einer Bar einen Job angenommen.

Als eines Tages Richie zu Besuch kam, ging ich mit ihm und Chris, einem weiteren Freund, in diese Bar, um ein Bier zu trinken. Kaum angekommen, erzählte Toni, dass es mit einem Gast Probleme gab. Sie zeigte auf einen Biker, der allein in einer Ecke saß. Um herauszufinden, was mit dem Kerl los war, ging ich zu ihm, doch ehe ich ein Wort sagen konnte, keifte er mich schon an und erklärte sich bereit, sich mit uns zu prügeln – notfalls allen drei gleichzeitig, falls wir es darauf abgesehen hätten. Es klang allerdings eher belustigend als einschüchternd. Ich erklärte ihm, dass wir keinen Streit suchten, sondern ihn einladen wollten, ein Bier mit uns zu trinken.

„Ich bin Ed, meine Freunde heißen Richie und Chris", stelle ich uns vor, während wir zu unserem Tisch gingen. Er selbst stellte sich als Lee McArdle vor und erzählte, dass er gerade erst von Maine nach Tulsa gezogen war. Gebürtig stammte er aus Detroit, hatte lange in New Mexico und zuletzt ein Jahr in Maine gewohnt. Sein Geld hatte er als Landschaftsgärtner, Elektriker und Küchenchef eines Edel-Restaurants verdient. Der unstete Lebenswandel kam mir bekannt vor und machte mir Lee auf Anhieb sympathisch. Noch am selben Nachmittag schlossen wir eine Freundschaft, von der wir wussten, dass sie ein ganzes Leben halten würde. Schon bald wurden wir unzertrennlich und verbrachten nahezu die gesamte Freizeit miteinander. Im Juni, rechtzeitig zu meinem Geburtstag, kam der Motor aus Wichita zurück, und in den nächsten Wochen beschäftigte ich mich damit, mein Motorrad zusammenzubauen und ihm den letzten Schliff zu geben.

Sobald es fertig war, fuhr ich wieder regelmäßig ins Arby's, um mich mit anderen Bikern zu treffen. So erfuhr ich, dass einer aus unserer Runde, Johnny Cook, die Aufnahme in einem Motorradclub namens Rogues beantragt hatte. Für uns andere, die wir keinem Club angehörten, war das eine Nachricht, die keinen kalt ließ und Johnny viel Respekt eintrug. Denn auch wenn er Familienvater und der Älteste von uns allen war, gehörte er zu uns und war bei allen beliebt.

Eines Nachts, als wir mal wieder im Arby's saßen, fuhr Johnny vor, und schon von Weitem sahen wir die Insignien eines Anwärters auf seiner Kutte. Hinter ihm bog ein Auto auf den Parkplatz und folgte Johnny. Als der sein Motorrad abstellte, stieg auch der Autofahrer aus und kam auf uns zu. Plötzlich hielt er zwei abgesägte Schrotflinten in Händen und zielte auf Johnny. Da ich wusste, dass Johnny ein friedliebender Mensch war, ging ich davon aus, dass der Fremde nicht mit ihm, sondern mit den Rogues Probleme und sich Johnny ausgesucht hatte, ohne ihn persönlich zu kennen.

Ich tat etwas Unüberlegtes und Leichtsinniges: Ich stellte mich zwischen Johnny und den wild gewordenen Fremden. Vor etwa 20 Zeugen in unmittelbarer Nähe forderte ich den Revolverhelden auf, mich zu erschießen. Ich würde jedenfalls nicht zulassen, dass er Johnny auch nur ein Haar krümmte, weil der erstens unser Freund und zweitens ein Familienvater mit einem Stall voller Kinder war. Ich endete meine kleine Ansprache mit dem Rat, dass sich der Typ an die Rogues halten solle, wenn er mit ihnen Probleme habe, statt sich mit Johnny einen Mann auszusuchen, der gerade erst Anwärter geworden war. Mit Bangen erwartete ich, wie der Kerl reagieren würde, und zu meiner Erleichterung verzog er sich in sein Auto und fuhr davon. Anschließend brauchte ich dringend ein Bier, und Johnny ließ es sich nicht nehmen, mir eins zu holen.

Als unmittelbare Folge dieses Vorfalls lud mich der Rogues MC Ende September zu einem ihrer Treffen ein. Sie rechneten mir hoch an, was ich für einen von ihnen getan hatte, und wollten mich nun persönlich kennenlernen. Rickie „Smoker" Miles, einer der Jungs, die regelmäßig ins Arby's kamen, begleitete mich. Wir wurden den zwölf Mitgliedern des Chapters Tulsa vorgestellt, darunter vier Anwärter.

Man erzählte uns, dass die Rogues in den frühen 1960er Jahren in Chicago von ehemaligen Mitgliedern des Outlaws MC gegründet worden waren. 1966 zog das Gründungsmitglied Fred „Thumper" Knippenberg nach Oklahoma City, wo er ein neues Chapter gründete; einige Jahre später verschwand das Chapter Chicago von der Bildfläche, und so wurde Oklahoma zur neuen Heimat des Clubs. Aber auch im Norden von Texas und im südlichen Kansas gab es einige wenige Chapter.

Das Chapter Tulsa war im Vorjahr von Edwin „EJ" Nunn, Roy Green, Marvin Brix, Robert „Bob" Reynolds, Charles „T-Chuck" Schlegel, Dennis „Rev" Isaacson und Keith Vandervoort gegründet worden. Jung und leicht zu beeindrucken, wie wir waren, hörten Smoker und ich gebannt die Geschichte der Rogues, dem ersten Motorradclub, dem ich so nahe gekommen war. Prompt fielen mir die Biker ein, die ich Jahre zuvor in North Branford erlebt hatte, und fand den Gedanken, einem Motorradclub anzugehören, extrem verlockend. Deshalb war ich schier außer mir vor Freude, als man Smoker und mir anbot, Anwärter der Rogues zu werden.

Ganz war mir nicht klar, was das bedeutete. Ich wusste nur, dass wir allerhand Dinge tun mussten – zum Beispiel den Vollmitgliedern sieben Tage die Woche rund um die Uhr zur Verfügung stehen –, um unsere Eignung unter Beweis zu stellen. Smoker, der eine Kawasaki KZ1000 fuhr, wurde nahegelegt, sich eine Harley zuzulegen, weil „Reiskocher" in einem Motorradclub unerwünscht seien, wie einer der Rogues erklärte. Natürlich wollten wir Mitglied werden, aber trotzdem war die Freude weder bei Smoker noch bei mir ungetrübt.

Dafür sorgte allein schon die Ansage, dass die Mitgliedschaft eine Verpflichtung sei und der Club an erster Stelle zu stehen habe. Wer einen Job hatte, konnte ihm nachgehen, aber die verbleibende Zeit gehörte dem Club. Wir nahmen uns ein paar Tage Bedenkzeit, doch dann beschlossen Smoker und ich, es als Anwärter zu versuchen. Smoker legte sich eine ziemlich heruntergekommene Sportster zu, und wir begannen, unsere Freizeit mit den Rogues zu verbringen. Als ich einige Wochen später offiziell Anwärter wurde, nähte ich voller Stolz das Abzeichen auf eine alte ärmellose Jeansjacke.

Doch leider fiel es mir schon nach wenigen Monaten als Anwärter zunehmend schwer, regelmäßig die Treffen in Tulsa zu besuchen, weil ich widerwillig einen Job bei einem Baumaschinenhandel in Richmond, Virginia, angenommen hatte. Alles in mir sträubte sich dagegen, doch blieb mir keine andere Wahl: Ich musste die Rogues verlassen. Zu meiner Freude erfuhr ich viel Verständnis und Unterstützung, und man entließ mich mit dem Versprechen, dass ich jederzeit willkommen wäre, wenn sich meine Situation eines Tages ändern sollte.

Toni und ich packten unsere Sachen und zogen kurz vor Thanksgiving 1976 nach Virginia um. Doch schon bald nach unserer Ankunft in Richmond zerstritten wir uns, und Toni kehrte nach Tulsa zurück. Allerdings war unsere Beziehung schon immer ein Wechselbad der Gefühle gewesen, und auf einen handfesten Streit folgte regelmäßig die reumütige Versöhnung. Eine solche Trennung war daher weder ungewöhnlich noch endgültig. Ich wusste, dass Toni wiederkommen würde, und bezog eine Wohnung im Norden von Richmond.

Wenige Tage nach meiner Ankunft trat ich meinem Job bei der Rish Equipment Company an, einem internationalen Baumaschinenhändler, dessen Firmengeschichte bis 1934 zurückreicht. Und da ich das, was ich in den Jahren bei Cooke's Equipment gelernt hatte, inzwischen nicht vergessen hatte, wurde ich schon nach wenigen Wochen vom Innen- in den Außendienst versetzt. Das bedeutete, dass ich nicht den ganzen Tag in der Firma hocken musste, sondern verschiedene Baustellen abklappern konnte, ohne dass mir ein Vorgesetzter Anweisungen gab oder meine Arbeit kontrollierte. Der größte Vorteil aber war, dass ich mein eigenes Werkzeug bekam und überall hin mitnehmen konnte – auch nach Hause, wo ich abends an meinem Motorrad schraubte, um möglichst jedes Detail zu verbessern und zuverlässiger zu machen. Gleichzeitig konnte ich das Zutrauen in meine Fähigkeiten als Motorradmechaniker stärken.

Da ich mittlerweile gutes Geld verdiente, konnte ich es mir leisten, zwischen Connecticut und Richmond zu pendeln, um Motorradteile zu kaufen. Und um die Fahrtkosten wieder reinzuholen, kaufte ich auch Teile, um sie später weiterzuverkaufen. Nach und nach wurde daraus ein florierender Handel mit Harley-Teilen, und ich baute mir einen ansehnlichen Bestand an Vordergabeln, Zylinderköpfen und Getrieben auf. Zudem besaß ich einen Starrrahmen, mehrere Motorengehäuse, von denen ich die Motornummern entfernt hatte, weil sie Diebesgut waren, und einen leeren Fahrzeugbrief. In der Summe gab das einem Käufer die Möglichkeit, sich ein Motorrad nach Wunsch zusammenzubauen und Motor- und Fahrgestellnummer nachträglich anzubringen, um das Ganze zu legalisieren.

Obwohl mir klar war, dass ich sie mir nicht leisten konnte, machte ich mich auf die Suche nach einer Harley und stieß sehr bald auf eine fast neue Super Glide mit nur 100 Meilen Laufleistung. Der Besitzer war ein großer Narr und Möchtegern-Biker, der das Motorrad direkt aus dem Laden gekauft und ebenso unvermittelt beschlossen hatte, es wieder zu verkaufen. Er hatte wohl eingesehen, dass er nicht aus dem richtigen Holz geschnitzt war. Aber vielleicht hatte auch seine Frau darauf bestanden, dass er sich von der Maschine trennte, oder ihm war aufgefallen, dass er das Geld für etwas anderes brauchte. Ich weiß es nicht, und ich habe ihn auch nicht gefragt. Er war so leichtsinnig, mir das Motorrad für eine Probefahrt zu überlassen, und ich vergaß glatt, es ihm wiederzubringen.

Es schien, als hätte ich die alten Angewohnheiten – aus Zeiten, in denen ich regelmäßig Autos stahl – noch nicht vollständig abgelegt, und wie damals war ich von einem schlechten Gewissen denkbar weit entfernt. Ein paar Stunden später hatte ich die Maschine in meiner Wohnung in ihre Einzelteile zerlegt und den Rahmen sowie das Motorgehäuse im Fluss versenkt. Eine Woche darauf packte ich meinen al-

ten Starrrahmen und die erbeuteten Super Glide-Teile ins Auto und
fuhr zu Cecil Pullen nach Durham, Connecticut.

Seit ich in Richmond lebte, sah ich Cecil öfter. Richmond, eine der
ältesten Städte der USA und Zentrum sowohl im Unabhängigkeits-
krieg als auch im amerikanischen Bürgerkrieg, liegt nur acht Stunden
Fahrt von Durham entfernt, wo Cecil im Keller seines Hauses einen gut
bestückten Motorrad-Shop betrieb. Und er erlaubte mir, dort mein
neues Motorrad zusammenzuschrauben. In den nächsten Monaten
fuhr ich an fast jedem Wochenende von Richmond nach Connecticut,
um an meiner Maschine zu arbeiten. Als alles fertig war, nannte ich ein
zweites unverwechselbares Bike mein Eigen. Es handelte sich um eine
nahezu neue Super Glide in einem alten Starrrahmen mit E-Starter und
dergleichen mehr. Der Rahmen und sämtliche Anbauteile waren aufwendig lackiert, und auf dem Tank prangten zwei gekreuzte Kolben
und ein Totenkopf. Ich war so stolz wie ein Pfau, als ich das fertige
Stück endlich nach Virginia bringen konnte. Nun besaß ich zwei Harleys, die in einem kleinen Zwei-Zimmer-Apartment abgestellt waren.
Der Sommer würde großartig werden.

Noch aber war Winter, als ich im März 1977 die erste Ausfahrt mit
dem neuen Stück riskierte. Doch vor Aufregung spürte ich die Kälte
kaum. Nachdem ich das Bike in einem Motorradladen einigen Freunden präsentiert hatte, drehte ich ein paar Runden durch Richmond und
wurde prompt von einem Polizisten angehalten. Nachdem er sich erst
die Harley und dann die Papiere angesehen hatte, rief er im Präsidium
an und ließ einen Fachmann des Dezernates für Fahrzeugdiebstähle
kommen. Fünfzehn Minuten später musste ich mit ansehen, wie meine kostbare Harley beschlagnahmt und auf einen Tieflader verfrachtet
wurde. Offenbar ging der Experte davon aus, dass das Motorrad gestohlen war. Die nächsten Wochen verbrachte ich mit dem Versuch,
den zuständigen Beamten davon zu überzeugen, dass es sich um legal
erworbene Teile handelte. Für alles und jedes konnte ich Quittungen
vorlegen, doch Tatsache blieb, dass nirgends eine Motornummer zu finden war. Und das sprach nun einmal gegen einen legalen Erwerb.

Ich blieb konsequent bei meiner Behauptung, dass ich den Motorblock so gekauft hatte. Schließlich machte der Beamte allerlei Tests, um die ursprüngliche Nummer zu ermitteln – ergebnislos. Er verstand die Welt nicht mehr, denn nach allem, was die Tests ergaben, musste er davon ausgehen, dass auf dem Motorblock nie eine Nummer gestanden hatte. Das war ein Ding der Unmöglichkeit – es sei denn, jemand hätte den Motor schon im Werk gestohlen bevor er dort mit der Nummer versehen wird. Schließlich und endlich einigten wir uns auf einen Kompromiss: Ich bekam mein Motorrad wieder, und er behielt das Motorgehäuse.

Noch auf dem Hof der Verwahrstelle machte ich mich daran, den Motor zu zerlegen. Der Beamte hatte mir gesagt, dass er ihn als Anschauungsstück verwenden wolle, um daran zu dokumentieren, wie sich, wenn man sich darauf versteht, eine Motornummer spurlos entfernen lässt. Ich erschwerte ihm sein Vorhaben ein wenig, indem ich den Block sorgfältig zertrümmerte, bis er aus zirka 30 Einzelteilen bestand, die ich in eine große Plastiktüte stopfte und auf dem Hof stehen ließ. Von dem Beamten habe ich nie wieder etwas gehört, möchte aber wetten, dass er nicht sonderlich erfreut war, als er die Tüte mit dem Altmetall bekam.

Während ich noch grübelte, was ich mit all den Ersatzteilen anfangen sollte, die in meiner Wohnung herumflogen, kam mein Jugendfreund Pete Hansen, der damals bei der US Navy diente, zu Besuch. Erstaunt stellte er fest, dass ich meinen alten Chopper noch besaß, und überredete mich, ihm eine Spritztour damit zu erlauben. Ich beruhigte mich mit dem Gedanken, dass im Grunde nichts passieren konnte, und selbst wenn er die Karre umschmiss, wären die Lackschäden leicht auszubessern: eine Spraydose der Firma Krylon würde genügen. Doch dummerweise verlor Pete die Kontrolle über das Bike und fuhr es zu Schrott. Er selbst landete im Krankenhaus.

Zum Glück heilten die äußerlichen Verletzungen ziemlich schnell, doch sein Stolz blieb weitaus länger angekratzt. Für mich hatte der Unfall auch etwas Gutes: Nun wusste ich, was ich mit den Ersatzteilen anfangen würde. Von dem Motorrad, mit dem Pete verunglückt war, nahm ich das Motorengehäuse, zusätzlich alles, was von meiner beschlagnahmten Super Glide übrig war, und baute daraus in meinem Wohnzimmer eine absolut legale, nagelneue und nahezu „originale" Harley.

Kaum war das neue Bike fahrbereit, bekam ich das Angebot, beim Caterpillar-Händler in Richmond anzufangen. Seit ich es bei Cooke's zum ersten Mal mit Baumaschinen zu tun bekommen hatte, träumte ich davon, eines Tages für Caterpillar arbeiten zu dürfen. Doch dafür hatte es mir an Berufserfahrung gefehlt. Die besaß ich nun, und endlich fand sich auch ein Händler, der bereit war, mir eine Chance zu geben. Caterpillar war so etwas wie der Cadillac unter den Baumaschinen, und hinsichtlich des Renomees verbesserte ich mich durch den neuen Job ebenso wie hinsichtlich des Gehalts. Ich arbeitete hauptsächlich in der Werkstatt, aber manchmal wurde ich auch losgeschickt, um auf irgendeiner Baustelle kleinere Reparaturen auszuführen. Am liebsten beschäftigte ich mich mit den großen Planierraupen und entwickelte mich in kurzer Zeit zum Experten dafür.

Eines Tages schweißte ich an der Schaufel eines solchen Bulldozers, als die Kette brach, an der die Schaufel hing. Daraufhin fiel mir eine halbe Tonne Stahl auf die Füße, und obwohl ich Sicherheitsschuhe mit Stahlkappen trug, gingen mehrere Knochen zu Bruch. Die Folge war, dass ich nicht mehr arbeiten konnte, bis die Brüche einigermaßen verheilt waren.

Während ich die Verletzung auskurierte, hielt ich mich oft in einem Motorradladen in der Hull Street auf und lernte dabei die Angestellten kennen. Die meisten von ihnen hatten vor Jahren einem Motorradclub angehört, der sich Confederate Angels nannte und in der Versenkung verschwunden war, nachdem sich einige Mitglieder den Hells Angels von North Carolina angeschlossen hatten. Doch auch wenn Club und Name nicht mehr existierten, hatten die restlichen Mitglieder, die seinerzeit nicht zu den Hells Angels gewechselt waren, den Zusammenhalt und die organisatorische Struktur bis in die Gegenwart gerettet.

Es dauerte eine Weile, bis ich ihr Vertrauen gewonnen hatte, aber gegen Ende des Sommers war ich ebenso regelmäßig wie selbstverständlich bei ihren Treffen dabei. Und auch wenn sie keinerlei Abzeichen trugen, verhielten sie sich wie ein Club. Damals nahm ich auch zum ersten Mal an der Beerdigung eines Bikers teil. Einer der ehemaligen Confederate Angels, der zuletzt in Florida gelebt hatte, war bei einer Kneipenschlägerei von einem Mitglied der Outlaws getötet worden. Die Beerdigung fand in Virginia statt, und ich durfte dabei sein. Diese Bestattung war anders als alles, was ich zuvor erlebt hatte, und ich war von dem Ablauf sehr beeindruckt. Nachdem der Sarg ins Grab gelassen worden war, schaufelten die Freunde des Verstorbenen reihum Erde darauf, bis das Grab voll war. Dann schichteten sie Blumen auf und tranken ein paar Bier, bevor sie den Friedhof verließen. Schließlich bildeten wir wie schon auf dem Weg von der Kirche zum Friedhof zu Ehren des Verstorbenen einen Motorradkonvoi.

Wegen der Schwere meiner Verletzung und des langwierigen Heilungsprozesses einigte ich mich mit meinem Arbeitgeber auf eine Vertragsauflösung. Ich bekam eine Abfindung, und wir trennten uns im Frieden. Toni, die zwischenzeitlich in mein Leben zurückgekehrt war, gestand, dass sie Heimweh hatte, und so beschlossen wir, nach Connecticut zurückzugehen. Meine Gefühle waren durchaus gemischt, dennoch packten wir im Herbst unsere Habseligkeiten und kehrten heim. Mir blieb die Hoffnung, dass sich die Entscheidung als richtig erweisen würde.

Schon nach wenigen Tagen fand ich ein wunderbares Haus auf einem Berg im Norden von New Haven, nicht weit von Hamden. Es hatte drei Etagen und eine große Garage, die sich über das gesamte Erdgeschoss erstreckte – ein idealer Platz, um an meinen Motorrädern zu schrauben und die vielen Ersatzteile zu lagern. Erfreulicherweise erklärte sich mein Freund Pete bereit, einen Raum zu mieten, so dass sich die finanzielle Belastung für mich reduzierte. Nach der Entlassung aus der Navy hatte sich Pete seine erste Harley gekauft, eine graue Low Rider, Baujahr 1978.

Ein paar Wochen nach unserem Einzug stellte ich zu meiner Verwunderung fest, dass ich mich in Connecticut regelrecht wohl fühlte. Es tat gut, wieder zu Hause zu sein, doch es dauerte nicht lange, bis Toni und ich uns wieder stritten. Dieses Mal haute sie nach Kalifornien ab. Von wegen Heimweh!

Im Juli machte ich mich mit meinem Motorrad auf nach Bowling Green in Kentucky, wo jedes Jahr ein großes Bikertreffen stattfand. Dort wollte ich mich mit den Jungs aus Tulsa treffen und freute mich besonders darauf, meinen alten Freund Lee McArdle wiederzusehen. Er reiste in Begleitung einiger Biker an, die einem kalifornischen Club namens Mongols angehörten. Ich hatte den Namen nie zuvor gehört und war überrascht, als ich erfuhr, dass die Mongols in Tulsa lebten.

Noch mehr staunte ich jedoch darüber, dass sie keine Abzeichen trugen. Dass ein Mitglied eines Motorradclubs ohne sein Abzeichen ausfuhr, hatte ich noch nie erlebt. Erst Jahre später erfuhr ich, dass sich die Mongols damals im Kriegszustand mit den Hells Angels befanden und nicht sicher waren, ob sie in Bowling Green auf „Feinde" treffen würden. Um eventuelle Konflikte zu vermeiden, hatten sie beschlossen, anonym zu bleiben. Auf den ersten Blick wirkt das besonnen und vernünftig, doch die Entscheidung, keine Club-Abzeichen zu tragen, fand ich durchaus befremdlich.

In Bowling Green traf ich zum ersten Mal in meinem Leben auf Mitglieder des Outlaw MC, eine Begegnung, die geradezu dramatische Folgen haben sollte. Ich trug ein T-Shirt, so dass mein Tattoo mit den gekreuzten Kolben und dem Totenkopf deutlich zu sehen war. Schon öfters hatte Lee mich damit aufgezogen, dass es dem „Charlie" genannten Abzeichen der Outlaws zum Verwechseln ähnlich war. So brauchte ich mich nicht zu wundern, als ich plötzlich von mehreren Outlaws umringt war, die offensichtlich nicht in friedlicher Mission unterwegs waren. Schuld daran war mein Tattoo, und ihr Anführer, ein Typ namens Wildman, verlangte von mir, es umgehend entfernen zu lassen.

Um keinen Streit anzufangen, den ich nur verlieren konnte, beschloss ich, es mit Argumenten zu versuchen. Ich erzählte, dass mir das Bild in einem Tattoostudio in Rhode Island aufgefallen war und mir spontan gefallen hatte, ohne dass ich von der Existenz des Motorradclubs Outlaws auch nur geahnt hatte. Da meine Geschichte Wildman nicht sonderlich zu beeindrucken schien, ging ich in die Offensive und erklärte, dass er, wenn es ihm tatsächlich so wichtig war, das Tattoo selbst entfernen müsse oder mich andernfalls in Ruhe lassen solle.

Beim Blick in seine Augen wusste ich, dass ich einen großen Fehler begangen hatte. Dann zog Wildman sein Messer, und ehe ich begriff, wie mir geschah, hielten drei andere Outlaws mich fest. Doch bevor Wildman damit beginnen konnte, die Haut von meinem Arm abzutrennen, kam ein Biker hinzu und forderte die Outlaws zur Besonnenheit auf. Der Typ war Mitglied des Rogues MC aus Oklahoma City und hieß John „Little Wolf" Killip. Ich kannte ihn flüchtig aus meiner kurzen Laufbahn als Anwärter vor gut zwei Jahren. Und zufälligerweise kannte Little Wolf die meisten der Outlaws, die mich umstanden, persönlich und Wildman besonders gut. Während ich stumm meinem Gott dankte, erklärte Wildman Little Wolf die Situation. Little Wolf erwiderte, dass er mich gut kenne und ich ein echter Biker sei, der regelmäßig auf seinem Motorrad unterwegs ist. Dann bat er Wildman darum, sich etwas weniger Drastisches auszudenken.

Wildman willigte ein und ordnete schließlich an, dass ich das Tattoo binnen dreißig Tagen entfernen lassen und ins Clubhaus der Outlaws nach Dayton, Ohio, kommen solle, um das Resultat vorzuführen. Nachdem sich die Truppe zerstreut hatte, bedankte ich mich bei Little Wolf für die Hilfe und erfuhr, dass er oft im Clubhaus von Dayton zu Gast war und daher wusste, dass die Jungs, die mich umringt hatten, im Grunde anständige Kerle waren. Überhaupt seien die Outlaws ein verschworener Haufen, der die Mitgliedschaft in einem Club sehr ernst nehme – ernster jedenfalls als die Rogues. Ich solle mich also nicht wundern, wenn er eines Tages selbst ein Outlaw würde. Bevor wir uns trennten, forderte mich Little Wolf noch auf, nach Oklahoma zurückzukommen und wieder den Rogues beizutreten. Ich versprach ihm, es ernsthaft zu erwägen.

Zurück in Connecticut, suchte ich mir als Erstes jemanden, der das Tattoo entfernen konnte. Dann nahm ich ein paar Tage frei und fuhr kurz entschlossen nach Oklahoma, wo ich bei Lee McArdle Ersatzteile kaufen wollte, um sie später in Connecticut wieder zu verkaufen. Ich blieb eine Nacht in Tulsa, wo ich zufällig T-Chuck von den Rogues begegnete, einem der Jungs, die ich bei meinem ersten Besuch im Clubhaus kennengelernt hatte. Ich erzählte ihm von meinem Erlebnis mit den Outlaws, Little Wolfs Eingreifen und dass ich mit dem Gedanken spielte, wieder nach Oklahoma zu ziehen. T-Chuck versicherte mir, dass er sich darüber freuen würde und ich bei den Rogues jederzeit willkommen sei.

Auf dem Rückweg nach Connecticut machte ich einen Abstecher zum Clubhaus der Outlaws in Dayton. Dieses Mal war ich vorbereitet und hatte zu meinem Schutz den Colt Kaliber .45 bei mir. Wenn es mir an den Kragen gehen sollte, könnte ich den ein oder anderen Outlaw mitnehmen. Als ich ankam, war das Haus nahezu dunkel. Ich klopfte, und ein Kerl vom Typ Kleiderschrank öffnete die Tür. Er stellte sich als Sampson vor und hieß, wie ich später herausfand, mit richtigem Namen James Marr. Ich sagte ihm, dass ich Wildman sprechen wolle, nannte aber keinen Grund. Der sei nicht da, erwiderte Sampson, und wenn ich ihn sprechen wolle, müsse ich ein anderes Mal wiederkommen. Bevor er mir die Tür vor der Nase zuschlagen konnte, stellte ich mich in den Eingang und sagte, dass ich nur auf der Durchreise sei und deshalb unmöglich später wiederkommen könne.

Und dann verlangte ich idiotischerweise, den Präsidenten des Chapters zu sprechen. Sampson konnte sich ein hämisches Grinsen nicht verkneifen, ehe er mich aufforderte zu warten und einen Kollegen losschickte, um den Präsidenten zu holen. Der befand sich offenbar im Obergeschoss, und wenn er dort ein Schläfchen hielt, würde er sich ganz und gar nicht freuen, von einem Fremden geweckt zu werden. In dem Raum im Erdgeschoss befanden sich etwa zehn Outlaws – zu viele, um im Falle eines Falles alle zu erschießen. Also machte ich mich mit dem Gedanken vertraut, binnen der nächsten zehn Minuten das Zeitliche zu segnen.

Der Präsident des Chapters Dayton der Outlaws war damals Kenneth „Hambone" Hammond. Es dauerte nicht lange, bis er die Treppe herunterkam, und es war klar, dass ich ihn aus dem Bett gescheucht hatte – kein guter Auftakt für unser Gespräch. Zu meiner Überraschung fiel Hambone jedoch nicht umgehend über mich her, sondern forderte mich auf, ihn zur Bar zu begleiten.

„Willst du was trinken, Kleiner?" fragte er, als ich neben ihm saß.

„Gern", erwiderte ich und fügte so höflich wie möglich hinzu: „Ich nehme dasselbe wie du."

Hambone blickte kurz zu dem Mann hinter dem Tresen, der aus einem hauptsächlich mit Bier gefüllten Kühlschrank zwei Pepsi holte. Erstaunt stellte ich fest, dass Hambone keinen Alkohol trank – und stattdessen Valium schluckte.

„Was verschafft mir die Ehre deines Besuches?" fragte er ohne jeden Anflug von Sarkasmus. Doch bevor ich antworten konnte, fügte er im selben Tonfall hinzu: „Ich hoffe, du hast gute Gründe, hier einfach so aufzukreuzen. Ich mag es nämlich nicht besonders, wenn irgendein Arschloch mich weckt, schon gar nicht, wenn ich dieses Arschloch nicht einmal kenne."

Ich berichtete ihm von dem Erlebnis in Bowling Green und dem Versprechen, das Wildman mir abgenommen hatte. Die anderen Outlaws umstanden die Bar – und mich – und hörten gespannt zu. Ab und zu sahen sie zu ihrem Präsidenten, als warteten sie sehnsüchtig auf sein Zeichen, über mich herzufallen. Ich krempelte den Ärmel hoch und zeigte Hambone anhand der Wunde auf meinem Arm, wo früher einmal die Tätowierung gewesen war. Hambone besah sich die Stelle und nickte verständig.

„Dann werde ich mich mal wieder auf den Weg machen", erklärte ich „Es tut mir leid, wenn ich unangemeldet hereingeplatzt bin, aber ich habe Wildman versprochen, binnen dreißig Tagen hier aufzukreuzen. Und was ich versprochen habe, halte ich auch."

„Das ist sehr anständig von dir", sagte Hambone, doch seine abfällige Handbewegung wollte so wenig dazu passen wie sein prüfender Blick. Die ohnehin angespannte Stimmung wurde nahezu unerträglich, als er hinzufügte, dass er mich leider nicht gehen lassen könne. Daraufhin bauten sich die anderen Outlaws auf, als warteten sie nur darauf, mir endlich den Schädel einschlagen zu dürfen. Ich wusste nicht, was ich tun sollte. Kurz erwog ich, den Colt zu ziehen, aber ich ließ es in dem Wissen, dass es dann kein Zurück mehr gäbe.

„Entspann dich", sagte Hambone und schien sogar kurz zu lächeln. „Du hattest einen weiten Weg, also nimm dir etwas Zeit, damit wir uns ein bisschen kennenlernen."

Schlagartig wich die Anspannung, und die Umstehenden kehrten zu dem zurück, womit sie vor meiner Ankunft beschäftigt waren. Hambone und ich blieben an der Bar sitzen, wo er mir gestand, dass er mit Little Wolf und Wildman über mich gesprochen hatte und daher wusste, dass ich irgendwann auftauchen würde.

„Der Zeitpunkt ist zwar schlecht gewählt, aber das ist schon okay. Du bist aus dem Holz, aus dem Einprozenter geschnitzt sind. Meint ihr nicht, Jungs?"

Die anderen stimmten ausnahmslos zu, was mich natürlich freute und ein bisschen stolz machte. Noch gehörte ich keinem Club an, aber tief im Inneren war mir klar, dass sich das bald ändern würde. Ehe ich ging, nahm Hambone mir noch das Versprechen ab, ihn zu besuchen, wann immer mein Weg über Dayton führen würde. Umgekehrt versprach er, mich zu besuchen, sollte ich mich dazu entschließen, wieder nach Oklahoma zu ziehen.

Als ich das Clubhaus verlassen hatte, atmete ich tief durch und staunte darüber, dass ich es lebend wieder hinausgeschafft hatte. Noch wusste ich nicht um die Tragweite der Begegnung mit Hambone, und es dauerte Jahre, bis ich begriff, dass der Vorfall von Bowling Green ein wichtiger Wendepunkt in meinem Leben war.

Jahre später sagte Hambone mir, wie sehr es ihn beeindruckt hatte, dass ich einfach so in ihr Clubhaus spaziert war. Im selben Moment sei ihm klar gewesen, dass wir lebenslang Freunde sein würden. Leider war dem Vietnamveteranen kein sonderlich langes Leben beschieden – am 20. Januar 1989 wurde er in einer Bar in Ohio erschossen. Er wurde nur 42 Jahre alt.

Den Montag nach unserer Rückkehr aus Sturgis verbrachten Alain, Präsident der kanadischen Bandidos, und ich in denkbar trüber Stimmung und bemühten uns nach Kräften, irgendwie mit der Tragödie fertig zu werden, die sich ereignet hatte. Wir sprachen lange über das Leben und den Tod des Bandido Tout, den wir beide gleichermaßen gemocht und geschätzt hatten. Alain hatte Tout schon gekannt, bevor sie zur Rock Machine gestoßen waren. Und bereits vor der ersten Begegnung hatte Alain, wie er mir erzählte, vernommen, dass Tout in der Bikerszene als begnadeter Harley-Mechaniker galt.

„Es war 1991. Ich fuhr eine Harley, die ich drei Jahre zuvor gekauft hatte. Es war meine allererste, und es war Einiges daran zu tun", berichtete Alain. „Als ich erfuhr, dass Tout einer der besten seines Faches war, fuhr ich in seinen Laden in der Nähe von Montreal. Von diesem Tag an waren wir richtig gute Freunde. Und wie du weißt, waren wir auch gemeinsam in der Rock Machine."

Ich fragte Alain, wie es ihnen als Anwärter der Rock Machine ergangen war. Inzwischen hatte er ja selbst erlebt, dass amerikanische Bandidos ihre Anwärter nicht sonderlich freundlich behandeln. Als Anwärter der Rock Machine, so berichtete er, reichte es, ständig vor Ort zu sein und die Zeit mit den Vollmitgliedern zu verbringen. Als Fußabtreter wurde man nicht behandelt, weil der Club neue Mitglieder nicht verprellen wollte.

„Die Vollmitglieder haben die Anwärter respektvoll behandelt – ganz ähnlich, wie es bei den europäischen Bandidos der Fall ist", ergänzte er.

Auch wenn ich mich in der Geschichte der Rock Machine bereits einigermaßen auskannte, unterbrach ich Alain nicht, als er ansetzte, mir von den Anfängen der Rock Machine und den Auseinandersetzungen mit den Hells Angels zu berichten. Die Gründung der Rock Machine, so erzählte er, fiel ins Jahr 1986 und war mehr oder weniger unmittelbar das Resultat des berühmten Massakers von Lennoxville. Der Gründer des Clubs hieß Salvatore Cazzetta, der, wie auch sein enger Freund Mom Boucher, zuvor einem kleinen Bikerclub namens SS angehört hatte, der den Hells Angels sehr nahe stand. Doch dann wurden in Lennoxville, Quebec, fünf Mitglieder des Charters Nord der Hells Angels von eigenen Kameraden umgebracht, und darüber zerstritten sich Boucher und Cazzetta.

Cazzetta war über die Vorfälle von Lennoxville zutiefst bestürzt und hielt die Morde für einen unverzeihlichen Bruch mit geschriebenen und ungeschriebenen Bikerregeln. Und anstatt sich den Hells Angels anzuschließen, gründete er gemeinsam mit seinem Bruder Giovanni die Rock Machine. Anders als die Hells Angels und andere Clubs trugen die Mitglieder der Rock Machine kein Abzeichen auf der Kutte, sondern einen goldenen Fingerring mit einem Adler. Sinn und Zweck der Gründung war zunächst gar nicht so sehr das gemeinsame Motorradfahren als vielmehr der Schutz gegen die Hells Angels, die ausgesprochen aggressiv danach strebten, das fragliche Gebiet zu kontrollieren.

Boucher ging einen komplett anderen Weg: Das Vorgehen der Hells Angels schreckte ihn nicht im Geringsten, so dass er dem Club beitrat und sehr schnell in der Hierarchie aufstieg. Einige Jahre lang existierten die beiden Clubs halbwegs friedlich parallel, was nicht zuletzt dem großen Respekt zu verdanken war, den Boucher vor dem charismatischen Cazzetta und dessen guten Kontakten zur Mafia von Quebec hatte. Doch 1994 wurde Cazzetta verhaftet und landete wegen diverser Drogendelikte im Gefängnis. Daraufhin begann Boucher, der es mittlerweile zum Präsidenten des Charters Montreal gebracht hatte, Druck auf die führungslose Rock Machine auszuüben.

Zu jener Zeit hatte die Rock Machine etwa 60 Mitglieder, die sich auf die beiden Chapter Montreal und Quebec City verteilten. Die Hells Angels waren doppelt so groß und hatte zudem zahlreiche kleinere Clubs als Unterstützer. Für Boucher und die durchorganisierten Hells Angels muss die kleinere und desorganisierte Rock Machine wie eine ziemlich leichte Beute gewirkt haben, die man sich ohne größeren Aufwand einverleiben oder ersatzweise ausradieren könnte. Aber wie sich herausstellte, war die Rock Machine ein hartnäckigerer Kontrahent als gedacht, und Fakt ist, dass niemand den mächtigen Hells Angels je so erbitterten Widerstand geleistet hat oder jemals leisten wird wie die Rock Machine.

Boucher begann den Machtkampf mit Attacken auf Bars, die von der Rock Machine kontrolliert wurden, indem er versuchte, die Betreiber und Drogenhändler, die dort dealten, auf seine Seite zu ziehen. Als dieser Versuch auf Widerstand stieß, begann das unvermeidliche Blutvergießen. Das erste Opfer war „nur" ein Bekannter der Rock Machine aus Montreal, doch nach der Ermordung des Vollmitglieds Normand Baker in Mexiko war der Krieg eröffnet.

1997, inzwischen saßen beide Cazzetta-Brüder im Gefängnis, wähnten viele die Rock Machine am Ende ihrer Kräfte. Doch wie ein Aasgeier ein sterbendes Tier umkreist, so ließen auch die Hells Angels nicht locker und setzten ihren ärgsten Feind in der Hoffnung weiter unter Druck, ihn schon bald für immer los zu sein. Fred Faucher aber, ein junges und aufstrebendes Mitglied der Rock Machine, der drei Jahre zuvor wegen des geplanten Mordes an einem Mitglied der Evil Ones, einem Ableger der Hells Angels, verhaftet worden war, nahm die Zügel in die Hand, um das Überleben der Rock Machine in dieser oder jener Form zu sichern.

Faucher sowie seine beiden Freunde Tout Leger und Johnny Plescio flogen am 18. Juni nach Schweden, um am Helsingborg Memory Run teilzunehmen, mit dem die Bandidos ihrer Verstorbenen Kameraden gedachten. Die schwedischen Behörden hatten jedoch andere Pläne mit den Dreien. Sie sperrten die Delegation aus Quebec für 24 Stunden ein und schickten sie anschließend nach Kanada zurück.

Doch Faucher war fest entschlossen, die Verbindung der Rock Machine mit der Bandidos Nation in die Wege zu leiten. Deshalb reiste er – dieses Mal in Begleitung von Plescio und Paul „Sasquatch" Porter – zu einer Motorradmesse in Luxemburg, um sich dort mit einigen europäischen Bandidos zu treffen.

Anders als Tout es einige Jahre zuvor in Houston erlebt hatte, wurden die Mitglieder der Rock Machine dieses Mal mit offenen Armen empfangen. Und weil der Revierkampf mit den Hells Angels in Skandinavien mit voller Wucht tobte, hatten die Rock Machine und die Bandidos einen gemeinsamen Feind. Sehr schnell entstand daraus eine Freundschaft, die schließlich dazu führte, dass die europäischen Bandidos die Rock Machine als befreundeten Club und möglichen Beitrittskandidaten akzeptierten.

Am 24. Juli 1997, kurz nach Fauchers Rückkehr aus Luxemburg, wurde auf Louis „Melou" Roy vom Hells Angels Nomad Charter ein Mordanschlag verübt, und Faucher galt als Hauptverdächtiger. Es gab jedoch nicht den Hauch eines Beweises gegen ihn, so dass Faucher am 11. September Claude „Ti-Loup" Vézina, der wegen Drogenhandels ins Gefängnis musste, als Präsident des Chapters Quebec City ablöste.

Damit wurde Faucher, der ohnehin von allen respektiert und anerkannt wurde, gewissermaßen zum offiziellen Sprachrohr der Rock Machine. Ermutigt durch die Erlebnisse in Luxemburg, lud er George Wegers, einer von zwei Vizepräsidenten der amerikanischen Bandidos, zu einem Besuch nach Quebec City ein. Er hoffte, dass Wegers die Chance ergreifen würde, durch Aufnahme der Rock Machine die Bandidos in Kanada zu etablieren. Ein Zusammenschluss, so Fauchers Überlegung, würde die Konflikte der Rock Machine mit den Hells Angels mit einem Schlag beenden.

„Die Hells Angels sind eine streng hierarchische weltweite Organisation, die keinen Grund sieht, mit einem kleinen Club wie der Rock Machine Frieden zu schließen", erklärte Faucher auf einer Pressekonferenz kurz vor Wegers' Besuch. „Deshalb ist es unser Ziel, uns einem internationalen Club anzuschließen, um die Hells Angels dazu zu bewegen, sich mit uns an einen Tisch zu setzen."

Im Oktober 1997 gab Faucher im Restaurant L'Astral ein großes Essen, das jedoch jäh unterbrochen wurde, als unvermittelt die Polizei auftauchte und Faucher sowie 22 weitere Mitglieder der Rock Machine verhaftete. Wegers wurde umgehend außer Landes gebracht. Von 23 Verhafteten wurden später sage und schreibe drei verurteilt, und zwar wegen unerlaubten Waffenbesitzes.

Es kann nicht verwundern, dass die Hells Angels über Wegers' Besuch ziemlich beunruhigt waren, zumal die beiden verfeindeten Clubs in Skandinavien inzwischen Frieden geschlossen hatten. Als ihnen klar wurde, dass die Rock Machine Kontakt zu den Bandidos aufgenommen hatte, trafen sich die Hells Angels heimlich mit Wegers und machten ihm unmissverständlich klar, dass eine Einmischung der Bandidos unerwünscht sei. Im Bemühen, den Konflikt zu entschärfen, sagte Wegers bei dem Gespräch zu, dass die Bandidos die Rock Machine nicht aufnehmen würden.

Natürlich wollte ich wissen, wann und wie Alain in Kontakt mit dem Club gekommen war. Und auch wenn Alain nur ungern darüber sprach, bekam ich heraus, dass die erste Begegnung in den frühen 1990er Jahren stattgefunden hatte und er 1995 mit Mitte dreißig Vollmitglied geworden war.

„Tout ist meinetwegen beigetreten, und wenn ich nicht Mitglied geworden wäre, wäre er heute vielleicht noch ...“ Seine Stimme erstarb mitten im Satz. Als er sich wieder halbwegs gefangen hatte, erzählte er, dass Tout viele Gründe gehabt hatte, die Hells Angels zu hassen. Er hatte den Bikerkrieg in Quebec von Anfang an miterlebt, und einer seiner besten Freunde war eines der ersten Opfer gewesen. Im August waren Tout und Normand Baker mit ihren Frauen nach Mexiko gereist. Schon beim Abflug war ihnen aufgefallen, dass sich unter den Passagieren auch einige Hells Angels befanden, doch sie hatten sich nichts weiter dabei gedacht.

Pierre Daoust, ein Sympathisant der Hells Angels, war am 13. Juli ermordet worden, tags darauf ein Anhänger der Rock Machine. Trotzdem konnte zu diesem Zeitpunkt noch niemand ahnen, dass sich der Bikerkrieg von Montreal zu einem wechselseitigen Abschlachten ausweiten würde, das schließlich mehr als 160 Menschen das Leben kostete. Am selben Tag, an dem der Anhänger der Rock Machine zu Tode kam, wurden Fred Faucher und vier weitere Mitglieder des Chapters Quebec City in einem Hotelzimmer verhaftet, wo sie einen Anschlag auf die Evil Ones planten, einem mit den Hells Angels verbündeten kleinen Club. Laut Polizei wurden dabei zwei Pistolen, vier Sprengsätze mit Fernzündung und gut 5 Kg Dynamit sichergestellt. Faucher, der seit den frühen 90er Jahren zur Rock Machine gehörte, kam mit einer kurzen Gefängnisstrafe davon. Als er sie abgesessen hatte, begann sein Aufstieg, obwohl er mit 24 Jahren zu den Jüngeren im Club gehörte.

Einige Tage nach ihrer Ankunft in Mexiko gingen Baker und seine Frau in ein Restaurant. In letzter Minute hatten Tout und seine Frau beschlossen, lieber im Hotel zu bleiben. Normand und seine Frau genossen gerade ihr Essen, als ein Anwärter der Hells Angels hereinkam und Baker in den Hinterkopf schoss. Er war sofort tot. Seine Frau, die ihm gegenüber saß, erlitt einen Schock und musste zudem damit fertig werden, dass winzige Teile des Gehirns ihres Mannes auf ihre Kleidung spritzten. Normand Baker war das erste Vollmitglied eines anderen Clubs, das durch die Hells Angels zu Tode kam – damit hatte der Bikerkrieg von Montreal offiziell begonnen.

Der Mann, der Normand auf dem Gewissen hatte, wurde zwar festgenommen, saß aber nur ein Jahr im Gefängnis, weil die kanadischen Hells Angels ihm zu Hilfe kamen und die korrupten mexikanischen Behörden dazu bewegen konnten, ihn zu entlassen und die Anklage fallen zu lassen. Tout war felsenfest davon überzeugt, dass er an jenem Abend ebenfalls gestorben wäre, wenn er seinen Freund ins Restaurant begleitet hätte. Er konnte ja nicht wissen, dass die zusätzliche Lebenszeit nur geliehen war.

Am 14. August 2001 brachte ich Alain zum Flugplatz von Tulsa, von wo aus er den Rückflug nach Hause antreten wollte. In den darauffolgenden Tagen normalisierte sich mein Leben allmählich, und bald hatte ich mich wieder an den Alltag gewöhnt, zu dem meine Familie, meine Arbeit und die Bandidos von Oklahoma gehörten.

Für die Bandidos in Kanada hingegen konnte von einem normalen Alltag keine Rede sein. Am 17. August, auf der Fahrt zur Beerdigung von El Secretario Tout, wurde William Ferguson, ein Bandido aus Kingston, von der Polizei wegen unerlaubten Waffenbesitzes verhaftet. Das war erst der Anfang. Denn nicht einmal zwei Wochen später, am 24. August, wurde Sylvain „Sly" Gregoire, ein hochrangiges Mitglied der kanadischen Bandidos, auf einem Gewerbehof mitten in Montreal, wo er mit Gebrauchtwagen handelte, ermordet. Er sprach mit zwei Männern, die er für potenzielle Kunden hielt, und als er sich umdrehte, um aus einem Schrank irgendwelche Dokumente zu ziehen, traf ihn eine Kugel in den Kopf.

Als er starb, war Bandido Sly gerade mal 33 Jahre alt, und wie Tout hinterließ er eine Familie. Erneut befanden sich die kanadischen Bandidos im Kriegszustand, und ihre einzige Chance schien darin zu liegen, sich gegen den Feind zu wehren, ganz so, wie sie es schon gehalten hatten, als sie noch Rock Machine hießen. Dieses Mal sahen sie sich allerdings vier mächtigen Feinden gegenüber: den Hells Angels, der Polizei, der öffentlichen Meinung und den Medien.

So konnte es niemanden wundern, dass einzelne Mitglieder der Bandidos oder deren Sympathisanten eines Tages zurückschlugen, und so unterschiedlich wie die Menschen waren die Methoden. Im September 2001 gingen zahlreiche Bars, die als Treffpunkt der Hells Angels bekannt waren, in Flammen auf. Einige der Besitzer leugneten schlicht, dass sie Drogengeschäfte mit den Hells Angels abwickelten, andere wussten nicht einmal, dass ihre Angestellten für die Hells Angels Drogen verkauften.

Nicht wenige Barbesitzer sprangen auf den Zug auf und steckten ihren Laden selbst an, um die Versicherungsprämie zu kassieren. Die Brandstiftungen zogen sich bis in den Oktober hin, insgesamt wurden 16 Personen festgenommen. Den Zeitungen fiel nichts Besseres ein, als den Kampf um die Vorherrschaft im illegalen Drogenhandel als Ursache zu nennen. Dabei wollten die Bandidos nichts dringender als einen Friedensschluss. Doch damit die Hells Angels sich darauf einließen, musste ihren illegalen Geschäften die Grundlage entzogen werden.

Mitte Oktober 2001 beschloss ich, nicht zu der Anhörung vor den kanadischen Einwanderungsbehörden zu fahren, die für den 22. Oktober anberaumt war. Den Ausschlag gaben vor allem zwei Geschehnisse: der tragische und fatale Angriff auf das World Trade Center in New York am 11. September und die Kontaminierung des US-Senats mit Milzbranderregern.

Anfang Oktober galten Flugzeuge noch immer als höchst gefährliche Transportmittel, und die erhöhten Sicherheitsmaßnahmen machten jede Flugreise extrem beschwerlich. Tag und Nacht schürte die Regierung, von den Massenmedien tatkräftig unterstützt, die Furcht der ohnehin eingeschüchterten Gesellschaft vor weiteren Angriffen auf die USA. Die Folge war ein Klima der Angst, die alles und jeden ergriffen zu haben schien.

Meine Tochter Taylor, damals acht Jahre alt, wollte mich nicht nach Kanada fahren lassen, weil sie Sorge hatte, dass man mich nicht wieder ausreisen lassen würde. Damit stand meine Entscheidung fest: Ich würde zu Hause bleiben. Meine Tochter zu enttäuschen kam nicht infrage – nicht einmal dann, wenn der Preis recht hoch war: die Kaution in Höhe von 20.000 Dollar, die Rechnung des Anwalts und die Aussicht, nie wieder nach Kanada einreisen zu dürfen. Und auch wenn der finanzielle Schaden exorbitant war, ärgerte mich Letzteres am meisten.

Am 18. Oktober schrieb mein kanadischer Anwalt Josh Zambrowsky einen Brief an den für meinen Fall zuständigen Richter Rolland Ladouceur und teilte mit, dass ich aus den genannten Gründen nicht an der Anhörung teilnehmen würde. Ladouceur hatte sich bislang als fairer und unparteiischer Richter erwiesen und wurde von den Vertretern beider Seiten respektiert. Er war es auch, der mir nach der Farce der Anhörung am 17. Januar erlaubte, nach Oklahoma zurückzukehren.

In meinen Augen war dieses ganze Verfahren grotesk, vergeudete Zeit und vor allem vergeudetes Geld – und zwar Steuergeld. Ich war davon überzeugt, dass Ladouceur genauso dachte, so dass ich nicht sonderlich überrascht war, als er am 19. Oktober die Klage gegen mich abwies und das Verfahren einstellte. Mein Anwalt Josh wunderte sich lediglich darüber, dass der Richter die Kühnheit besaß, sich mit den Schwachköpfen der Einwanderungsbehörde anzulegen. Doch er war mit mir einer Meinung, dass die Argumentation des Richters nachvollziehbar und plausibel war und zudem dem gesunden Menschenverstand entsprach. Ladouceurs Hauptargument war, dass ich mich bereits in den USA aufhielt. Mich nach Kanada zu zitieren, nur um mich offiziell wieder zurückschicken zu können, sei seiner Auffassung nach ein bürokratisches Monstrum, für das allenfalls ein ausgemachter Dummkopf plädieren könne.

Aus einem Brief an meinen Anwalt spricht das Bemühen des Richters Rolland Ladouceur, das lachhafte Verfahren gegen mich einigermaßen anständig zu beenden.

Edward Warren Winterhalder Aktenzeichen: AI-00022

Ihrem Schreiben vom 18. Oktober 2001 entnehme ich, dass sich Ihr Mandant nicht in Kanada aufhält und nicht die Absicht hat, zu der Anhörung am 22. Oktober anzureisen.

Die Anschuldigungen gegen Ihren Mandanten beziehen sich auf Paragraf 27, Abs. 2 der kanadischen Einwanderungsbestimmungen, in denen von Personen die Rede ist, „die sich in Kanada aufhalten". Da das auf Ihren Mandanten nicht zutrifft, habe ich entschieden, das Verfahren gegen Ihren Mandanten einzustellen und die Anklage fallen zu lassen.

Die von den Parteien vorgelegten Unterlagen werden, soweit es sich nicht um Beweismittel handelt, vernichtet.

Hinsichtlich der Rückgabe der Kaution in Höhe von 20.000 Dollar, des Passes Ihres Mandanten sowie der Weste mit dem Abzeichen der Bandidos bitte ich Sie, Kontakt zu den kanadischen Behörden aufzunehmen.

Bitte setzen Sie Ihren Klienten von meinem Beschluss in Kenntnis

Rolland Ladoucuer, Richter.

Die Vertreter der Einwanderungsbehörde gingen vor Wut fast an die Decke. In einem Brief an Mr. Ladouceur forderten Sie ihn auf, seine Entscheidung zu erläutern – dabei ließ sein Brief doch keine zwei Meinungen zu. Sie behelligten ihn mit dummen Fragen wie der, was er mit „Einstellung des Verfahrens" meine und ob das Verfahren nur vertagt oder tatsächlich eingestellt sei. Es muss eine Herausforderung für Ladouceur gewesen sein, die Antwort einigermaßen höflich zu verfassen. Aber vielleicht war er an den Umgang mit Narren, die sich für Superhirne halten, ja auch schon so gewöhnt, dass es ihm nicht sonderlich schwerfiel.

Ms. Lynn Leblanc und Mr. Toby Hoffman
Ministerium für Staatsbürgerschaft und Immigration
per Fax: (631) 952-4770

Betrifft: Edward Warren Winterhalder Aktenzeichen: A1-00022

Nachdem ich Kenntnis davon erlangt hatte, dass Mr. Winterhalder zur Fortsetzung der Anhörung nicht anreisen würde, habe ich am 19. Oktober 2001 die Parteien darüber informiert, dass ich das Verfahren einstelle. Gern wiederhole ich an dieser Stelle meine Gründe.

Das Verfahren wurde am 17. Januar 2001 eröffnet und auf Antrag der Behörden auf Mai 2001 vertagt. Auf ministerielles Ersuchen wurde ein zweiter Aufschub bis zum 22. Oktober 2001 gewährt. In der Zwischenzeit war Mr. Winterhalder in sein Heimatland, die Vereinigten Staaten von Amerika, zurückgekehrt und hatte sich bereiterklärt, zur Fortsetzung der Anhörung am 22. Oktober 2001 zu erscheinen.

Am 17. Januar 2001 erklärte der Vertreter der Einwanderungsbehörden, gegen Mr. Winterhalder wegen Verstoßes gegen Paragraf 27, Absatz 2 der kanadischen Einwanderungsbestimmungen zu ermitteln, der sich gegen Personen richtet, „die sich in Kanada aufhalten".

Am 19. Oktober 2001 informierte der Anwalt von Mr. Winterhalder, Mr. Zambrowsky, das Gericht darüber, dass sein Mandant nicht zu der Verhandlung anreisen würde. Das besagte Gesetz schweigt sich darüber aus, wie in solchen Fällen zu verfahren ist. Doch in Anbetracht der Tatsache, dass die Behörden mit ihrer Anklage sicherstellen wollten, dass Mr. Winterhalder kanadisches Territorium verlässt, und, da sich Mr. Winterhalder nicht mehr auf kanadischem Territorium befindet, dieses Anliegen erfüllt ist, hat das Gericht beschlossen, das Verfahren einzustellen, da es nichts mehr zu verhandeln gibt.

Sollte Mr. Winterhalder eines Tages versuchen, erneut nach Kanada einzureisen, steht es Ihrer Behörde frei, durch Beantragung eines Verfahrens nach Paragraf 34 der Einwanderungsbestimmungen die Ausweisung zu erwirken.

Bei einem Anhörungstermin am 5. Oktober 2001 legte Ihr Ministerium mehr als 100 Dokumente vor und beantragte, sie als Beweismittel zuzulassen. Weil diese Unterlagen dem Anwalt von Mr. Winterhalder nicht rechtzeitig vorgelegt wurden, musste der Antrag abgelehnt werden. Die Behörden wurden aufgefordert, die Unterlagen zu vernichten.

Rolland Ladouceur, Richter
Kopie an: Mr. Josh Zambrowsky

Ladouceurs Haltung und die elegante Art und Weise, wie er sie zum Ausdruck brachte, freuten mich natürlich sehr – im Gegensatz zu den Behördenvertretern in Kanada. Das Einzige, was ich mit ihnen noch zu klären hatte, war der Verbleib der Kaution und persönlicher Dinge wie meinem Pass und meiner Bandidos Colors. Josh Zambrowsky wandte sich mehrmals schriftlich an die Einwanderungsbehörde und forderte sie auf, mir mein Eigentum auszuhändigen, doch jedes Mal erhielt er eine Abfuhr. Was hätte ich von diesen unfähigen und nachtragenden Leuten anderes erwarten sollen? Ein gewisser David Olsen teilte uns in einem Schreiben vom 29. November 2001 mit, dass die Kaution an den kanadischen Staat fiele, weil ich zu der Anhörung nicht erschienen sei. Dieses Argument ignoriert völlig, dass es, wie es der Richter formuliert hatte, nichts mehr zu verhandeln gab.

Im Laufe der Jahre habe ich insgesamt vier kanadische Anwälte beschäftigt, um mein Geld wiederzubekommen. Gut drei Jahre, nachdem ich die Kaution hinterlegt hatte, und mehr als zwei Jahre nach der Einstellung des Verfahrens zog sich die Behörde schließlich auf die Position zurück, die Kaution stehe mir nicht zu, weil nicht ich, sondern Jean „Charley" Duquaire sie hinterlegt hatte. Weil ich inzwischen die Nase gestrichen voll davon hatte, fügte ich mich in mein Schicksal und schrieb das Geld ab. Es vor einem kanadischen Gericht einzuklagen war ein ebenso teures wie aussichtsloses Unterfangen. Alle Trümpfe lagen bei den kanadischen Behörden, und ich hatte nicht die Absicht, dem ohnehin verlorenen Geld weiteres hinterherzuwerfen.

Für die kanadischen Bandidos ging unterdessen ein ereignisreiches und wechselvolles Jahr 2001 mit einem Paukenschlag zu Ende. Nach Oklahoma drangen höchst unerfreuliche Nachrichten durch. Am 12. Oktober 2001 gerieten einige Bandidos am Beaver Lake im Park Mont Royal nördlich der Innenstadt von Montreal in Streit. Wie genau es dazu kam, wurde nie geklärt, doch einer der beteiligten Bandidos, Stephane Lalonde, wurde von einer Kugel getroffen und starb.

Es fiel schwer zu akzeptieren, dass Stephanes Leben durch seine eigenen Leute ausgelöscht wurde, doch irgendwie erinnerte mich der Vorfall an die biblische Geschichte von Kain und Abel: Brudermord gibt es, so traurig es ist, so lange wie die Menschheit.

Einige Wochen später, am 27. November, wurde Alain Chenier, der mit einigen Bandidos gut befreundet war, unter Mordverdacht verhaftet. Man warf ihm vor, Steve Purdy, einen Sympathisanten der Hells Angels, am 11. August in Buckingham, einem Ort nahe der Grenze zwischen Quebec und Ontario, im Streit erschossen zu haben. Gerüchteweise hieß es sogar, Chenier habe Purdy erschossen, um den Bandidos zu imponieren – was selbstverständlich Unfug ist. Für die Presse lag der Fall noch einfacher: Sie erklärte Chenier kurzerhand zum Mitglied der Bandidos.

Zum Glück drangen auch ein paar auch gute Nachrichten über die Grenze. Am 1. Dezember 2001 wurden 45 kanadische Anwärter zu Vollmitgliedern der Bandidos und bekamen ihr Einprozenter-Abzeichen und den Aufnäher mit der Aufschrift „Canada" überreicht. Damit wurden sie von den US-amerikanischen Bandidos unabhängig und konnten über ihr künftiges Schicksal weitgehend autark entscheiden.

Natürlich fand aus diesem Anlass wieder ein Fest in Kingston statt, dieses Mal jedoch nicht im Clubhaus, sondern in einem Hotel. Die Polizei, aufmerksam wie eh und je, legte sich auf die Lauer, um beim geringsten Vergehen zuschlagen zu können. Doch da sich niemand eines Vergehens schuldig machte, kam es auch zu keiner Verhaftung. Im Vorfeld hatten die kanadischen Behörden angekündigt, alle US-Bandidos, die nach Kingston wollten, an der Grenze aufzuhalten und zurückzuschicken, doch dazu kam es ebenfalls nicht. Gut hundert Bandidos, darunter zahlreiche neue Anwärter, reisten zum Veranstaltungsort, wo sie gemeinsam feierten. Auch ich wäre liebend gern nach Kingston gefahren, doch aus Gründen, die ich nicht erklären muss, schlug ich mir den Gedanken aus dem Kopf. Darin wusste ich mich übrigens mit allen US-amerikanischen Bandidos einig, denn nicht einer machte sich auf den Weg nach Kanada.

Die kanadischen Behörden waren selbstverständlich wenig begeistert, dass sie tatenlos zusehen mussten, wie die Bandidos in ihrem Land Fuß fassten. Noch am Tag der Feier von Kingston verbreiteten sie in einer Presseerklärung die üblichen Klischees über die Bandidos und brachten ihre Sorge zum Ausdruck, „dass die neuen Mitglieder versucht sein könnten, den Hells Angels die Kontrolle über den Drogenhandel zu entreißen".

Selbstverständlich stimmten sie auch wieder die alte Leier an, dass wie allen Einprozentern auch den Bandidos „jedes Mittel recht ist, um an Geld zu kommen, einschließlich Geldwäsche, Drogenhandel, Kreditwucher und Prostitution". Ich wäre der Letzte, der bestreiten würde, dass diese Dinge vorkommen, aber sämtliche Bandidos und andere Einprozenter über einen Kamm zu scheren ist ungefähr so, als würde man von einem schwarzen Schaf auf die ganze Herde schließen.

Auf der Feier in Kingston verabschiedeten die kanadischen Bandidos eine Resolution, die den meisten von uns aus der Seele sprach. Darin erklärten sie, dass sie trotz allem, was ihnen in den letzten Jahren widerfahren war, zum Frieden bereit seien. In einem Artikel für die Zeitung «Ottawa Citizen» zitierte der Journalist Gary Dimmock, der aus Kingston berichtete, einen hochrangigen Bandido mit den Worten: „Heute ist ein Freudentag, und wir sind alle sehr stolz, dem besten Motorradclub der Welt anzugehören. Wir arbeiten alle hart, und die Öffentlichkeit hat von uns nichts zu befürchten. Vielmehr sind wir bemüht, das Unsere zur Gesellschaft beizutragen. Und dass wir und die Hells Angels keine Freunde mehr werden, heißt ja nicht, dass wir uns nicht vertragen können."

Leider kam die Botschaft nicht bei allen an. Am frühen Morgen des 5. Dezember wurde Bandido Eric „Eric the Red" – der mittlerweile zum Sargento de Armas aufgestiegen war – in der Innenstadt von Oshawa von drei Männern angegriffen und blieb mit aufgeschlitztem Bauch zurück. Eric war kurz nach zwei Uhr aus einer Bar gekommen und auf dem Weg zum Auto eines Freundes, als er hinterrücks überfallen wurde. Trotz schwerster Verletzungen konnte er sich bis zu dem Wagen schleppen. Der Freund reagierte geistesgegenwärtig und brachte Eric umgehend ins Krankenhaus. Später wurden drei Mitglieder der Hells Angels verhaftet und des Überfalls beschuldigt.

Wie schon der Mord an Tout und der Anschlag auf Alain nahm mich dieser Überfall sehr mit. Eric war ein aufrichtiger und zuverlässiger Kerl, und mit seinen 25 Jahren gehörte er zu einer Reihe jüngerer Mitglieder, die zu großen Hoffnungen Anlass gaben. Ich hielt große Stücke auf ihn und vertraute darauf, dass er den kanadischen Bandidos in naher Zukunft positive Impulse geben könnte. Zum Glück erholte sich Eric von seinen Verletzungen und wurde vom Chapter Toronto ultimativ aufgefordert, nicht auf Rache zu sinnen. Später hatte ich keinen Kontakt mehr zu ihm, aber offenbar war er von den Bandidos irgendwann in etwa so enttäuscht wie die Bandidos von ihm. Es hieß, er habe sich aus Gründen, die geheim bleiben sollten, den Zorn von El Presidente George auf sich gezogen und den Club wenige Monate nach dem Überfall verlassen.

Obwohl er mit James „Big James" Williams, einem bekannten Outlaw und früherem Mitglied der kanadischen Bandidos, befreundet war, weigerten sich die Outlaws, Eric auch nur zur Probe aufzunehmen. Ende 2002 verließ Eric die kanadische Bikerszene – wohl um sich fortan voll und ganz seiner Hundezucht zu widmen.

Ein früheres Mitglied der Bandidos, der Eric ziemlich gut kannte, erzählte mir Jahre später, dass Eric in seinen Augen nie ein richtiger Biker war, sondern eher ein Motorradfahrer, der es für schick hielt, sich einem Club anzuschließen. Vielleicht hatte ich ihn ja tatsächlich falsch eingeschätzt, schließlich kannte ich ihn ja erst relativ kurze Zeit. Aber vielleicht hat die Begegnung mit dem Tod ja auch einen Sinneswandel bewirkt. Ich persönlich habe jedenfalls gute Erinnerungen an den Jungen aus Oshawa, aber gleichzeitig muss ich mich fragen, ob man einen anderen Menschen jemals gut genug kennt, um ein Urteil über ihn abzugeben.

Für die Polizei war der Angriff auf Eric der erste handfeste Hinweis darauf, dass der Bikerkrieg, wie seit einem guten Jahr vorausgesagt, von Quebec auf Ontario übergegriffen hatte. Gary Dimmock schrieb dazu im «Ottawa Citizen», Mitglieder der Hells Angels wie der Bandidos hätten ihm bestätigt, dass „der Waffenstillstand weiterhin gilt". Dimmock fuhr fort, dass „diese Position natürlich die Frage aufwirft, ob die jüngsten Vorfälle persönliche Fehden und Rivalitäten zum Hintergrund hatten". Bedenkt man, dass Eric ursprünglich jenem Chapter angehörte, dass nahezu vollständig zu den Hells Angels gewechselt ist, dann ist diese Theorie durchaus plausibel.

Am 12. Dezember 2001 wandte sich Alain in seiner Eigenschaft als Präsident der Bandidos erneut an die Presse, um unseren Standpunkt zu erläutern: „Wir strecken die Hände aus und sind zur Versöhnung bereit. Wir möchten in Ruhe leben, ungestört unsere Arbeit machen und unseren Spaß haben dürfen. Dafür brauchen wir Frieden, und zwar so lange wie möglich", erklärte er und brachte zum Ausdruck, was Bandidos und Hells Angels überall auf dem Globus dachten und fühlten.

Leider stieß er auf taube Ohren. Eine Zeitungsartikel, der weltweit nachgedruckt wurde, schürte die Angst der Öffentlichkeit vor Bikern allgemein und vor dem kanadischen Bikerkrieg im Speziellen. Die Überschrift lautete: „Das Friedensangebot der Bandidos an die Hells Angels ist eine Finte im Kampf um die Vorherrschaft". Im Text behauptete der Reporter, dass „hinter der vermeintlichen Friedfertigkeit der Bandidos das knallharte Kalkül steckt, die Öffentlichkeit in Sicherheit zu wiegen, um in Ruhe ihren kriminellen Geschäften nachgehen zu können". Natürlich waren wir alle tief enttäuscht darüber, dass die Wahrheit wieder einmal der Sensationslust geopfert wurde.

Dabei war es uns mit dem Wunsch, den Kreislauf der Gewalt zu durchbrechen, unbedingt ernst, doch all unsere Bemühungen waren vorsätzlich missverstanden worden, um das liebgewonnene Klischee vom skrupellosen und blutrünstigen Biker, das von der Presse, dem Fernsehen und Hollywood gepflegt wurde, aufrechterhalten zu können. Und dieses Klischee hatte sich im Bewusstsein der Öffentlichkeit so sehr verfestigt, dass selbst eine unstrittig positive Meldung aus der Bikerszene daran abprallen musste. Einer Gesellschaft, die Negatives erwartet, ist alles Positive automatisch suspekt. Von „netten" Bikern will niemand etwas lesen, auch wenn der gute Wille unverkennbar vorhanden ist. Und wenn ein Biker mal etwas Gutes tut, dann werden ihm sofort unlautere Motive unterstellt.

Fragt man einen Normalbürger, der einen Biker persönlich kennt – egal ob als Nachbar oder als Kollege am Arbeitsplatz –, nach seiner Einstellung zu Bikern, dann fällt die Antwort in neun von zehn Fällen positiv aus. Viele begrüßen es sogar ausdrücklich, wenn in ihrer Straße Biker wohnen oder in der Nähe ein Clubhaus liegt, weil sie sich dann sicherer fühlen und Delikte wie Einbruch und Autodiebstahl so gut wie nicht vorkommen. Doch die allermeisten Menschen wissen über Biker halt nur das, was sie aus der Zeitung oder dem Fernsehen erfahren.

Das neue Jahr begann für alle kanadischen Motorradclubs mit einem verhängnisvollen Erlass. Am 7. Januar 2002 trat das Gesetz C-24 in Kraft, laut dem sich für Täter, die einer kriminellen Vereinigung angehören, die Haftstrafe für das jeweilige Vergehen um bis zu 14 Jahre erhöht. Für führende Mitglieder einer kriminellen Vereinigung kann die zusätzliche Strafe auch lebenslang betragen. Laut C-24 war es kriminellen Vereinigungen zudem verboten, neue Mitglieder anzuwerben.

Dieses Gesetz bestärkte die kanadischen Bandidos in ihrem Entschluss, das Vereinsleben auf eine legale Grundlage zu stellen. Alle Mitglieder, die es mit den Gesetzen bislang nicht so genau genommen hatten, wurden aufgefordert, sich zu besinnen, und jene, die sich an die Gesetze hielten, wurden ermahnt, es dabei zu belassen. Jeder von uns wusste, dass dies die einzige Chance war, den Club auf stabile Füße zu stellen. Leider stand die Zukunft der Bandidos aus Quebec in Stein gemeißelt, und das Gesetz C-24 ließ keinen Zweifel daran, was sie bringen würde. Denn was immer die Bandidos in Quebec taten oder ließen, konnte nichts daran ändern, dass sie dem Untergang geweiht waren. Ihr Hauptgegner – die Regierung als Vertreter von Recht und Gesetz – war entschlossen, den Bikerkrieg zu beenden und sämtliche Clubs aufzulösen.

Das Ende der Bandidos in Quebec war absehbar, doch als Ersten erwischte es schließlich den Outlaws MC – und das, obwohl der Bikerkrieg ohne ihn stattfand. Der Kampf gegen Mitglieder der Outlaws, der 2001 begann, setzte sich am 8. Januar in London, Ontario, fort, als mein Freund Thomas „Holmes" Hughes verhaftet wurde. Holmes war Präsident des Chapters London und ein bedeutender Anführer der Outlaws. Man nahm ihn fest, weil er in der Nacht zuvor einen Mordanschlag auf vier Mitglieder eines mit den Hells Angels sympathisierenden Clubs verübt haben sollte. Die fragliche Schießerei war der Höhepunkt eines ereignisreichen Winters, in dem die meisten Londoner Outlaws den Club verlassen und sich den Hells Angels angeschlossen hatten.

Als Folge des Mitgliederschwundes taten sich die Bandidos und die verbleibenden Outlaws Ende Januar zusammen, um gegenüber den Hells Angels und den Behörden Einigkeit und Stärke zu demonstrieren. Bei einem Teilemarkt, den die Hells Angels am ersten Februarwochenende in einer Halle in London veranstalteten, kreuzte auch eine Gruppe von zwanzig Bandidos und dreißig Outlaws auf, um, wie sie sagten, „die angebotenen Ersatzteile in Augenschein zu nehmen".

Ein solches Maß an Solidarität überraschte alle – die Öffentlichkeit ebenso wie die Behörden und natürlich die Hells Angels. Mit Polizisten und Hells Angels im Schlepp schlenderten die Bandidos und die Outlaws über den Markt, als machten sie einen Sonntagsspaziergang im Park. Alain erzählte mir später, dass die Stimmung in der großen Halle kurz vor dem Siedepunkt war. Die Kontrahenten beäugten sich gegenseitig misstrauisch und hofften, dass das Pulverfass, auf dem sie saßen, nicht hochgehen würde.

Um die Situation zu entschärfen, verhielten sich die anwesenden Polizisten sehr diplomatisch. Sie überredeten die Bandidos und Outlaws dazu, sich zu verabschieden, und begleiteten sie aus dem Gebäude. „Na klar war das gewagt", sagte Alain später, „aber es war das Risiko wert. Nun dürfte klar sein, dass man uns nicht voreilig abschreiben sollte. Außerdem konnte sich die Polizei davon überzeugen, dass man mit uns reden kann. Schließlich sind wir gegangen, sobald wir unsere Botschaft an den Mann gebracht hatten."

Ob der nächste Vorfall wirklich die Antwort der Hells Angels auf den unangemeldeten Besuch der Londoner Bandidos und Outlaws war, sei mal dahingestellt. Sicher ist jedoch, das sich Mitte März in Woodbridge, einem Vorort von Toronto, eine schwere Explosion ereignete. Ziel des Anschlages war ein Club, der dem neuen Chapter Toronto der Bandidos nahestand. Prompt hieß es, dass der Bikerkrieg Ontario erreicht hätte, und die Medien schürten dieses Gerücht durch eine maßlos übertriebene Berichterstattung. Zum Glück wurde bei der Explosion aber niemand verletzt, und Schuldige oder auch nur ein Motiv wurden nie ermittelt.

In Quebec drohte sich derweil eine ohnehin trostlose Lage weiter zu verschlechtern. Die Gewalt wollte kein Ende nehmen – sie schien sich verselbstständigt zu haben. Denn obwohl die meisten Hells Angels und viele ihrer Unterstützer im Gefängnis saßen, machten Einzeltäter oder kleinere Grüppchen noch immer Jagd auf Bandidos.

Am 11. März 2002 erschoss die Polizei von Ontario während einer Schießerei auf dem Highway 401 zwischen Montreal und Kingston einen Mann, bei dem es sich, wie sich herausstellte, um Daniel Lamer handelte, einen Berufsverbrecher und Auftragsmörder, der für die Rockers arbeitete, einem mit den Hells Angels sympathisierenden Club. Wie es hieß, war Lamer auf dem Weg nach Kingston, um den Präsidenten der kanadischen Bandidos zu töten: Alain.

Offenbar hatte Alain sein Leben dem Umstand zu verdanken, dass Lamer zu schnell gefahren und deshalb angehalten worden war. Weil er annahm, dass er der Polizei ins Netz gegangen war, hatte Lamer beschlossen, sich den Fluchtweg freizuschießen. Zum Glück war keinem der fünf beteiligten Beamten auch nur ein Haar gekrümmt worden. Andernfalls hätte die Polizei das garantiert zum Anlass genommen, den Druck auf die Biker weiter zu erhöhen.

Drei Tage später war das nächste Opfer zu beklagen. Dieses Mal ging es weniger glimpflich ab, weil es einen vollkommen unschuldigen Bürger traf. Der 34-jährige Yves Albert stand mit seinem Auto an einer Tankstelle, als neben ihm ein Minivan hielt. Die Schiebetür wurde aufgerissen und der ahnungslose Yves von neun Kugeln niedergestreckt. Er war nicht nur zur falschen Zeit am falschen Ort, sondern hatte auch noch das Pech, dass er dem eigentlichen Ziel des Anschlages, dem Bandido Normand „Norm“ Whissell, zum Verwechseln ähnlich sah. Whissell war damals Präsident des Chapters Montreal und hatte vor einigen Monaten schon einmal ein Attentat überlebt. Und auch dieses Mal hatte die Vorsehung es gut mit ihm gemeint.

Obwohl es sich bei dem Anschlag auf Albert eindeutig um eine Verwechslung handelte, war die Ähnlichkeit zwischen ihm und Norm in der Tat frappierend. Wie Norm fuhr Albert einen grünen Chrysler

Intrepid ohne Radkappen, und beide Autos hatten nahezu identische Nummernschilder.

Die kanadischen Bandidos, von der Öffentlichkeit ganz zu schweigen, waren entsetzt über den sinnlosen Tod eines unbescholtenen Familienvaters, der eine Frau und zwei Kinder hinterließ. „Wenn sie sich gegenseitig umbringen, hat niemand etwas dagegen", sagte ein Bekannter des Opfers, „aber wenn es Unschuldige erwischt, hört jedes Verständnis auf. Vielleicht gibt es Menschen, die ein solches Los verdient haben. Yves Albert gehörte zweifellos nicht dazu."

Die nächste Schießerei ereignete sich am 19. März 2002, und dieses Mal war keine Verwechslung im Spiel. Steven „Bull" Bertrand, mit den Hells Angels Nomads assoziiert, wurde am hellen Tag in einer Sushi-Bar im Zentrum von Montreal angeschossen. Um einen schnellen Fahndungserfolg vorweisen zu können, erklärte die Polizei die Tat kurzerhand zum Racheakt für den Mordanschlag an Yves Albert, der ja ursprünglich Norm gegolten hatte. Die Wahrheit war weitaus weniger dramatisch. Patrick Hénault, ein junger Verbündeter der Bandidos, hatte Bull Bertrand zufällig in der Sushi-Bar sitzen sehen und spontan beschlossen, ihn umzulegen. Bertrand überlebte, und Hénault wurde später wegen versuchten Mordes verurteilt.

Wie wohl jeder war auch ich vom Tod Alberts und den anderen Mordanschlägen, die sich in Kanada ereignet hatten, regelrecht geschockt. Und so fürchterlich die Gewalt unter den Bikern in Skandinavien gewütet hatte, schien sie im Vergleich zu dem Terror, den die Biker in Quebec entfachten, zu verblassen. Ihrem Ruf als extrem gewalttätig machten sie jedenfalls alle Ehre. Unwillkürlich musste ich an einen Satz denken, den der damalige Vizepräsident George nach seiner Rückkehr von dem unglückseligen Treffen mit Fred Faucher in Quebec City geäußert hatte: „Niemand, der alle Tassen im Schrank hat, will mit denen etwas zu tun haben", hatte er bilanziert. „Die sind total krank."

Nun hatte ich Anlass darüber nachzudenken, ob an dem Satz womöglich etwas dran war – und er in Teilen auch für mich galt. Schließlich gehörte ich zu einem Milieu, in dem Gewalt nicht unüblich war. Doch wie die meisten Biker lehne ich Gewalt ab und strebe die friedliche Koexistenz der verschiedenen Clubs an. Wie die Mehrzahl der Einprozenter war ich Biker, weil ich Motorräder liebte und die Gemeinschaft mit Gleichgesinnten suchte, nicht, um wild um mich schießend durch die Gegend zu laufen oder zur Zielscheibe für andere zu werden. Natürlich war ich kein Engel, aber auch kein Killer, Drogenhändler, Geldwäscher, Kredithai, Erpresser oder Zuhälter. Mit den Straftaten meiner Jugend habe ich nur einigen Versicherungsgesellschaften Schaden zugefügt. Dafür hat man mich zur Rechenschaft gezogen, und ich wage zu behaupten, dass ich aus dem Ganzen als besserer Mensch hervorgegangen bin. Nie habe ich mich darauf verlegt, meinen Lebensunterhalt durch Diebstahl zu verdienen, und auf gelegentliche Ausnahmen war ich nie sonderlich stolz. Stolz war ich aber jedes Mal, wenn ich für ehrliche Arbeit meinen ehrlichen Lohn erhielt.

Zwischendurch hatte nicht nur ich Zweifel daran, ob das Morden in Kanada je aufhören würde. Wie sehr sich die Lage zugespitzt hatte, macht ein Bericht der kanadischen Regierung deutlich, der die aus dem „Biker-Problem" resultierenden Kosten beziffert. Demnach hat allein die Provinzregierung von Quebec bis zum Frühjahr 2002 mehr als 100 Millionen Dollar aufgewendet – schier unfassbar! Doch noch immer starben Biker; mehr als 150, darunter auch sechs Unbeteiligte, waren bereits umgekommen, neun Personen galten als vermisst. Darüber hinaus waren 124 Mordversuche zu beklagen, 94 Sprengstoffanschläge und 130 Brandstiftungen.

Ich war froh, in Oklahoma zu leben, wo die Clubs alles in allem friedlich nebeneinander her lebten. Zwischen den Bandidos, den Outlaws und den Rogues gab es sogar etwas wie eine Freundschaft, die es ihnen erlaubte, sich regelmäßig gegenseitig zu besuchen. Natürlich gab es auch eine gewisse Rivalität, und eine Haltung wie „Mein Club ist besser als deiner" war durchaus verbreitet. Doch letztlich hatte es nicht mehr zu bedeuten als in anderen Kreisen ein Satz wie: „Mein Hund ist größer als deiner." Am Ende ist doch alles nur Angeberei und Imponiergehabe.

Mit der Feier von Kingston zur Aufnahme der Anwärter endete im Grunde mein offizieller Auftrag in Kanada. Doch mir war klar, dass der Kontakt dadurch nicht abreißen würde. Ich war fest entschlossen, die guten Beziehungen, die ich durch meinen Besuch sowie unzählige Telefonate und E-Mails im letzten Jahr aufgebaut hatte, weiter zu pflegen. Das Wenigste, was ich für meine neuen Freunde tun konnte, war, mich für den Bedarsfall als Ratgeber anzubieten.

Im Mai 2002 gelang es mir, Alain, den Präsidenten der kanadischen Bandidos, dazu zu bewegen, zusammen mit mir und den Bandidos aus Oklahoma zur alljährlich stattfindenden Pawhuska Biker Rally zu fahren, um anschließend einen Abstecher nach New Mexico zu machen und am Memorial Day Run in Red River teilzunehmen. Zu den Bikertreffen, die zum Pflichtprogramm zählten, gehörten natürlich auch der Birthday Run im März zur Feier der Clubgründung durch Donald Chambers im Jahr 1966, der Labor Day Run Anfang September und der Thanksgiving Day Run im November.

Ließ ein Mitglied eines dieser Treffen aus, musste es 500 Dollar Strafe an das nationale Chapter zahlen. Vor allem für Leute mit wenig Geld oder Berufstätige, die sich dafür Urlaub hätten nehmen müssen, war es mitunter billiger, die Strafe zu zahlen, denn bei einem solchen Treffen gingen auch schon mal 1.500 Dollar drauf. Und auch wenn ich es manchmal vorgezogen hätte, die Strafe zu zahlen, habe ich in meiner Zeit als Bandido fast jedes Treffen mitgemacht. Wegen meiner Position im Club gehörte das eher zu meiner Arbeit, als dass es nur dem Vergnügen gedient hätte.

Die Pawhuska Biker Rally findet im Biker Park statt, der in den grünen Osage Hills im Nordosten von Oklahoma liegt. Im Grunde gehören dazu zwei Bikertreffen. Das erste ist unter dem Namen „Mayfit" geläufig und findet am dritten Maiwochenende statt; das zweite Treffen heißt „Biker Days in the Osage" und geht am dritten Septemberwochenende über die Bühne. Flyer und Plakate, auf denen für die Veranstaltung geworben wird, machen unmissverständlich klar, dass Hunde, Flaschen und Waffen verboten, Personen unter 18 sowie Biker mit schlechtem Benehmen unerwünscht und jegliche Extrawürste verpönt sind.

Der Grund und Boden, auf dem das Treffen stattfindet, gehört den Osage-Indianern, was bedeutet, dass die Polizei dort nichts zu bestellen hat. Interessanterweise ist es seit dem ersten Treffen Ende der 1970er Jahre bis heute nie zu einem ernsthaften Zwischenfall gekommen. Dabei gehört das Treffen Ende Mai mit bis zu 7.000 Besuchern zu den größten in ganz Oklahoma. Verglichen mit Sturgis und anderen großen amerikanischen Rallys ist das eher winzig, aber Pawhuska war von Anfang an ein eher regionales Treffen. In der Zeit, als ich dort Stammgast war, versammelten sich organisierte und nicht organisierte Biker aus einer Entfernung von bis zu 500 Kilometer.

Alain und seine Freundin Dawn landeten einige Tage vor dem 15. Mai, dem Beginn des Treffens, am Flughafen von Tulsa. Damals beaufsichtigte ich im Auftrag der Betreibergesellschaft des Flughafens gerade Lärmschutzmaßnahmen, und da es von der Baustelle bis zum Terminal nur ein Katzensprung war, nahm ich meine Freunde selbstverständlich in Empfang. Alain schien froh, wieder in Oklahoma zu sein, und Dawn schien froh, ihn begleiten zu können, denn sie bedankte sich mehrfach dafür, dass ich Alain zu der Reise überredet hatte. Den Rest des Tages hatte ich mir frei genommen, also fuhren wir zu mir nach Hause, wo uns Carol und Taylor schon zum Essen erwarteten. Am nächsten Tag ging ich sehr früh zur Arbeit, während Alain und

Dawn bei mir zu Hause blieben, sich ausruhten und dabei Kraft für die Anstrengungen tankten, die in Pawhuska und später in Red River auf uns warteten.

Am Freitag, den 17., fuhren Alain und Dawn über den kurvenreichen, von Bäumen gesäumten Highway 11 die gut 100 Kilometer nach Pawhuska. Da ich mit dem Auto anreisen wollte, hatte ich Alain meine 1999 Harley FXDL überlassen und ihm gesagt, er könnte damit tun und lassen was er wolle. Caroline und ich folgten in meinem Pickup, der mit bedruckten T-Shirts und allerlei Utensilien beladen war, die wir für das Lager der Bandidos benötigten. Als wir in Pawhuska ankamen, besetzten wir ein größeres Stück Land auf einem Hügel, von dem aus man das komplette Veranstaltungsgelände überblicken konnte.

Damit war das Terrain für die Bandidos aus Oklahoma sowie die Mitglieder der verbündeten OK Riders reserviert. Um keinen Zweifel daran aufkommen zu lassen, dass unangemeldete Gäste unerwünscht waren, stellten wir rund um das Gelände einen Bauzaun auf. Es gab nur einen Zugang, und der wurde rund um die Uhr von uns ergebenen Sympathisanten bewacht.

Innerhalb der Umzäunung reservierten wir einen Bereich für die Motorräder und die Zelte, und im Zentrum des Ganzen bauten wir ein Zirkuszelt auf, das uns als „Party-Zentrale" diente. Dieses Revier, ausgeschmückt mit Insignien der Bandidos und der OK Riders, war einer der Attraktionen des Mayfit.

Obwohl es auf der Rally vom Rockkonzert bis zu allen erdenklichen Verkaufsständen viel zu sehen und zu erleben gab, hielten sich die Mitglieder und die offiziellen Gäste der Bandidos, alles in allem etwa 250 Personen, meistens auf unserem Lagerplatz auf. Hier servierten wir eisgekühlte Getränke, und statt der üblichen Hot Dogs und Hamburger gab es bei uns köstliche Gerichte, die wir aus dem örtlichen Restaurant kommen ließen.

Um alles bezahlen zu können, musste sich jeder Bandido mit 100 bis 200 Dollar und jeder OK Rider mit 40 bis 60 Dollar beteiligen. Dafür durften sie, ihre Familie und ihre Gäste das ganze Wochenende lang so viel essen und trinken, wie sie wollten. In manchen Jahren kam es vor, dass das Geld nicht reichte. Dann übernahm die Kasse des Chapters Oklahoma den Differenzbetrag. Und wenn wir in anderen Jahren Geld übrig behielten, dann floss es wieder dorthin zurück.

So oder so konnten alle also nur davon profitieren: Denn in Mayfair ging es nicht darum, Geld in die Kasse zu bekommen, sondern darum, eine perfekt organisierte Party auf die Beine zu stellen, die die anderen vor Neid erblassen ließ. Es war wie eine Show, die wir aufführten, um alle anderen Besucher zu unterhalten. Am Samstagabend kurz nach Einbruch der Dunkelheit brachen sämtliche Bandidos in voller Montur zu einem Spaziergang auf, der von unserem Lagerplatz auf dem Hügel zu dem Bereich führte, in dem die Bühnen standen. Auf dem Weg dorthin wich die Menge vor uns respektvoll auseinander, um uns durchzulassen. Es war jedes Mal ein erhebendes Gefühl, zu erleben, wie die anderen uns nachsahen.

Auch wenn es bei der Rally vor allem darum ging, Spaß zu haben, war ein solches Wochenende für mich harte Arbeit und eine logistische Herausforderung. Doch da ich ein gewisses Organisationstalent besitze, das mir bereits das Amt eines Secretarios eingebracht hatte, hatte man mich dazu auserkoren, das Lager der Bandidos zu organisieren. Von der Auswahl des Geländes über den Aufbau des Zaunes und die Beschaffung des Proviants war ich für alles verantwortlich. Zusätzlich kümmerte ich mich darum, dass genügend Eis vorrätig war, Geschirr und Besteck bereitlagen, der Verkauf unserer T-Shirts funktionierte und für unsere Sicherheit gesorgt war.

Während des Mayfit 2002 begingen wir auch die Aufnahme eines neuen Mitglieds. Ian Wilhelm von den OK Riders war irgendwann aufgetaucht und hatte erklärt, er wolle ein Bandido werden. Ich kannte ihn schon seit Frühjahr 1997 und hatte mit großer Genugtuung seinen Weg vom unabhängigen Biker zu einem respektierten Mitglied der OK Riders verfolgt. Mit 28 Jahren war er vergleichsweise jung und ein echter Aktivposten, und wir hatten die Hoffnung, dass er Leute seines Alters anlocken und so langfristig zur Verjüngung beitragen könnte.

Denn rein statistisch gesehen, gehören die Mitglieder in einem Motorradclub zu einer aussterbenden Spezies. Die meisten von uns waren längst jenseits der 40, wenn nicht gar der 50, und einige wenige hatten sogar schon die 60 überschritten. Es war höchste Zeit, jüngere Mitglieder zu finden, und Ian sollte uns dabei helfen. So gesehen war es ein verheißungsvoller Auftakt des Sommers, dass wir für seine Aufnahme stimmten. Nun bestand das Chapter Oklahoma aus elf Bandidos: zehn aktive Motorradfahrer und einer, der bald aus der Haft entlassen würde.

Alain und Dawn freuten sich diebisch darüber, dass sie mit nach Pawhuska gekommen waren, und saugten die ausgelassene und feuchtfröhliche Atmosphäre förmlich in sich auf. Um in all dem Trubel, der bis in die frühen Morgenstunden dauerte, auch einmal eine Pause zu finden, verbrachten Caroline, Alain, Dawn und ich die Nächte im Hotel Black Gold in Pawhuska. Dort hatte ich zehn Zimmer reserviert, um, so der gute Brauch, überraschenden und hochstehenden Besuch gegebenenfalls unterbringen zu können.

Nach drei turbulenten Tagen und Nächten fuhren wir zurück nach Tulsa. Alain und Dawn sahen sich ein wenig in der Stadt um und blieben ansonsten viel zu Hause. Diesen Luxus konnte ich mir leider nicht erlauben. Selbst um mich angemessen um meine Gäste zu kümmern, hatte ich zu viel zu tun. Während ich schuftete, besuchte Alain gelegentlich andere Bandidos, und Dawn blieb bei Caroline und Taylor. Aufgrund meiner internationalen Beziehungen lernte Taylor viele spannende Menschen kennen, die bei uns zu Hause ein und aus gingen. Alain und Dawn gehörten fraglos dazu, und natürlich freute ich mich, dass Taylor auf diese Weise etwas über kanadische Kultur erfuhr – beziehungsweise, und auf diesen Unterschied würde Alain bestehen, die franko-kanadische Kultur.

Zu meinen Aufgaben als selbstständiger Projekt-Manager und Bauleiter für ein großes Bauunternehmen aus Boston gehörten Lärmschutzmaßnahmen für Häuser, die in der Einflugschneise des Flughafens von Tulsa lagen. Im Zuge dessen mussten in allen Häusern Fenster und Türen ersetzt, die Elektrik ausgetauscht, Heizung und Klimaanlage erneuert, Trockenbauwände errichtet, Dämmung installiert und zu guter Letzt alles neu gestrichen werden. Und weil die Bewohner während der Arbeiten in ihren Häusern blieben, war es eine gigantische Herausforderung, den Auftrag innerhalb der vorgegebenen Frist und des vorgegebenen Kostenrahmens auszuführen.

Zur selben Zeit wurde mein Leben dadurch verkompliziert, dass ich, wie schon seit Ende der 1980er Jahre, mit Immobilien handelte und nun an ein Grundstück von immerhin 280.000 Quadratmeter drei Meilen nördlich von Tulsa, in unmittelbarer Nähe zum Gilcrease Museum, geraten war. Auf dem Grundstück standen ein Haus mit einer Grundfläche von 240 Quadratmeter und zwei recht große Schuppen. Gekauft hatte ich es von einem alten Freund und seinen zwei Schwestern, die den Hof nach dem Tod ihrer Eltern loswerden wollten. Und mir hatten sie ihn netterweise als Erstem angeboten.

Obwohl ich mit dem Auftrag aus Boston, der Vorbereitung der Pawhuska Rally, der Einstimmung auf Red River und dem Besuch von Alain und Dawn eigentlich ausgelastet war, konnte ich zu dem Angebot, das Land zu kaufen, einfach nicht Nein sagen.

„Ich verkaufe die Farm lieber an jemanden, den ich kenne, als an einen Fremden", hatte der Freund gesagt. „Und auch wenn ich weiß, dass du sie am Ende doch weiterverkaufst, ist es mir so lieber."

Ich gab meinem Freund und seinen Schwestern mein Wort, das Grundstück nicht mit Neubauten zuzupflastern, sondern es, wenn überhaupt, sehr großzügig zu bebauen. Schließlich und endlich teilte ich es in vier Parzellen auf. Eines davon, mit einer Größe von gut 80.000 Quadratmeter, kaufte der frühere Basketballstar Wayman Tisdale, der darauf eine millionenteure Villa bauen ließ. 120.000 Quadratmeter gingen an einen Mann, der einen Pferdehof plante, und 40.000 Quadratmeter an ein junges Paar, das von einem Eigenheim träumte. Das Haus und die verbleibende Fläche verpachtete ich an Oxford House, eine große und segensreiche Organisation zur Resozialisierung Drogen- und Alkoholsüchtiger, der ich einige Jahre zuvor bereits ein viergeschossiges Haus im Süden von Tulsa vermietet hatte, das mir gehörte.

Am 23. Mai brach Caroline mit unserem Pickup Richtung Albuquerque, New Mexico, auf, wo wir uns tags darauf treffen wollten, um gemeinsam nach Red River zu fahren, einem kleinen Wintersportort in einem Tal der südlichen Rocky Mountains. Und auch dieses Mal war der Truck mit T-Shirts und den Vorräten für die beiden Wohnungen bepackt, die wir angemietet hatten, um unsere Gruppe von immerhin 25 Personen unterzubringen. Kurz nach Caroline machten sich auch Alain und Dawn auf den Weg. Sie fuhren mit meiner Harley und in Begleitung von Lee McArdle, dem Präsidenten des Chapters Oklahoma, und weiteren Bandidos.

Am Freitag überließ ich meinem langjährigen Freund und Mit-Bandido Louis „Bill Wolf" Rackley die Aufsicht über meine Baustelle und stieg in ein Flugzeug nach Albuquerque. Caroline holte mich am Flughafen ab, und über atemberaubende Straßen und Pässe gelangten wir nach Red River. Im 19. Jahrhundert als Bergarbeiterstadt entstanden, ist der Ort heute außer für die alljährliche Motorcycle Rally vor allem als Wintersportort bekannt.

Wie von uns beabsichtigt, erreichten wir das Quartier vor Alain, Dawn und den übrigen Bandidos, die kurz nach Einbruch der Dunkelheit in Red River ankamen. Zu diesem Zeitpunkt war dort schon die Hölle los. Die Bewohner des Ortes, allenfalls 500 Menschen, nehmen die Biker immer überaus herzlich auf, und sogar die lokale Polizei behandelt die Massen, die in das Städtchen strömen, mit Respekt. Dass ein Bandido in Red River verhaftet wurde, war deshalb eher die Ausnahme als die Regel.

Deshalb gab es nur zwei Dinge, die uns Sorgen bereiten konnten: Der Schnee, den es hier oben auch im Mai noch geben kann, und die dünne Luft. Immerhin liegt Red River gut 2.600 Meter über dem Meer, und manch einem fällt es schwer, sich einigermaßen schnell zu akklimatisieren. Am meisten hatte in dieser Hinsicht Alain zu leiden, der zu Hause fast auf Meereshöhe lebte. Nun rang der große Mann nach Luft und keuchte während des gesamten Aufenthaltes – sehr zur Schadenfreude der weniger feinfühligen unter uns.

Östlich von Red River, unmittelbar jenseits des Bobcat-Passes, hatte das nationale Chapter der Bandidos mitten in dem Örtchen Eagle Nest ein Zeltlager aufgeschlagen. Auf dem Gelände, das nahezu 30 Hektar groß war, bekam man zu jeder Tages- und Nachtzeit etwas zu essen oder zu trinken. Zusätzlich hatte unsere „Abordnung" aus Oklahoma ja einen eigenen Vorrat mitgebracht, der in den angemieteten Wohnungen auf uns wartete. Wer nicht wollte, brauchte also während seines Aufenthalts keinen einzigen Cent auszugeben: ideale Bedingungen für ein perfektes Wochenende.

Damit er sich einen Eindruck davon verschaffen konnte, wie Biker zu leben und zu feiern pflegen, hatten Alain und ich Gary Dimmock vom «Ottawa Citizen» – einer der wenigen Journalisten, die wir wenigstens halbwegs ernstnehmen konnten – eingeladen, uns auf der Red River/Enchanted Circle Motorcycle Rally zu besuchen, wie die Veranstaltung offiziell heißt. Begonnen hatte sie 1981 mit etwa 40 Bikern; zwanzig Jahre später war daraus ein Fest mit deutlich mehr als 10.000 Teilnehmern geworden. Für Gary sollte es der erste Besuch eines Bikertreffens in den USA und der erste Kontakt zu US-amerikanischen Bandidos werden. Er wollte die Gelegenheit nutzen und für seine Zeitung einen Bericht darüber schreiben, und zwar aus der Perspektive eines Bikers.

Alain, Gary und ich verbrachten die meiste Zeit auf der Hauptstraße von Red River, die für den übrigen Verkehr gesperrt und nur für Motorräder zugelassen war: Immerhin wurden zirka 15.000 Biker aus allen Himmelsrichtungen erwartet. Am Samstagabend führte ich Caroline, Alain, Dawn und Gary zum Essen in ein Steakhouse aus, um anschließend in eine Bar namens Bull of the Woods zu gehen, wo wir den restlichen Abend ausgelassen feiernd verbrachten.

Am 26. Mai fand ein Treffen aller Bandidos statt, und die Teilnahme daran war Pflicht. Insgesamt fanden sich 400 Bandidos und 200 Mitglieder befreundeter Clubs ein und erfuhren von neu gegründeten Chaptern und Bandidos, die ins Gefängnis gewandert waren oder auf dem Weg nach Red River einen Unfall hatten. Weil an einfache Mitglieder keine Interna preisgegeben werden, blieb es bei solch eher grundsätzlichen Informationen.

Andere Punkte auf der Tagesordnung waren die Ehrung von Bandidos für 20-jährige Mitgliedschaft und der Verkauf von irgendwelchen Dingen, die inhaftierte Bandidos angefertigt hatten. Oft musste ich staunen, wie sehr manche handwerklich talentiert waren, und irgendetwas habe ich bei diesen Anlässen fast immer erstanden und mit nach Hause genommen.

Während sich die Präsidien der anwesenden Chapter zu Besprechungen zurückzogen, wurde die Anwesenheit kontrolliert: Für jedes fehlende Mitglied musste ein Chapter 500 Dollar Strafe bezahlen, es sei denn, der Betreffende saß im Gefängnis oder hatte während der Anreise einen Unfall. Dann wurde geprüft, ob alle Chapter die Mitgliedsbeiträge abgeführt hatten, und wenn eines im Rückstand war, war zumindest eine plausible Erklärung fällig. Schließlich und endlich bestand Gelegenheit, Probleme anzusprechen und nach Möglichkeit auch gleich auszuräumen.

Als die Versammlung am Sonntagabend beendet war, waren wir alle ziemlich kaputt. Ich fühlte mich wie nach einer langen Bergwanderung und konnte es kaum erwarten, in unsere Wohnung zu kommen. Nach einem kurzen Abendessen ging ich früh zu Bett, um für die 10-stündige Rückfahrt nach Tulsa ausgeruht zu sein. Direkt nach dem Frühstück machten wir uns auf den Weg. Dawn und Shelly, die Freundin von Ian, zogen es vor, bequemer zu reisen als auf dem Hinweg, und stiegen zu Caroline und mir in den Pickup.

Bandido Alain und das Chapter Oklahoma fuhren kurz nach uns ab. Um 23 Uhr waren wir alle wohlbehalten wieder zu Hause. Alain und Dawn blieben noch einen Tag bei uns, bevor sie nach Kanada zurückkehrten. Wie schon bei seinem letzten Besuch war Alains Gesicht von der Sonne puterrot, so dass sein Spitzname „Tête Tomate", den ich ihm vor fast einem Jahr in Sturgis verpasst hatte, mittlerweile von allen Bandidos benutzt wurde.

Als ich gegen 7.15 Uhr meine Werkstatt erreichte, standen die Leute, die ich für den Auftrag engagiert hatte, vor der Tür, doch die Werkstatt selbst war abgeschlossen und von Bill Wolf, der mich vertreten hatte und um 7 Uhr aufschließen sollte, weit und breit nichts zu sehen. Weil auf ihn normalerweise Verlass war, nahm ich an, dass er den Bus verpasst hatte, doch als er um 9 Uhr immer noch nicht aufgetaucht war, begann ich mir Sorgen zu machen und rief in dem Wohnheim an, wo er, wie die Bewährungsauflagen es vorschrieben, lebte.

Der Mann, mit dem ich sprach, erzählte mir, dass Bill Wolf ernsthaft krank sei, starke Schmerzen habe und im Bett liege. Ich bat ihn, Bill auszurichten, er möge mich anrufen, doch bis zu Bills Rückruf vergingen weitere zwei Stunden. Als ich seine Stimme hörte, wusste ich, dass es ihm gar nicht gut ging. Nachdem er sich mehrfach dafür entschuldigt hatte, dass er nicht zur Arbeit gekommen war, erzählte er, dass er im Unterleib sehr starke Schmerzen habe und sich kaum bewegen könne.

„Aber morgen kannst du mit mir rechnen", fügte er hinzu. „Wenn ich es heute ruhig gehen lassen, bin ich morgen sicher wieder der Alte."

„Wenn du dich nicht zu 100 Prozent fit fühlst, solltest du lieber zu Hause bleiben", wandte ich ein. „Notfalls bleibst du eben ein, zwei Tage länger im Bett."

Ich versuchte, mich auf meine Arbeit zu konzentrieren und mein Tagwerk auch ohne Bills Hilfe zu schaffen. Als ich endlich Feierabend machen konnte, war ich heilfroh. Das Wochenende in Red River, die weite Fahrt und die zusätzliche Arbeit hatten mich doch ziemlich mitgenommen. Den anderen erging es kaum anders, und so gingen wir alle früh schlafen. Am nächsten Morgen brachte ich Alain und Dawn zum Flughafen. Da uns noch genügend Zeit blieb, machte ich einen kleinen Umweg und zeigte den beiden meine Baustelle. Für mich war sie etwas ganz Alltägliches, doch Alain staunte nicht schlecht, als er die Ausmaße sah. Solche Dimensionen hatte er dann doch nicht erwartet.

Hinter mir lagen ereignisreiche und anstrengende Wochen, und trotzdem fühlte ich mich erholt wie nach einem Urlaub. Das Mayfit und die Rally von Red River waren im Grunde alte Hüte für mich, doch in diesem Jahr hatten sie eine ganz neue Qualität bekommen, weil Alain mich begleitet hatte: ein Mann von echtem Schrot und Korn und ein ebensolcher Biker. Sein Wesen, seine Lebenslust und sein Mut beeindruckten mich sehr, und ich war mir sicher, dass unsere Freundschaft ein Leben lang halten würde. Mir gefiel es gar nicht, dass er abreisen musste, und ich wusste, dass es ihm genauso ging.

Bei der Verabschiedung am Flughafen herrschte eine eigentümliche Stimmung, und Alain wirkte nachdenklich und bedrückt. Aber in Anbetracht der ungewissen Zukunft, die ihn in Kanada erwartete, war das ja auch kein Wunder: Für mich war Kanada das Land, in dem Biker sich gegenseitig umbrachten. Und auch wenn das Bild vielleicht ein wenig schief war, erklärte ich mir damit Alains Stimmung. Bevor er und Dawn durch die Passkontrolle verschwanden, sagte er mir noch, dass die zurückliegenden Wochen der schönste Urlaub seines Lebens gewesen seien.

„Das hast du sauber hinbekommen", fügte er hinzu und gab mir einen freundschaftlichen Klaps auf den Rücken. „Du weißt halt, was einem alten Biker Freude macht. Eines Tages revanchiere ich mich und mache mit dir eine Tour durch Quebec, die mit Abstand schönste Ecke von ganz Kanada. Du bist mein Gast, und wir machen uns eine schöne Zeit."

So verlockend es klang, fragte ich mich, ob es je dazu kommen würde. Als ich dem Flugzeug nachsah, bis es schließlich in den Wolken verschwand, ertappte ich mich bei dem Gedanken, dass ich Alain nie wiedersehen würde. Dort, wo er hinflog, herrschte zwar kein Krieg mehr, aber seines Lebens sicher sein konnte man dort auch nicht.

Bill Wolf war unterdessen immer noch krank, und in den nächsten Tagen rief ich zweimal täglich in dem Wohnheim an, um mich nach Bill zu erkundigen. Nach einer Woche wurde ich allmählich beunruhigt, denn statt dass es ihm besser ging, wurde es immer schlimmer. Eine Ärztin, die für den medizinischen Dienst arbeitete, hatte ihn untersucht und war zu dem Schluss gekommen, dass er sich die Schmerzen nur einbildete und kein Anlass bestand, sich Sorgen zu machen. Sobald er aufhören würde, an die Schmerzen zu denken, wären sie verschwunden.

Vielleicht ließ sich das offenkundige Desinteresse an ihrem Patienten damit erklären, dass Bill nicht nur Ex-Knacki, sondern auch Biker war. Aber vielleicht war die Ärztin auch nur schlicht inkompetent und hatte deshalb bei einer Behörde angefangen. Jedenfalls entließ sie Bill mit guten Worten und einer Packung Aspirin. Dabei hatte er seit über einer Woche nichts gegessen. Ich fürchtete inzwischen das Schlimmste, doch in dem Wohnheim schien sich niemand darum zu scheren, ob Bill lebte oder starb.

Schließlich drohte ich damit, ihnen meinen Anwalt auf den Hals zu hetzen, wenn Bill nicht endlich medizinisch versorgt wurde. Noch am gleichen Tag brachte man ihn in ein Krankenhaus. In der Notaufnahme diagnostizierte man eine Blinddarmentzündung, und durch das lange Nichtstun hatte die Entzündung auf den ganzen Bauchraum übergegriffen und drohte, andere Organe zu befallen. Bills Zustand war längst lebensbedrohlich.

Man brachte ihn umgehend in den OP, wo man den Blinddarm und entzündetes Gewebe entfernte. Anschließend wurde die Wunde nicht zugenäht, sondern eine Woche lang offen gehalten, um die Entzündung im Bauchraum besser behandeln zu können. Als ich Bill nach der OP zum ersten Mal sah, bekam ich beinahe einen Schock: Er hatte fast 15 Kilogramm Gewicht verloren und sah aus wie der Tod auf Latschen. Ich nahm an, dass er einige Wochen im Krankenhaus bleiben würde. Dann aber hieß es, dass die Behörden vorhatten, ihn so bald wie möglich ins Wohnheim zu verfrachten, damit er sich dort „erholen" könnte. Da platzte mir der Kragen.

Ich beauftragte meinen Anwalt Jonathan Sutton, eine Eingabe aufzusetzen und sie beim Bezirksgericht einzureichen, das Bill wegen des Besitzes von Methamphetamin zu zwei Jahren Haft verurteilt hatte. Um das Ganze zu beschleunigen, beteiligte ich mich an der Formulierung der Eingabe, die am selben Tag bei Gericht einging, an dem Bill aus dem Krankenhaus entlassen werden sollte. Er hatte große Angst, dass er unter den hygienischen Bedingungen im Wohnheim nicht überleben würde, doch ich versprach ihm, dass ich alles in meiner Macht Stehende tun würde, das zu verhindern.

Am 20. Juni 2002 verhandelte Richter Gillert, der Bill schon verurteilt hatte, die Eingabe und beschloss, die Bewährungsauflagen befristet auszusetzen. Zwei Stunden später setzte ich Bill in mein Auto und fuhr ihn zu mir nach Hause.

Nach zwei Wochen intensiver Pflege durch Caroline, Taylor und mich war Bill wieder so weit bei Kräften, dass er aufstehen und sich schmerzfrei im Haus bewegen konnte. Viele meinten, dass mein entschlossenes Handeln ihm das Leben gerettet hätte, aber für mich war es ein ganz normaler Freundschaftsdienst. Bill und ich kannten uns seit fast 30 Jahren, und tatenlos zuzusehen, wie er vor die Hunde geht, kam nicht infrage. Sobald es irgend ging, wollte Bill auch wieder für mich arbeiten. Ich fügte mich seinem Wunsch, stellte aber vorübergehend jemanden ein, der ihm alle schweren Arbeiten abnahm, bis er wirklich wieder der Alte war.

Kurz nach Alains und Dawns Rückkehr nach Kanada holten die Behörden von Quebec zum entscheidenden Schlag gegen die Bandidos aus. Niemand blieb davon verschont, und Polizei und Medien begrüßten einhellig, dass erstmals in der Geschichte Quebecs „eine Rockerbande vollständig von den Straßen verschwunden ist". In einer Aktion mit dem Decknamen „Operation Amigo" wurden zirka 65 Mitglieder der Bandidos verhaftet und verschiedenster Verbrechen angeklagt, darunter Drogenhandel, Mitgliedschaft in einer kriminellen Vereinigung und die geplante Ermordung von Mitgliedern der rivalisierenden Hells Angels. In einigen Fällen entsprachen die Anklagen sicherlich den Tatsachen, doch für die allermeisten Beschuldigten galt die alte Regel: mitgefangen, mitgehangen. An der „Operation Amigo", die seit 2001 vorbereitet worden war, nahmen nahezu 200 Polizisten aus Quebec und aus Ontario teil.

Unter den Verhafteten war auch Bandido Alain. Als nationaler Präsident der Bandidos wurde er von den Behörden als „der dickste

Fisch" präsentiert, der ins Netz gegangen sei. Am 5. Juni 2002, kurz nach sechs Uhr früh – für ihre Razzien wählen die Behörden gern solche Zeiten – stürmte die Polizei Alains und Dawns Wohnung in Kingston. In den Medien hieß es später, wie die meisten Mitglieder des Clubs habe auch der Präsident „keinen Widerstand geleistet". Nach seiner Verhaftung wurde er der Royal Canadian Mounted Police übergeben, der kanadischen Variante des FBI, und ins Gefängnis nach Montreal gebracht. Interessanterweise war Alain von zwei Dutzend Bandidos, die es seinerzeit in Ontario gab, der einzige, der verhaftet wurde. Das verdeutlicht, dass es die Behörden vor allem auf die Bandidos in Quebec abgesehen hatten. Und wenn man sich an Alains Bemühen erinnert, zumindest einen Waffenstillstand zwischen Bandidos und Hells Angels zu erreichen, dann ist es schon leicht befremdlich, dass man ihn zusammen mit neun weiteren Bandidos unter dem Vorwurf festnahm, die Ermordung von Mitgliedern der Hells Angels geplant und vorbereitet zu haben.

Nach Angaben der Behörden sollte mit der „Operation Amigo" verhindert werden, dass die Bandidos das Vakuum füllen, das durch die Verhaftung zahlreicher Hells Angels im März 2001 entstanden war. Die Nachricht vom Schlag gegen die „Rockerbande" ging um die Welt, und die Behörden brüsteten sich damit, alles zu tun, um die Bevölkerung vor dieser „Plage" zu schützen. Es klang ein bisschen so, als wollten sie sich dafür revanchieren, dass ihr Versuch, die Bandidos gar nicht erst ins Land zu lassen, so schmählich gescheitert war.

Die Dezimierung und Schwächung der Bandidos wurde von den Behörden und der Presse als Schlag gegen eine kriminelle Vereinigung gefeiert, deren Mitglieder neben anderen illegalen Geschäften vor allem dem Drogenhandel nachgehen. Interessanterweise wurden aber im Zuge der Razzia nur knapp acht Kilo Kokain und weniger als 200 Kilo Haschisch sichergestellt, und in den Wohnungen der Mitglieder fand man so gut wie keine verbotenen Substanzen. Die größte Menge fand man im Haus einer Sympathisantin.

Zum Vergleich: Als 15 Monate zuvor die Hells Angels festgenommen worden waren, wurden fast 10 Millionen Dollar Bargeld sowie Drogen im Wert von weiteren 10 Millionen Dollar sichergestellt.

Die Bilanz nach Festnahme der Bandidos ergab – nach Abzug der „Beute" aus dem Haus der Sympathisantin – eine Summe von 100.000 Dollar, und zwar Bargeld und Drogen zusammengenommen.

Das führt jeden halbwegs intelligenten Menschen zu der Frage, was es mit der Behauptung auf sich hat, dass „alle Biker" – in diesem Falle alle Bandidos – mit Drogen handeln. Eine Antwort könnte in der Vermutung liegen, dass die Bandidos in der Unterwelt eine allenfalls untergeordnete Rolle spielen. Und das wäre das genaue Gegenteil zu dem, was die Öffentlichkeit glaubt. Doch am 5. Juni 2002 spielten solche Fragen keine Rolle. An diesem Tag gerieten die Bandidos aus Quebec in einen Schraubstock, ohne die geringste Aussicht, sich aus dieser Lage befreien zu können.

Das harte Vorgehen gegen die kanadische Bikerszene begann mit der Verhaftung zahlreicher Hells Angels im März 2001; es setzte sich am 25. September 2002 mit dem Schlag gegen den kanadischen Ableger des Outlaw MC fort. Fast 50 aktive und ehemalige Mitglieder wurden verhaftet. Als Beweismittel dienten die Aussagen eines verdeckten Ermittlers, der sich unter dem Decknamen Finn in das Chapter Windsor eingeschleust und die Organisation zwei Jahre lang ausspioniert hatte. Man muss ihm wohl gute Arbeit bescheinigen, denn sogar der Präsident der Outlaws, James „Frank" Wheeler, der in Indianapolis, USA, zu Hause war, wurde festgenommen. Für die kanadischen Behörden war die Razzia nicht zuletzt deshalb ein großer Erfolg, weil die meisten Verhaftungen nach dem neuen Gesetz C-24 ausgesprochen wurden, das die Mitgliedschaft in einer kriminellen Vereinigung unter Strafe stellte.

Als herauskam, dass Finn die „undichte Stelle" war, brauchte ich nur zwei und zwei zusammenzuzählen, um zu wissen, wer mich knapp zwei Jahre zuvor an die kanadischen Behörden verpfiffen hatte. Ich war damals über Windsor eingereist; von dort aus hatte ich den Outlaw

Holmes angerufen und vorgeschlagen, ihn in London, Ontario, zu besuchen. Daraufhin hatte Holmes im Clubhaus nachgefragt, ob jemand bereit sei, mich abzuholen. Und obwohl das Wetter denkbar schlecht war, hatte Finn sich umgehend auf den Weg gemacht.

Obwohl Kanada unendlich weit weg und ich dort unerwünscht war, beschloss ich, alles, was in meiner Macht stand, zu tun, um den dortigen Bandidos zu helfen. Ich bin ein unverbesserlicher Optimist und wollte mich nicht damit abfinden, dass die Geschichte der kanadischen Bandidos schon wieder beendet sein sollte. Also machte ich mich in einem ersten Schritt auf die Suche nach einem neuen nationalen Präsidenten und einem neuen El Secretario. Dieses Amt hatte bis zur „Operation Amigo" Eric „Ratkiller" Nadeau bekleidet. Doch zu unser aller Entsetzen erwies sich, dass Ratkiller, der sich passenderweise „Ratte" hätte nennen sollen, ein Informant der Polizei war.

Nadeau war als junger Biker zum Rockers MC gestoßen, der eng mit den Hells Angels verbündet war. Er schien ein patenter Kerl zu sein und wurde von den Bandidos kurz nach dem Anschluss der Rock Machine angeworben. Doch niemand wusste oder ahnte auch nur, dass Nadeau sich schon bei den Rockers als Informant betätigt hatte. Wie wir alle hatte sich auch Presidente Alain blenden lassen und ihn kurz nach der offiziellen Gründung der kanadischen Bandidos im Dezember 2001 zum El Secretario ernannt. Begründet hatte er seinen Entschluss mit Nadeaus Computerkenntnissen und seinem unermüdlichen Einsatz.

Das ganze Ausmaß von Nadeaus Verrat kam nach der „Operation Amigo" zutage. Viele der Anklagen gegen Bandidos basierten einzig und allein auf Aussagen Nadeaus, der sich jedoch, wie viele „Kollegen" vor ihm, als notorischer Lügner erwies. Sogar die Behörden mussten einsehen, dass er als „Quelle" nicht zu gebrauchen war. Viele der Bandidos, die im Gefängnis saßen und auf ihren Prozess warteten, wurden entweder freigelassen, oder die Hauptanklagepunkte wurden fallen gelassen.

Übrig blieben allenfalls minderschwere Vergehen wie unerlaubter Waffenbesitz oder der Besitz geringer Mengen Drogen. Die baldige

Entlassung vor Augen, bekannten sie sich freudig schuldig und kamen mit Strafen davon, die durch die Untersuchungshaft abgegolten waren. Nur ein Dutzend Bandidos – darunter auch Alain Brunette – verweigerte das Schuldeingeständnis, weil sie schwererer Vergehen mit weitaus höheren Strafen beschuldigt wurden. Es hieß, man würde ihnen bald den Prozess machen, doch aus unerfindlichen Gründen zog sich die Angelegenheit zwei Jahre hin, bis es zu einer Verhandlung kam.

Im Frühjahr 2002, kurz nachdem Peter „Peppi" Barilla, der Vizepräsident der Bandidos von Ontario, unter dem Vorwurf, mit Drogen zu handeln, verhaftet worden war, hatte Alain mit meiner Billigung das Amt John „Boxer" Muscedere übertragen. Einige Monate später saßen Alain und die übrigen Bandidos aus Quebec hinter Gittern, und für Alains Nachfolge kam im Grunde nur Boxer infrage. Der 44-jährige Kanadier italienischer Abstammung war der einzige hochrangige Bandido, der nicht im Gefängnis saß oder anderweitig mit den Behörden im Clinch lag.

Bevor er zu den Bandidos stieß, war Boxer eine wichtige Figur bei den Annihilators, einem unbedeutenden regionalen Motorradclub. Später gehörte er den Loners an und leitete das Chapter St. Thomas. Ende Juni wurde Boxer – der seinen Namen dem Umstand verdankte, dass er ein talentierter Amateurboxer war – amtierender Präsident der kanadischen Bandidos, besser dem, was von dem Club noch übrig war. Immerhin waren 65 Bandidos noch in Haft oder warteten auf ihren Prozess. Ein weiteres halbes Dutzend Mitglieder war abgetaucht, um dem Gefängnis zu entgehen. In Freiheit und vor der Verfolgung der Behörden sicher waren gerade einmal fünfzehn Bandidos aus Ontario – und kein einziger aus Quebec!

Kurz nach seiner Ernennung zum Präsidenten machten sich Boxer und Luis Manny „Porkchop" Raposo, den ich 1999 in Sturgis kennengelernt hatte, auf den Weg nach Oklahoma, um mich zu besuchen. Ursprünglich hatten sie sich mit El Presidente George Wegers und anderen Mitgliedern des nationalen Präsidiums treffen wollen, doch dort waren sie abgeblitzt. Die Ausweitung nach Kanada war noch immer sehr umstritten, und die Mehrheit im Club wollte mit den kanadischen Bandidos weiterhin nichts zu tun haben.

„Du bist der Einzige, der sich dafür interessiert, was bei uns läuft", gestand Boxer mir unmittelbar nach seiner und Porkchops Ankunft. „Wir wollen doch den Club nur am Leben erhalten, weil die einzige Alternative Hells Angels heißt. Und bei denen wollen wir nun wahrlich nicht Mitglieder werden."

„Ganz bestimmt nicht", bestätigte Porkchop. „Wir sind Bandidos, und darauf sind wir stolz. Deshalb tun wir alles, um Bandidos bleiben zu können."

Die Hartnäckigkeit der beiden nötigte mir Respekt ab. Daher versprach ich ihnen, dass sie auf mich zählen könnten. Ich hieß sie in meinem Haus willkommen, und den restlichen Tag stellten wir gemeinsam Überlegungen an, wie wir die Wiederauferstehung der kanadischen Bandidos bewerkstelligen könnten. Mir war klar, dass dafür vor allem neue Mitglieder angeworben und neue Chapter gegründet werden mussten, und zwar nicht nur in Ontario, sondern auch im Westen Kanadas.

Als Erstes mussten wir einen neuen El Secretario finden. Boxer schlug Jeff „Burrito" Murray vor, der zwar noch nicht lange bei den Bandidos war, den Boxer aber gut kannte und mochte. Ich konnte ihn jedoch davon überzeugen, dass Glen „Wrongway" Atkinson die bessere Wahl wäre. Glen war 33 Jahre alt, 1997 in Toronto den Loners beigetreten und im Mai 2002 Bandido geworden. Er war ausgesprochen intelligent, von allen respektiert, wortgewandt und kannte sich mit Computern aus. Zudem hatte er einen Collegeabschluss, war ein cleverer Geschäftsmann und ein hingebungsvoller Familienvater. Mehr als ein Jahr lang hatten Wrongway und ich uns regelmäßig geschrieben, und seine positive Einstellung hatte mich ebenso überzeugt wie der Umstand, dass er meine Überzeugung teilte, nach der die Legalität aller Unternehmungen für die Zukunft der kanadischen Bandidos von entscheidender Bedeutung war. Auch wenn Boxer zunächst ein wenig zögerte, musste er schließlich zugeben, dass Burrito für das Amt deutlich weniger qualifiziert war als Wrongway.

Während des ganzen Juli standen der neue El Secretario und ich in nahezu täglichem Kontakt. Weil viele der jüngeren kanadischen Bandidos in mir eine Art Vorbild sahen – ich war längst jenseits der 40 und seit mehr als 25 Jahren Biker –, empfand ich es als meine Pflicht, außer konkreter Hilfe auch moralische Unterstützung anzubieten. Für jeden dort oben waren es beschwerliche Zeiten, ganz gleich ob er auf freien Füßen war oder irgendwo hinter Gitter saß.

Die Behörden – der Hauptfeind – hatten das Ziel, uns auszulöschen, nicht erreicht. Doch niemand zweifelte an ihrer Entschlossenheit, das Angefangene zu Ende zu bringen. Auch die Hells Angels – Feind Nummer zwei – lauerten auf die Gelegenheit, den kanadischen Bandidos den Rest zu geben. Die Polizei schikanierte sie und setzte sie mit der Drohung unter Druck, jederzeit mit einem Haftbefehl vor der Tür stehen zu können. Die Hells Angels schikanierten sie ebenfalls, drohten ihnen offen mit dem Tod und stellten sie vor die Alternative, sich entweder aus der Bikerszene zurückzuziehen oder sich den Hells Angels anzuschließen.

Als unmittelbare Folge der „Operation Amigo" informierten die kanadischen Bandidos die Presse darüber, dass die drei Chapter von Quebec – Montreal Ost, Montreal West und Quebec City – zwar aufgelöst waren, der Club gleichwohl weiterbestehen und sich fortan auf die Gebiete Ontario und das westliche Kanada konzentrieren würde. Der Optimismus der Erklärung stand in Widerspruch zu den tatsächlichen Aussichten, den Fortbestand der kanadischen Bandidos zu sichern. In dem Klima der Unsicherheit, die selbst die treuesten und zuversichtlichsten Mitglieder ergriffen hatte, hatten El Secretario Wrongway und ich alle Hände voll zu tun, die Hoffnung auf ein Überleben zu erhalten und die organisatorischen Voraussetzungen dafür zu schaffen.

Die erste Aufgabe, der wir uns gegenübersahen, war der Versuch, uns einen Überblick darüber zu verschaffen, welche Bandidos noch in Haft waren. Das erwies sich schnell als schwieriges Unterfangen, denn die Behörden verboten uns jeden Kontakt zu einsitzenden Clubmitgliedern. Briefe, in denen das Thema auch nur angeschnitten wurde, wurden konfisziert. Und weil sämtliche Unterlagen und Aufzeichnungen dank Nadeau im Besitz der Behörden waren – die über uns fast besser informiert waren als wir selbst –, wussten wir nicht einmal, wer noch zum Club gehörte und wer nicht.

Das Einzige, worauf wir uns stützen konnten, war eine Liste, die ich in Vorbereitung der Aufnahme der Rock Machine angelegt und mangels Bedarf seither nicht aktualisiert hatte. Es dauerte Monate, bis Wrongway und ich eine neue Kartei mit Namen, Telefonnummern und E-Mail-Adressen angelegt und in Erfahrung gebracht hatten, wer von uns im Gefängnis saß.

Die nächste zu bewältigende Aufgabe war es, einen soliden Plan zu entwickeln, um die kanadischen Bandidos auf eine stabile Grundlage zu stellen. Das aber lag im Aufgabenbereich von Boxer und Wrongway; meine Möglichkeit, sie darin zu unterstützen, war allein schon wegen der riesigen Entfernung von mehr als 1.000 Meilen begrenzt.

Nach Abschluss der „Operation Amigo" blieb die Lage einigermaßen ruhig. Erst Mitte September 2002 drangen neue Nachrichten aus der Bikerszene nach außen, als die Zeitungen von Toronto eine eher unbedeutende Geschichte aufgriffen und sie zur Sensationsmeldung aufblies. Carl „CB" Bursey, ein jüngeres Mitglied der Bandidos aus Kingston, hatte gegen die Bewährungsauflagen verstoßen, weil er mit seiner Freundin zum Fischen gefahren und einige Tage länger geblieben war als erlaubt. Da er versäumt hatte, sich rechtzeitig bei seinem Bewährungshelfer zu melden, wurde er zur Fahndung ausgeschrieben. Als ein Journalist davon Wind bekam, hing er sich an die Story dran und zitierte einen Polizisten mit den Worten, dass ein „Blutbad" bevorstehe, weil der Bandido geschworen habe, „sich nicht lebend fangen zu lassen".

Als ich von der Sache erfuhr, wusste ich nicht so recht, was ich davon halten sollte. Denn dass CB während einer dreijährigen Haftstrafe in den Club eingetreten war, hatte weder ich noch der Großteil der kanadischen Bandidos überhaupt mitbekommen. Seit dem Sommer 2002 gehörte CB der Rock Machine an, und durch deren Beitritt war er quasi automatisch zum Bandido geworden. Nach seiner Entlassung aus der Haft waren fast alle, die ihn von früher kannten, noch oder dank der „Operation Amigo" schon wieder im Gefängnis.

Als der erste Zeitungsartikel über CB erschien, konnte niemand mit Gewissheit sagen, ob er tatsächlich ein Bandido war. Zunächst fand sich nicht einmal jemand, der sich auch nur an ihn erinnerte. El Secretario Wrongway und ich recherchierten ein paar Tage, um herauszufinden, wer er war und wann er in den Club gekommen war. Und als wir das wussten, stellte sich heraus, dass allenfalls ein oder zwei Mitglieder des Chapters Kingston Kontakt zu ihm hatten. Je mehr wir über CB erfuhren – etwa die befremdliche Tatsache, dass er nie ein Motorrad besessen hatte –, desto deutlicher wurde, wie wenig er mit uns zu tun hatte und wie weit er davon entfernt war, ein echter Biker zu sein.

Wie gering der Wahrheitsgehalt der Schauergeschichten war, die die Zeitungen verbreiteten, erwies sich schon daran, dass CB die Haftstrafe bis auf zehn läppische Tage abgesessen hatte. Unterm Strich blieb, dass an der ganzen Sache nichts dran sein konnte. Möglicherweise hat CB den kurzen Ruhm als „König der Ausbrecher" und „Bedrohung der Öffentlichkeit" ja genossen. So jedenfalls schrieben die Zeitungen, doch in Wahrheit handelte es sich um den geringfügigen Verstoß gegen die Bewährungsauflagen. Der ganze Rummel wäre nie entstanden, hätte es sich bei dem „Delinquenten" nicht um einen Bandido gehandelt. Das bewies wieder einmal, wie sehr die Polizei es darauf anlegte, die Bikerszene in Misskredit zu bringen, und wie bereitwillig die Medien dieses Spiel mitspielten.

Auf dem Höhepunkt der Kampagne beschrieb die Presse den 27-jährigen CB als hochrangigen Bandido mit einem langen Vorstrafenregister, in dem sich Vergehen wie Strafvereitelung, Drogenhandel, unerlaubter Waffenbesitz, Raub, gefährlicher Eingriff in den Straßenverkehr, Verstoß gegen die Bewährungsauflagen und vier Ausbrüche aus dem Gefängnis fanden – Dinge eben, die sie jedem Einprozenter unterstellten. Und auch wenn sich nicht wegdiskutieren ließ, dass CB kein Unschuldslamm war – eines war er mit Sicherheit nicht: ein hochrangiger Bandido. Im Grunde war er nur durch einen Zufall zum Mitglied geworden und auf dem besten Weg, sich als solches zu disqualifizieren.

Um die Situation zu entschärfen, baten wir Gary Dimmock vom «Ottawa Citizen», zwischen CB und der Polizei zu vermitteln. Denn selbst wenn CB tatsächlich erwogen haben sollte, sich einer Verhaftung gewaltsam zu widersetzen, dann war er doch nicht so dumm, sein Leben im Kugelhagel der Polizei auszuhauchen, nur um einer zehntägigen Haftstrafe zu entgehen.

Dimmock handelte mit der Polizei aus, dass CB sich stellen und im Gegenzug für den Verstoß gegen die Bewährungsauflagen nicht weiter belangt würde. „Ich gehe in den Knast und sitze meine Strafe ab, damit ich anschließend endlich in Ruhe leben kann", hatte CB Dimmock erklärt. „Ich hatte nie vor, ein Blutbad anzurichten, will aber auch nicht Opfer eines Blutbades werden."

Am 24. September 2002 gegen 16.30 Uhr betrat CB nach zwei Monaten auf freiem Fuß ein Café in Kingston, um sich verabredungsgemäß mit den Kriminalbeamten Neil Finn und Brian Fleming zu treffen und sich von ihnen widerstandslos festnehmen zu lassen. So viel zu dem „Kampf bis zum letzten Blutstropfen", von dem Polizei und Presse zuvor gesprochen hatten. In einem Artikel für den «Ottawa Citizen» zitierte Dimmock einen Polizisten mit den Worten, dass „wir froh und glücklich sind, dass der Gesuchte sich gestellt hat und die Festnahme friedlich vonstatten gegangen ist". Wer wollte ihm widersprechen?

Durch den Vorfall wurde das Chapter Kingston – zu dem CB offiziell gehörte – darauf aufmerksam, dass CB kein Biker war und deshalb in einem Motorradclub nichts verloren hatte. Also forderte man ihn auf, die Bandidos zu verlassen. Was CB auch tat, doch nur um den Kontakt zu seinen alten Freunden von den Hells Angels wieder aufzunehmen. Zuvor war in der Presse bereits spekuliert worden, dass er auf seiner zweimonatigen Flucht vor der Polizei von den Hells Angels unterstützt worden war. Im Februar 2003 geriet CB erneut in die Schlagzeilen, als er wegen des Besitzes von Drogen und Schusswaffen verhaftet wurde. Ich war nicht im Geringsten überrascht. Zuletzt las ich im Sommer 2007 von CB, als er wieder einmal auf der Flucht vor der Polizei war und von den Medien als gefährlicher „Rocker" dargestellt wurde.

Der ganze Presserummel nimmt sich geradezu lächerlich aus, wenn man sich die Fakten in Erinnerung ruft: der Verstoß gegen die Bewährungsauflagen durch einen Mann, der noch zehn Tage abzusitzen hatte. In der «Toronto Sun» fand sich die Behauptung, dass Burseys Reststrafe noch einen Monat betrug. Eine andere Zeitung schrieb wahrheitsgemäß von zehn Tagen – wieder ein Beleg dafür, dass die Presse es nicht einmal mit den simplen Fakten sonderlich genau nimmt. Was die Frage aufwirft, wie sie es mit den weniger simplen Fakten hält.

Bandido schwört, sich nicht lebend fangen zu lassen
von Alan Cairns
17. September 2002

Ein aus der Haft entflohener Bandido führt laut Aussagen der Polizei „mehrere Schusswaffen und sogar eine Panzerfaust mit sich". Bei Letzterem soll es sich um ein russisches Modell handeln, wie es aus dem Film «Black Hawk Down» bekannt ist.

Zusätzliche Brisanz erhält der Fall dadurch, dass der Flüchtige Carl Thomas Bursey, 27, die konkurrierenden Hells Angels um Hilfe ersucht hat.

„Wenn ein gefährlicher und unberechenbarer Mann wie Bursey im Besitz einer Waffe wie einer Panzerfaust ist, dann ist Gefahr im Verzuge", sagte Kommissar Greg Sullivan, Leiter einer Sondereinheit der Polizei von Ontario. „Wir haben gesicherte Informationen, dass sich Bursey im Großraum Toronto aufhält und entschlossen ist, sich der Festnahme gewaltsam zu widersetzen."

Bursey, dessen Vorstrafenregister 55 Punkte umfasst, darunter Drogenhandel, unerlaubter Waffenbesitz, Nötigung, Körperverletzung, Raub und vier Ausbrüche aus dem Gefängnis, wird seit Juli steckbrieflich gesucht und konnte trotz sofort ausgelöster Ringfahndung bislang nicht gefasst werden. Bursey, der früher Mitglied der Rock Machine war, verbüßte eine Haftstrafe von zwei Jahren und zehn Monaten, zu der er wegen der Flucht aus einem Gefängnis im Dezember 1999 verurteilt worden war.

Burseys Reststrafe betrug nur noch einen Monat. Deshalb kam es überraschend, dass er nun beschloss, abzutauchen, sich mit Drogen und Waffen eindeckte und laut Sullivan drohte, seine Verfolger umzubringen.

Schon in früheren Zeiten hat Bursey massiv gegen Bewährungsauflagen verstoßen und musste deshalb wieder in Haft genommen werden: Einmal im August 2001, nachdem die Polizei im Haus seines Onkels, bei dem er wohnte, 45 Kilogramm Marihuana sichergestellt hatte, ein anderes Mal im vergangenen Mai, als die Polizei in Milton ein gestohlenes Fahrzeug anhielt und im Zuge dessen eine geladene Pistole sicherstellte. Bei den Insassen handelte es sich um Bursey und zwei weitere Biker. Aus den Polizeiakten geht auch hervor, dass gegen Bursey in einem früheren Fall wegen Totschlags ermittelt wurde.

Laut Sullivan verfügt die Polizei über Informationen, dass Bursey von den Hells Angels in Toronto unterstützt wird. Bursey, der aus Guelph stammt und seit seiner vorzeitigen Entlassung bei seiner Mutter lebte, ist 1,85 Meter groß, wiegt zirka 100 Kilogramm und hat braune Augen. Er trägt mehrere Tätowierungen, darunter eine, die eine Kanone mit brennender Lunte zeigt, und das Motto „Zum Töten geboren" auf dem rechten Handrücken sowie das Wort „Anarchie" auf der Brust.

Der 12. Juni 2003 war ein schwarzer Tag in der Geschichte der kanadischen Bandidos. An diesem Tag wurde Bandido André Desormeaux schuldig gesprochen und wegen Brandstiftung, Drogenhandels, versuchten Mordes und Mitgliedschaft in einer kriminellen Vereinigung zu 16 Jahren Haft verurteilt. Wegen Letzterem war nie zuvor ein Bandido verurteilt worden, und der Schuldspruch war für den Club ein schwerer Rückschlag und eine hohe Hürde für alle künftigen Unternehmungen. Zudem war nie zuvor eine ähnliche hohe Haftstrafe gegen einen Bandido verhängt worden. Selbst mein alter Freund Jean „Charley" Duquaire, der mir damals das Geld für die Hinterlegung der Kaution geliehen hatte, war mit vier Jahren weniger davongekommen.

Dieses Mal lag die Presse nicht ganz falsch, als im Zusammenhang mit André von einem hochrangigen Mitglied der Bandidos die Rede war. In einem Artikel der «Montreal Gazette» wird der Sargento de Armas des nationalen Chapter von Kanada richtigerweise als Spitzenfunktionär bezeichnet.

Hochrangiger Bandido muss 16 Jahre hinter Gitter
Beteiligung an misslungenem Mordanschlag in einer Sushi-Bar. Desormeaux zahlte 1.500 Dollar an Untergebene, die Lokale anzündeten, in denen Hells Angels mit Drogen handelten
von George Kalogerakis
Samstag, der 14. Juni 2003

André Desormeaux hielt seinen Untergebenen einen Packen Bargeld vor die Nase.

„Ich will, dass es in Hochelaga-Maisonneuve brennt", erklärte er und versprach jedem, der ein Lokal ansteckt, in dem die konkurrierenden Hells Angels Drogen verkauften, 1.500 Dollar. 35 Mal brannte es allein im Sommer 2001, bis die Polizei den direkten Kontakt zu führenden Mitgliedern der Bandidos suchte.

Die Beamten ließen die Rocker wissen, dass sie derzeit keinen Anlass sähen, gegen sie zu ermitteln. Das könne sich aber sehr rasch ändern, sollte sich die Brandserie fortsetzen. Die Brandserie setzte sich nicht fort. Die Polizei hatte jedoch mit gezinkten Karten gespielt. Denn sie ermittelte sehr wohl gegen die Bandidos und nahm nur ein Jahr später 65 Mitglieder fest. Einer davon war der Spitzenfunktionär Desormeaux, der gestern die höchste je gegen einen Biker ausgesprochene Strafe erhielt. Ein Richter aus Montreal verurteilte ihn wegen Drogenhandel, Drogenbesitzes, versuchten Mord, Brandstiftung, Anstiftung zur Brandstiftung sowie die Mitgliedschaft in einer kriminellen Vereinigung zu 16 Jahren Haft.

Laut Staatsanwalt Denis Gallant legten die Bandidos im Jahr 2001 zahllose Brände, um sich in der Folge der großen Polizeiaktion gegen die Hells Angels, bei der mehr als 100 Mitglieder verhaftet wurden, die Vorherrschaft im Drogenhandel zu sichern. „Die Bandidos wollten den Markt für sich", sagte Gallant in seinem Plädoyer.

Desormeaux war Vollmitglied der Bandidos und unterhielt eine eigene Marihuana-Plantage. Als die Polizei sein Haus in der 71. Avenue stürmte, fand sie 400 Pflanzen und zudem das Oberhemd und das Dienstabzeichen eines Beamten der Polizei von Montreal, die bei einem Einbruch entwendet worden waren. Darüber hinaus war der 36-jährige Mann aus Joliette an mehreren Mordversuchen beteiligt, darunter das gescheiterte Attentat vom März 2002 auf Steven (Bull) Bertrand von den Hells Angels in einer Sushi-Bar in der Bernard Avenue.

Bertrand, der zur Zeit eine siebenjährige Haftstrafe wegen Kokainschmuggels absitzt, unterhält enge Verbindungen zum Leiter der Hells Angels, Maurice Boucher.

Bei dem Anschlag auf Bertrand griff Desormeaux selbst nicht ein, sondern gab seinen Leuten mithilfe seiner Baseballmütze, die er absetzte, das Zeichen zum Angriff. Laut Staatsanwalt hatte Desormeaux auf Bertrand ein Kopfgeld ausgesetzt und angekündigt, es auch dann auszuzahlen, wenn der Anschlag scheitern sollte.

Quebecs oberster Richter, Kevin Downs, ließ das Haus, in dem Desormeaux die Hanfpflanzen anbaute, sowie 117.000 Dollar in bar und 11.000 Dollar in US-amerikanischen Wertpapieren beschlagnahmen.

Die Frau von Desormeaux, Nancy Paquette, wurde gestern ebenfalls verurteilt. Sie hatte ihrem Mann dabei geholfen, das produzierte Haschisch in Haftanstalten zu verkaufen. Wegen der geringen Schuld kam die 27-jährige Mutter von vier Kindern mit einer Strafe von einem Jahr auf Bewährung davon.

Von den 65 Bandidos, die ursprünglich verhaftet worden waren, sind damit bislang 49 verurteilt worden. Bis gestern hatte die Höchststrafe bei 12 Jahren gelegen. Ergangen war sie an Jean Duquaire, ebenfalls ein hochrangiges Mitglied des Clubs. Den 16 verbleibenden Angeklagten soll spätestens im Herbst der Prozess gemacht werden. Dafür wird im Gericht von Laval derzeit ein großer Raum hergerichtet, weil der bisherige Verhandlungssaal in unmittelbarer Nähe zum Gefängnis für das Verfahren gegen zwei Mitglieder der Hells Angels benötigt wird.

Ohne dass ein Schuss fiel, eine Bombe hochging oder jemand ermordet wurde, hörten im Juli 2003 die Bandidos in Quebec sang- und klanglos auf zu existieren. Und das Einzige, was an das denkwürdige Ereignis erinnerte, war ein winziger Artikel in einer Tageszeitung aus Montreal. Darin hieß es zutreffend, dass mit den Hells Angels verabredet worden war, dass alle Bandidos aus Quebec den Club unverzüglich verlassen und nach ihrer Entlassung aus der Haft keinen Versuch einer Neugründung unternehmen. Im Gegenzug sagten die Hells Angels zu, für die Dauer der Haft und eine angemessene Zeit nach der Entlassung die Sicherheit der Bandidos zu garantieren.

Für alle Bandidos, die nach ihrer Entlassung partout Mitglied des Clubs bleiben wollten, sah die Vereinbarung vor, dass sie sich den Bandidos von Ontario anschließen konnten. Im Umkehrschluss hieß das aber auch, dass es in Quebec nie wieder organisierte Bandidos geben würde. Das Wichtigste an der Absprache aber war, dass sie den Bandenkrieg in „La Belle Province" endgültig für beendet erklärte. Fairerweise muss man anerkennen, dass die Hells Angels diesen Krieg gewonnen hatten – wenn auch ironischerweise nur mithilfe der Polizei. Denn mit der „Operation Amigo" ebneten die Behörden den Hells Angels den Weg an die Spitze der Bikerszene von Kanada.

An der Aufgabe Quebecs hatten alle Bandidos schwer zu schlucken, aber der Selbsterhaltungstrieb und der gesunde Menschenverstand ließen keine andere Wahl: Zu viele Opfer waren schon zu beklagen, und jeder Einzelne war es leid, ständig um sein Leben fürchten zu müssen. Ich gestehe, dass ich zunächst irritiert davon war, dass sie den Vorschlag der Hells Angels und die enthaltenen Bedingungen annahmen. Doch nach ein paar Tagen Bedenkzeit verstand ich ihre Motive. Auf den Respekt vor ihnen hatte das ebenso wenig Einfluss wie auf die Freundschaft zu ihnen. Denn auch wenn sie die Colors von ihrer Kutte entfernen mussten, blieben sie doch dieselben feinen Kerle.

Kurz nach dem Ableben des Chapters Quebec fiel mir zufällig eine alte Weihnachtskarte in die Hände, die ich im Dezember 1999 bekommen hatte. Heute ist sie, wie ich meine, ein wichtiges und beredtes geschichtliches Dokument, weil sie die historische Leistung von Männern bezeugt, die mittlerweile den Status von Helden haben und in der Bikerszene weltweit hoch angesehen sind. Die Bandidos von Quebec stehen für eine Gruppe von furchtlosen und entschlossenen Männern, die sich ihr Tun und Lassen von niemandem vorschreiben, sich von niemandem herumkommandieren und ihren Stolz und ihre Integrität von niemandem mit Füßen treten lassen – was immer es auch koste!

Selbstverständlich waren auch einige darunter, denen es an Stolz, Ehrgefühl, Integrität und gelegentlich sogar an grundlegenden menschlichen Tugenden wie Ehrlichkeit, Aufrichtigkeit, Mitgefühl und Respekt mangelte. Damit meine ich jene kriminelle Minderheit, die es in allen Motorradclubs gibt, weil die Betreffenden darin eine Möglichkeit sehen, ihre kriminellen Machenschaften ungestört fortsetzen zu können. Und damit meine ich jene Pseudo-Einprozenter, die ihre eigene

Mutter verkaufen würden, um die Haut zu retten. Doch ich darf daran erinnern, dass von mehr als hundert früheren und aktuellen Mitgliedern und Verbündeten der einstigen Rock Machine und späteren Bandidos von Quebec genau vier Informanten waren: Pierre „Buddy" Paradis, Eric „Ratkiller" Nadeau, Sylvain „BF" Beaudry und Patrick „Boul" Heneault. Verräter stehen in jeder Organisation auf der alleruntersten Stufe der Hierarchie, und nicht einmal die Behörden können mehr mit ihnen anfangen, als sie für ihre Zwecke zu gebrauchen.

Niemand war überrascht, als einige der einsitzenden Bandidos sich weiteren Anklagen gegenübersahen, darunter auch solchen wegen Mordes. Trotz der Tatsache, dass einige der Informanten selbst des versuchten Mordes beschuldigt wurden und als notorische Lügner bekannt waren, wollte die Staatsanwaltschaft nicht auf sie verzichten, und ihre Aussagen vor Gericht führten – auch dann, wenn sie erfunden waren – zu zahlreichen Schuldsprüchen.

Die fatale Entwicklung vor Augen, musste ich unwillkürlich daran denken, wie wichtig es Robert „Tout" Leger und Alain Brunette gewesen war, Bandidos zu werden. Während Tout leider nicht mehr unter den Lebenden weilte, sah sich Alain mit einer Situation konfrontiert, die bei seinem Eintritt nicht absehbar war. Sollten ihm Zweifel an der Richtigkeit seines Entschlusses gekommen sein, hätte ich dafür vollstes Verständnis. Dafür musste ich mir nur vor Augen führen, wie ich selbst Bandido geworden war. Ich hatte es mir mit einer Heftigkeit gewünscht, die von Besessenheit nur schwer zu unterscheiden war, und bis es endlich so weit war, verging ein gutes Jahrzehnt.'

Im August 1996 fuhr ich nach Galveston, Texas, um mit Bandido John „Big John" Lammons erneut die Option zu diskutieren, in Oklahoma ein neues Chapter zu gründen. Big John, der ursprünglich aus Oklahoma stammte, hatte mich in dem Vorhaben stets unterstützt. Zum ersten Mal war ich ihm 1980 in Muskogee, Oklahoma, begegnet. Damals war ich noch beim Rogues MC, und John hatte eher lose Verbindungen zu einem lokalen Club namens Drifters, die den Rogues beitreten wollten. Mich hatte man nach Muskogee entsandt, um zu sehen, mit wem wir es zu tun bekommen würden. Damals war mir John sofort aufgefallen, weil er der Einzige des ganzen Haufens war, mit dem man etwas anfangen konnte. Doch mit 16 war er noch zu jung, um Vollmitglied zu werden. Jahre später traf ich ihn zufällig auf Galveston Island wieder. Zu meiner Freude war er unterdessen Mitglied der Ban didos geworden. Die Begegnung mit ihm erwies sich als einer der Höhepunkte meiner damaligen Reise. Und ganz besonders begeisterte mich, dass ihm der Schritt in die Welt der Einprozenter geglückt war.

Mein erster Vorstoß, in Oklahoma ein Chapter der Bandidos zu gründen, lag mittlerweile 16 Jahre zurück. Damals hatte ich mit Bandido Buddy in Mobile, Alabama, darüber gesprochen. Seither ließ mich der Traum, Bandido zu werden, nicht mehr los. Das stimmt nicht ganz, denn die Gelegenheit, den Bandidos beizutreten, hatte ich viele Male zuvor. Doch ich war von dem Wunsch beseelt, ein eigenes Chapter zu gründen. Im Laufe der Jahre hatte man mich mehrfach aufgefordert, diesem oder jenem Chapter beizutreten, doch dafür hätte ich Oklahoma verlassen müssen. Mein Ziel war es aber, in Oklahoma zu bleiben und ein eigenes Chapter zu gründen, anstatt mich irgendwo anders einem Chapter anzuschließen.

Die unzähligen Hindernisse, die sich vor mir aufbauten, belegen, dass es nicht nur ein schwieriges Unterfangen war, sondern dass Einprozenter weitaus weniger versessen darauf sind, ihr Einflussgebiet auszuweiten, als man die Öffentlichkeit oft glauben machen will. Polizei und Medien werden jedenfalls nicht müde zu behaupten, dass Motorradclubs stets expandieren wollen, um für den Handel mit Drogen oder die Prostitution neue Märkte zu erschließen. Wenn das stimmen würde, hätte ich das Chapter Oklahoma nach höchstens einem Jahr gründen können.

Doch im Sommer 1996 schien mein Wunsch endlich in Erfüllung zu gehen. Fast zumindest, denn etwas Geduld musste ich noch aufbringen. Und auch wenn ich nie behauptet habe, ein Engel zu sein, darf ich von mir sagen, dass ich eine Engelsgeduld habe. Big John riet mir, den Vorschlag anlässlich der Dragrennen auf der Bahn von Ennies, Texas, in der ersten Oktoberwoche zu wiederholen.

Big John versprach mir, sich bis dahin beim Präsidium für mich stark zu machen. Jack „Jack-E" Tate aus Louisiana hatte mir das ebenfalls schon zugesagt, als ich auf dem Weg nach Texas bei ihm Halt gemacht hatte. Ich war so zuversichtlich wie nie zuvor und davon überzeugt, dass ich alles in die Wege geleitet hatte. Nun musste ich nur dafür sorgen, dass die Stimmung nicht umschlug. Big John auf meiner Seite zu wissen bedeutete mir sehr viel, und ich wusste, dass sein Wort großes

Gewicht hatte. Und da auch er ursprünglich aus Oklahoma stammte, war er einer der eifrigsten Befürworter meines Vorschlags.

Anfang Oktober machte ich mich also voller Zuversicht auf den Weg nach Ennis, um die Dragrennen auf dem Texas Motorplex zu verfolgen und bei der Gelegenheit der Führung der Bandidos die Idee eines Chapters Oklahoma schmackhaft zu machen. Der Erste, mit dem ich nach meiner Ankunft sprechen konnte, war der damalige El Presidente Craig Johnston. Ich berichtete ihm von meinem mühsamen Versuch, ein eigenes Chapter zu gründen. Craig hörte sehr interessiert zu und forderte mich auf, meinen Vorschlag vor seinen Präsidiumskollegen zu wiederholen, die gerade von der Pressetribüne aus die Rennen verfolgten.

In Ennis trafen sich Bandidos aus aller Welt, und kaum hatte ich ihnen mein Projekt vorgestellt, löcherten sie mich mit Fragen. Am Ende war die Resonanz überwältigend: Man erlaubte mir offiziell, die Gründung eines neuen Chapters vorzubereiten. Der erste Schritt war es, eine Liste mit möglichen Mitgliedern anzulegen. Das klingt zwar nicht nach Arbeit, doch Jungs herauszufiltern, die das Zeug zu Einprozentern haben und vor den gestrengen Augen des Präsidiums würden bestehen können, erforderte ein gewisses Maß an Menschenkenntnis und reifliche Überlegung. Nicht jeder, der Bandido werden wollte, war dafür geeignet, und nicht jeder, der dafür geeignet war, wollte Bandido werden. Es dauerte bis Ende Februar 1997, bis ich die Liste zusammenhatte. Das Ergebnis entschädigte für die viele Zeit, die ich investiert hatte: Auf der Liste standen Lee McArdle, John „Turtle" Fisher und Keith Vandervoort aus Tulsa, Earl „Buddy" Kirkwood und Mark „Bones" Hathaway aus Sapulpa, mein alter Freund Harry „Skip" Hansen, Joseph „Poppey" Hannah und Joseph „Little Joe" Kincade aus Muskogee, und Lewis „Bill Wolf" Rackley aus Broken Arrow.

Im April schickte das nationale Präsidium Vice President Larry nach Tulsa, der die Liste prüfen und sich davon überzeugen sollte, dass wir es wert waren, das Abzeichen der Bandidos zu tragen. Larry war einer von zwei Vize-Präsidenten und zuständig für den Süden und Osten der

USA, während George Wegers sich um den Norden und Westen kümmerte. Zeitgleich mit ihm reiste auch Big John aus Galveston an, und wir machten uns daran, Details des Eintritts zu besprechen. Larry, der auf Amt und Titel mächtig stolz war, behandelte uns ziemlich herablassend und kündigte an, dass es noch lange dauern würde, bis wir dem Club formell beitreten könnten.

„Ich werde mich aber dafür stark machen, dass ihr bis dahin schon mal unsere T-Shirts tragen dürft", fügte er betont großherzig hinzu.

Es war unverkennbar, dass wir seiner Meinung selbst das kaum wert waren. Er erteilte uns keine Abfuhr, sondern eine Demütigung. Doch ich war nicht gewillt, mich von einem Einzelnen ausbremsen zu lassen – schon gar nicht nach den durchweg positiven Reaktionen, die ich in Ennis bekommen hatte. Big John gab auf Larrys Meinung keinen Pfifferling, doch außer mir seine weitere Unterstützung zuzusagen, konnte er nichts für mich tun.

Alle Sorgen, die wir uns nach Larrys Besuch um unsere Zukunft machten, erwiesen sich schon bald als unbegründet. Ein Woche später entsandte El Presidente Craig seinen Vize George nach Tulsa, um sich einen Eindruck von uns zu verschaffen. Offensichtlich hatte Larrys Urteil Befremden erregt. Ich hatte George einige Monate zuvor kennengelernt, als er gemeinsam mit dem kalifornischen Anwalt Richard Lester zu einem Treffen der Oklahoma Confederation of Clubs, einer Dachorganisation mehrerer Motorradclubs, nach Tulsa gekommen war. George und Richard Lester hatten bei mir gewohnt, und ich durfte sie zu dem Treffen begleiten, obwohl ich kein Bandido war. Ich hatte das als Vertrauensbeweis genommen und war zuversichtlich, dass George mein Vorhaben nach Kräften unterstützen würde.

Wie erhofft, trat George vom ersten Augenblick an vollkommen anders auf als Larry. Er hörte sich sehr genau an, warum wir das Chapter gründen wollten. Seine einzige Bedingung war, das Einverständnis von John „Little Wolf" Killip, dem Präsidenten der Outlaws von Oklahoma einzuholen, der gerade erst aus der Haft entlassen worden war. Für mich war es keine Überraschung, dass Little Wolf seine vorläufige Einwilligung gab. Uns verband eine lange gemeinsame Geschichte, denn als ich 1975 Anwärter der Rogues wurde, war er bereits Vollmitglied. Und 1978 in Bowling Green hatte er mich rausgehauen, als ich mit den Outlaws wegen meiner Tätowierung Ärger bekam.

Ehe Little Wolf uns endgültig grünes Licht geben konnte, musste er sich noch mit dem nationalen Präsidium besprechen. Doch Oklahoma war „sein" Revier, und da er mit den Bandidos nicht die geringsten Probleme hatte, betrug die Wahrscheinlichkeit, dass wir unser Chapter gründen konnten, 99 Prozent. Die ungeschriebenen Gesetze der Einprozenter wollen es, dass ein Club, der in einem Bundesstaat Fuß fassen will, die Einwilligung aller 1%er Clubs braucht, die dort bereits vertreten sind.

Wenn uns das Schicksal nicht übel mitspielte, war es also nur noch eine Formalität, bis wir das neue Chapter aus der Taufe heben könnten. Vice Presidente George trug uns auf, gemeinsam zum Dragrennen nach Hallsville, Texas, zu fahren und dort vor den Bandidos, die aus allen Himmelsrichtungen anreisen würden, als Chapter aufzutreten. Während wir uns an der Rennbahn herumtrieben, kam das Präsidium in Longview, Texas, mit dem Präsidium der Outlaws zusammen. Bei dieser Gelegenheit wurde die offizielle Erlaubnis zur Gründung eines Chapters Oklahoma erteilt. Später erfuhren wir, dass einige Outlaws aus Oklahoma entschieden dagegen waren, doch von ihrem Präsidenten Harry „Taco" Bowman mit dem Argument überstimmt wurden, dass ihm Oklahoma am Arsch vorbei ginge und die Bandidos ihr Chapter bekommen sollten. Nun konnte uns nichts mehr aufhalten, und die einzige unbeantwortete Frage war, wann wir unsere Abzeichen bekommen würden. Anfang Mai teilte George uns mit, dass wir vollständig zum Gulfport Blowout in Biloxi, Mississippi, anreisen sollten, das alljährlich am Wochenende vor dem Memorial Day stattfindet. Und dann sagte er noch, dass er nach Tulsa kommen und gemeinsam mit uns nach Biloxi fahren würde.

Sechs künftige Mitglieder des Chapters Oklahoma machten sich also gemeinsam mit Vice President George und zwei Bandidos aus Washington, die in seiner Begleitung waren, auf den Weg nach Biloxi. Die übrigen vier konnten die Fahrt wegen dringender anderer Verpflichtungen leider nicht mitmachen. Voller Vorfreude brachen wir am Donnerstagabend Richtung Biloxi auf. Die erste Station war Little Rock, wo wir die Nacht im Haus von Bandido Leo „Murray" Murray verbrachten. Am nächsten Tag fuhren wir von Little Rock bis Biloxi durch – immerhin fast 600 Kilometer. Weil die Aufforderung, nach Gulfport zu kommen, erst kurzfristig ergangen waren, hatten wir keine Zimmer reservieren können. Das billigste, das man uns nun anbot, sollte 150 Dollar pro Nacht kosten. Also nahmen wir zwei Zimmer, stopften in jedes drei Personen und teilten uns die Kosten.

Die Delegation aus Oklahoma war schier außer sich vor Freude, als den Bandidos, die nach Gulfport gekommen waren, verkündet wurde, dass es ein neues Chapter auf Probe gab. Zu unserer Enttäuschung erhielten wir noch nicht unsere vorläufigen Aufnäher. Dafür begegneten wir vielen Bandidos, die sich über die Neugründung aufrichtig freuten – und einigen wenigen, die damit überhaupt nicht einverstanden waren.

Die Rückfahrt absolvierten wir in gedrückter Stimmung, weil wir alle gehofft hatten, die Aufnäher tragen zu dürfen. Hinzu kam, dass das Motorrad von John „Turtle" Fisher irgendwo im südlichen Arkansas liegen blieb. Offenbar hatte er vergessen, die Batterie zu prüfen, und nun war sie knochentrocken und hinüber. Wir befanden uns fernab jeder Zivilisation, und die nächste Möglichkeit, eine neue Batterie zu kaufen, war Little Rock. Es dauerte nicht lange, bis George und ich darüber stritten, was zu tun war. Ich kannte die Strecke und wusste, das es das Schnellste und Einfachste wäre, in Little Rock anzurufen und jemanden mit einer neuen Batterie kommen zu lassen. Genau das wollte George aber vermeiden, weil er sich mit dem Präsidenten der dortigen Bandidos überworfen hatte. Er bestand darauf, dass wir uns etwas anderes überlegten.

Das war leichter gesagt als getan, denn am Memorial Day sind alle Geschäfte geschlossen, und kein Mensch arbeitet. Irgendwann rief ich trotz Georges Aufforderung, es nicht zu tun, Bandido Murray an und bat ihn, uns zu helfen. Ich gehöre nun einmal zu den Menschen, die ihren Kopf gelegentlich auch zum Denken benutzen, und mir war klar, dass wir bis zum Jüngsten Tag versuchen könnten, etwas zu reparieren, das nicht zu reparieren war. George war natürlich sauer auf mich, aber da er keinen besseren Vorschlag hatte, fand er sich damit ab und war sogar ein bisschen erleichtert, als Murray endlich kam. Wir packten Johns Motorrad auf die Ladefläche seines Ford Ranchero und erreichten Little Rock kurz vor 22 Uhr. Erneut verbrachten wir die Nacht bei Murray. Am nächsten Morgen besorgten wir eine neue Batterie und setzten die Fahrt nach Tulsa fort.

Kaum waren wir dort angekommen, beraumte George für den nächsten Abend ein Meeting bei mir zu Hause an. Er betonte, dass es um wichtige Dinge gehe und jeder, der auf der Liste der möglichen Mitglieder stand, zu erscheinen habe. Da wir wussten, wie sehr er sich über mich geärgert hatte, waren wir zunächst unsicher, was die Eile zu bedeuten hatte. Doch am Morgen des 27. Mai 1997 stellte FedEx ein Eilpaket für Vice President George an meine Adresse zu. Größe und Gewicht ließen mich annehmen, dass der Tag, auf den ich 16 Jahre lang hingearbeitet hatte, endlich gekommen war.

Am Abend versammelten wir uns bei mir zu Hause zu unserem ersten offiziellen Treffen. Man hatte uns gesagt, dass für uns ab sofort dieselben Regeln galten wie für jedes andere Chapter auch. Und das bedeutete, dass wir wöchentlich ein Treffen durchzuführen hatten, das im Slang der Bandidos auch „Kirchgang“ oder „Spieleabend“ hieß. Nachdem George das Treffen eröffnet hatte, teilte er uns mit, dass er unsere Aufnäher bei sich habe. Vor ihrer Aushändigung sollten wir jedoch noch unser Präsidium wählen.

Per Akklamation wurde ich einstimmig zum ersten Präsidenten des Chapters Oklahoma ernannt. Earl „Buddy“ Kirkwood wurde mein Stellvertreter, Harry „Skip“ Hansen, mein Schulfreund aus Connecticut, der Sergeant at Arms. Lee Mc Ardle erklärte sich bereit, die Funktion des Secretarios und Schatzmeisters zu übernehmen. George ernannte schließlich John „Turtle“ Fisher zum Road Captain. Als neuer Präsident und in Anerkennung der Mühen, die ich mir mit der Gründung aufgehalst hatte, wurde mir erlaubt, den unteren Aufnäher mit der Aufschrift „Oklahoma" zu tragen, was normalerweise nur Vollmitgliedern gestattet ist. Am nächsten Tag zogen wir los und ließen uns die Aufnäher auf die Kutten nähen. Wir waren endlich am Ziel!

Kaum einen Monat später hatten wir unseren ersten öffentlichen Auftritt. Anlass war eine Veranstaltung namens Bikers Against Child Abuse, mit der gegen Kindermissbrauch mobilisiert werden sollte. Dazu gehörte neben einer großen Spendensammlung auch ein Fest in der Cimarron Bar in Tulsa. Wir hatten einen eigenen Stand, an dem wir T-Shirts und Basecaps mit dem Schriftzug „Support Your Local Bandidos" verkauften. Seitlich flatterten zwei große Fahnen mit dem Aufdruck „Bandidos MC Oklahoma", die wir eigens hatten anfertigen lassen. Wir waren bemüht, den Club vom ersten Tag an in ein gutes Licht zu rücken und der Öffentlichkeit die Berührungsängste zu nehmen. Diejenigen von uns, die zuvor in anderen Clubs gewesen waren, wollten partout vermeiden, dass sich Fehler der Vergangenheit wiederholten.

Unser Auftritt auf der Veranstaltung fand breite Zustimmung. Die einzige Ausnahme war ausgerechnet der Rogues MC, dem ich einmal angehört hatte. Nach meiner Rückkehr nach Tulsa im Jahr 1978 hatte ich mich ihnen wieder angeschlossen und war schnell zum Sergeant at Arms aufgestiegen. 1981, kurz bevor ich ins Gefängnis musste, hatte ich den Club wieder verlassen und mich seither keinem anderen angeschlossen.

Nun behaupteten die Rogues, wir seien ohne ihre Erlaubnis in ihr „Revier" eingedrungen. Doch da sie keine Einprozenter waren, hatten wir ihre Erlaubnis nicht gebraucht. Trotzdem suchten einige von ihnen Streit mit uns, doch wir hatten kein Interesse, uns mit ihnen anzulegen und zu riskieren, dass unser erster Auftritt in der Öffentlichkeit zu einem Desaster wurde: Schließlich befanden wir uns auf einer Wohltätigkeitsveranstaltung.

Gegen Ende des Sommers 1997, kurz nachdem sich mein lang gehegter Wunsch erfüllt hatte, fiel mir eine alte Redensart ein: „Überlege dir gut, was du dir wünschst. Es könnte sein, dass du es bekommst." Bekommen hatte ich ein eigenes Chapter, und nun hatte ich Anlass, eine vorläufige Zwischenbilanz zu ziehen. Die Mitgliedschaft in einem Club von Einprozentern kann ziemlich anstrengend sein. Präsident eines Chapters zu sein ist anstrengend hoch zehn.

Obwohl ich bereit war, für den Club alles zu geben, hatte ich noch zusätzliche Verpflichtungen, die ebenfalls zu ihrem Recht kommen wollten. Denn ich war nicht nur Biker, sondern parallel dazu auch noch Geschäftsmann und Vater einer viereinhalbjährigen Tochter namens Taylor, von deren Mutter Teresa ich gerade erst geschieden worden war. Geheiratet hatten wir 1988, doch wegen Teresas Drogenabhängigkeit war der Ehe keine sonderlich lange Dauer beschieden. Zwar übten wir das Sorgerecht gemeinsam aus, aber die meiste Zeit verbrachte Taylor bei ihrer Mutter. Deshalb lebte ich in der ständigen Angst, dass Teresa, die in Taylors Gegenwart keine Drogen nahm, rückfällig werden könnte.

Was die Arbeit betrifft, war das Jahr ausgesprochen strapaziös gewesen. Parallel zu einem großen Abrissauftrag in Wichita, Kansas, renovierte ich ein altes Haus in Owasso vor den Toren Tulsas, das ich für mich selbst gekauft hatte, um irgendwann darin zu wohnen. Und gegen Ende des Sommers hatte ich einen Vertrag mit einer Immobilienfirma unterschrieben, der mich verpflichtete, 19 Einfamilienhäuser gleichzeitig zu renovieren. Um das Ganze noch ein wenig zu verkomplizieren, hatte das nationale Präsidium beschlossen, Earthquake vom Bandidos Nomads Chapter an uns zu überstellen, damit er uns in die geschriebenen und ungeschriebenen Regeln der Bandidos einweihen konnte. (Alle vier großen Motorradclubs haben eine Art Eliteeinheit, deren Mitglieder nicht an einen Standort gebunden sind und deshalb „Nomaden" genannt werden.) Und obwohl ich mit Earthquake befreundet war, bereitete uns seine Anwesenheit mehr Kummer und Sorgen, als wir es für möglich gehalten hätten.

Earthquake hatte keine Befugnisse, mir Anweisungen zu geben, doch er scherte sich nicht darum und wollte mich ständig herumkommandieren. Es dauerte nur wenige Wochen, bis es knallte. Wir stritten uns, dass sich die Balken bogen, und mir blieb keine andere Wahl, als mich mit der Bitte an El Presidente Craig zu wenden, Earthquake daran zu erinnern, dass er mir Ratschläge geben sollte, keine Befehle. Es dauerte mehr als ein Jahr, bis Earthquake seinen Fehler einsah und sich bei mir entschuldigte.

Im Oktober 1997 versank meine Ex-Frau Teresa wieder einmal im Drogensumpf, so dass ich mich veranlasst sah, bei Gericht das alleinige Sorgerecht für unsere Tochter Taylor zu beantragen. Zufällig hatte darüber derselbe Richter zu entscheiden, der Teresa beim letzten Rückfall ein Umgangsrecht eingeräumt hatte, das er nun umgehend widerrief. Nun lebte Taylor fest bei mir, was mich zwar freute, den Alltag aber nicht erleichterte.

Mir war klar, dass die Lösung von Dauer sein würde und nicht, wie so oft zuvor, ein Provisorium. Deshalb war mir genauso klar, dass mein Leben einen Wendepunkt erreicht hatte. Ich musste entscheiden, wer mir wichtiger war: Taylor oder die Bandidos. Diese Entscheidung musste so bald wie möglich fallen. Und auch wenn mir die Gemeinschaft mit anderen Bikern sehr wichtig war, konnte ich mich unmöglich gegen mein eigen Fleisch und Blut stellen.

Daher begann ich, meine Rolle bei den Bandidos und die Entwicklung, die das neu gegründete Chapter Oklahoma genommen hatte, gründlich zu hinterfragen. Ich hatte durchaus Anlass, meine Fähigkeiten als Präsident in Zweifel zu ziehen, und ebenso musste ich eingestehen, dass Bandido Lee als El Secretario nicht die Idealbesetzung war, weil es ihm an den erforderlichen organisatorischen Fähigkeiten fehlte. Also rief ich Vice Presidente George an und schilderte ihm meine Motive, das Amt als Präsident des Chapters Oklahoma niederzulegen. Ich bot ihm sogar an, den Club zu verlassen, doch davon wollte George nichts hören.

„Ohne dich würde das Chapter gar nicht existieren. Also kannst du dich nicht einfach aus dem Staub machen. Dass du nicht mehr Präsident sein willst, kann ich verstehen und akzeptieren. Dass du erwägst, den Club zu verlassen, kann ich weder verstehen noch akzeptieren. Sieh zu, dass du dein Privatleben geordnet kriegst. Alles andere wird sich finden", sagte George und klang eher wie ein besorgter Vater, der seinen Sohn tröstet, als ein Vorgesetzter, der einem Untergebenen die Leviten liest.

George beauftragte Lee, das Chapter kommissarisch zu leiten, und kündigte an, in wenigen Wochen nach Tulsa zu kommen, um sich persönlich um meine Probleme und die des Chapters zu kümmern. Als er eintraf, half er uns entscheidend dabei, das Chapter neu zu ordnen und auf eine solide Basis zu stellen, und mir half er, meine privaten Dinge in den Griff zu bekommen. Bandido Lee wurde gebeten, den Vorsitz des Chapters dauerhaft zu übernehmen, was er mit Freuden zusagte. Mir wurde im Gegenzug das Amt des Secretario übertragen. Dank dieses Ämtertausches war ich nicht mehr für alles und jeden verantwortlich, und weniger Zeit nahm die neue Tätigkeit ebenfalls in Anspruch. Zudem sagten mir alle Mitglieder zu, mich nach Kräften zu entlasten, damit mir mehr Zeit für Taylor und meine Firma blieb. Ich war schwer beeindruckt, mit welcher Souveränität George die Situation bereinigte, und natürlich auch sehr stolz auf das Verständnis und die Unterstützung, die ich von allen Seiten erfuhr.

Um mich an die Rolle als alleinerziehender Vater zu gewöhnen, wandte ich mich an das Eltern-Kind-Zentrum, eine Stiftung, die ihren Sitz in Tulsa hat. Die gesamte Last der Erziehung lag nun auf meinen Schultern, und es dauerte eine gewisse Zeit, bis ich mich der Aufgabe gewachsen fühlte. Gleichzeitig war ich fest entschlossen, alles Erdenkliche zu tun, damit Taylor so unbeschwert wie möglich aufwachsen konnte. In der Gewissheit, dass es mir gut tun würde, beendete ich die Arbeit an einer CD, die schon recht weit gediehen war. Der Einfachheit halber nannte ich sie: «The Best of Warren Winters – Forever & Always». Unter dem Künstlernamen Warren Winters hatte ich 1979 meine erste Platte herausgebracht, und ganz war der Musiker in mir seither nicht verstummt. Im Laufe der Jahre hatte ich drei Alben komponiert und aufgenommen, und meine Songs deckten ein großes stilistisches Spektrum ab. Die CD, die ich nun produzierte, bedeutete für mich den Abschluss einer Ära, denn inzwischen hatte ich das Interesse an einer Laufbahn als Musiker verloren. Als Vater, Geschäftsmann und Bandido war ich ohnehin ausgelastet.

Es erwies sich als ausgesprochen schwer, neue Mitglieder für unser Chapter zu finden. Immerhin konnten wir im Frühjahr 1999 einen neuen Club mit Sympathisanten aus der Taufe heben, den wir OK Riders nannten. Die Mitglieder teilten sich auf zwei Chapter auf, eines davon war in Chandler ansässig, das andere in Claremore, der Heimatstadt des Komikers und Entertainers Will Rogers. Und auch wenn wir als Club von Einprozentern mit landesweiter Verbreitung niemanden um Erlaubnis fragen mussten, beschlossen wir aus taktischen Gründen, den Segen der drei in Oklahoma vertretenen großen Clubs – den Rogues, den Outlaws und den Mongols – einzuholen. Zu unserer Überraschung stieß unser Ansinnen zunächst auf heftige Ablehnung, doch dank beharrlicher Überzeugungsarbeit erhielten wir schließlich von allen drei die Zustimmung. Aber Motorradclubs sind nun einmal regional organisiert und sehen es deshalb gar nicht gern, wenn sich in ihrem Ausbreitungsgebiet jemand anderes niederlässt. Im Grunde ist es nicht anders als bei einem Geschäftsmann, der ja auch nicht glücklich darüber ist, wenn sich nebenan ein Konkurrent ansiedelt.

Dank der Gründung der OK Riders hielt man unser Chapter in der Öffentlichkeit für größer, als es tatsächlich war. Die meisten übersahen schlicht, dass es sich um zwei verschiedene Clubs handelte. Allerdings lag die Verwechslung nahe, weil in beiden Abzeichen die Farben Rot und Gold überwogen. Interessanterweise saßen jedoch auch die meisten Polizisten diesem Irrtum auf. Dabei waren die Unterschiede bei genauerem Hinsehen deutlich erkennbar: Das Abzeichen der OK Riders hatte goldene Schrift auf rotem Grund – genau umgekehrt also als beim Abzeichen der Bandidos. Zudem hat der zentrale Aufnäher der OK Riders Trapezform und als Motiv den Schädel einer Kuh und eine Schlange. Aber für die Öffentlichkeit sehen offenbar alle Biker gleich aus, und Unterschiede werden einfach ignoriert.

Beide Chapter der OK Riders entwickelten sich rasant, und zwar wohl vor allem deshalb, weil wir sie nicht wie Untergebene behandelten und mit Charles „Snake" Rush und Raymond „Ray" Huffman zwei anerkannte Veteranen der Bikerszene an ihrer Spitze standen. Snake war in den 1970er Jahren Mitglied der Rogues gewesen, zur selben Zeit also wie Bill Wolf und ich, und Ray hatte in den 1990er Jahren den Mongols angehört.

Ursprünglich sollten die OK Riders ein Club von Unterstützern und Sympathisanten der Bandidos sein, wie es sie überall in den USA gibt, und sich zugleich von allen unterscheiden. Das Verhältnis zwischen Einprozentern und ihren Ablegern muss man sich ungefähr so vorstellen wie das Verhältnis von erster und zweiter Mannschaft in einem professionellen Sportverein. In der Reserve bekommt der Nachwuchs Gelegenheit, Erfahrungen zu sammeln und sich zu bewähren. Übertragen auf die Einprozenterszene, erlaubt das nicht nur eine sehr genaue Vorauswahl, sondern es ist zugleich ein wirksames Mittel gegen die Unterwanderung durch Spitzel.

In der Welt der Einprozenter herrscht eine strenge Hierarchie, die den Mitgliedern von sogenannten „Support Clubs" wie den OK Riders die Drecksarbeit zuweist. Mir war es allerdings nie in den Sinn gekommen, andere Menschen wie Sklaven zu behandeln, ganz egal, ob sie zur Bikerszene gehörten oder nicht. Deshalb wollten wir mit der Gründung der OK Riders eine neue Tradition beginnen und versprachen den Mitgliedern beider Chapter, dass wir sie auf Augenhöhe und nicht wie Lakaien behandeln würden. So kam es, dass die Mitgliedschaft bei den OK Riders für viele Biker attraktiv wurde.

Lee als Präsident der Bandidos von Oklahoma und ich wollten den OK Riders eine andere, neue Ausrichtung geben. Deshalb enthielt die Satzung, die wir aufstellten, keine anderen Inhalte als die, die wir für uns selbst in Anschlag brachten:

1) Drogenabhängige dürfen nicht Mitglied werden.
2) Um Mitglied zu werden, muss man entweder ein regelmäßiges Einkommen beziehen, staatliche Unterstützung wie eine Rente

oder Ähnliches nachweisen oder eine Partnerin haben, die
genügend Geld verdient, um ihren Freund beziehungsweise
Mann zu ernähren.
3) An erster Stelle stehen die Familie und der Job, an zweiter
der Club.
4) Niemand muss sich wie ein Sklave oder Leibeigener behandeln
lassen.

Diese innovativen Regeln brachten die bisherigen Gewohnheiten innerhalb der Bandidos Nation ins Wanken und bewirkten eine dauerhafte Veränderung im Umgang mit „Support Clubs".

Viel war vom kanadischen Ableger der Bandidos ohnehin nicht übrig, doch im September 2003 drohte ihnen ein Ereignis den Rest zu geben: Tony Duguay, ehedem Mitglied im Chapter Montreal und zuvor bei der Rock Machine in Quebec City, wurde des heimtückischen Mordes an Normand „Biff" Hamel angeklagt. Hamel war Gründungsmitglied der Nomads und ein enger Freund von Maurice „Mom" Boucher. Er war einer der wenigen Hells Angels, die Opfer des blutigen Bikerkrieges wurden, und er war der mit Abstand ranghöchste.

Laut Anklage hatten Duguay und ein Komplize Hamel am 17. April 2000 in Laval aufgelauert und ihn erschossen. Wie so viele andere Bandidos saß auch Duguay als Folge der „Operation Amigo" in Untersuchungshaft, als er mit der Mordanklage konfrontiert wurde. Sylvain Beaudry, ein abtrünnig gewordener Biker, der schon einmal gegen Duguay ausgesagt hatte, beschuldigte ihn des Mordes an Hamel und behauptete, Duguay habe ihm gegenüber kurz nach der Tat damit geprahlt, das Mitglied der Hells Angels erschossen zu haben. Und wie in diesem Fall war Beaudry bereits bei dem versuchten Mord an Gaetan Bradett im August 2001 als Belastungszeuge aufgetreten. Die Folge war, dass Duguay 2004 des versuchten Mordes, der Verabredung zum Mord und des Drogenhandels für schuldig befunden und zu acht Jahren Gefängnis verurteilt wurde.

Es dauerte zwei weitere Jahre, bis ihm im Dezember 2006 wegen des Mordes an Hamel der Prozess gemacht wurde, und es war Beaudry, der ihm genüsslich den Todesstoß versetzte. Doch ungeachtet der Frage, ob Duguay mit dem Mord an Hamel geprahlt hat oder nicht, stützte sich Beaudrys Aussage nur auf ein Gerücht und hätte deshalb nie und nimmer als Beweis dienen dürfen. Dem Richter Marc David muss man zugute halten, dass er die Geschworenen, ehe sie sich zurückzogen, ausdrücklich aufforderte, Beaudrys Glaubwürdigkeit zu hinterfragen. Immerhin habe der ein persönliches Interesse daran, Duguay zu schaden, weil Duguay ihn in einem Mordfall belasten könnte, der sich am Weihnachtsabend 2000 in Toronto zugetragen hatte.

Darüber hinaus bezeichnete der Richter die Aussage eines vermeintlichen Augenzeugen als unglaubwürdig und betonte, dass ein weiterer Zeuge sich kaum noch an Details erinnern konnte. Doch trotz der fragwürdigen Beweislage befanden die Geschworenen Duguay für schuldig. Er wurde zu lebenslanger Haft verurteilt, und wegen der Schwere der Schuld wurde eine vorzeitige Entlassung aus der Haft nach 25 Jahren ausgeschlossen.

Denis Boivin stand damals einer Vereinigung von Betroffenen vor, die durch die Aussage von Informanten geschädigt worden waren und eine Justizreform in Quebec anstrebten. Nach Duguays Verurteilung warf Boivin die Frage auf, ob Duguay möglicherweise nur wegen der Bedeutung des Falles verurteilt worden war. Boivin hielt es für denkbar, dass Beaudry zur Aussage genötigt worden war. Nach seiner Anwerbung als Informant im Zuge der „Operation Amigo" war er aus der Haft entlassen worden, obwohl er von einer 15-jährigen Haftstrafe erst zweieinhalb Jahre abgesessen hatte. Wenn er ein freier Mann bleiben wollte, war es ratsam, selbst gegen einen früheren Freund auszusagen.

Hinzu kam, dass Beaudry den Mord in Toronto zwar gestanden hatte, es gleichwohl nie zum Prozess gekommen war. Die Behörden erklärten das damit, dass die Untersuchungen noch nicht abgeschlossen waren. Man könnte es jedoch auch so deuten, dass die Staatsanwaltschaft froh war, ein Druckmittel gegen Beaudry in der Hand zu haben.

Boivin, der den Prozess gegen Duguay beobachtet hatte, nannte das Urteil „nicht nachvollziehbar und eine Niederlage für die Gerechtigkeit". Dafür spricht auch, dass der Prozess gegen Duguays vermeintlichen Mittäter Tony Marault, einem früheren Mitglied der Rock Machine, der im Jahr 2005 von einem zweiten Informanten beschuldigt wurde, mit der Einstellung des Verfahrens endete. Laut Maraults Verteidiger Patrick Davis waren die Anschuldigungen der Staatsanwaltschaft nicht haltbar, da der Informant Christian Dumont-Lambert als Zeuge nicht die geringste Glaubwürdigkeit besaß.

Bleibt die Frage, ob Tony Duguay „Bill" Hamel von den Nomads getötet hat. Der einzige Mensch, der darauf eine Antwort weiß, ist Tony Duguay selbst.

Mitte Januar 2004 wurde endlich auch den letzten noch einsitzenden Bandidos der Prozess gemacht. Von mehr als 60 verhafteten Bandidos mussten sich die wenigsten vor Gericht verantworten. 48 Fälle endeten mit einem Schuldeingeständnis, und fünf Verfahren wurden mangels Beweisen eingestellt. Weder zur einen noch zur anderen Gruppe gehörten mein Freund Alain Brunette, ehedem Präsident der kanadischen Bandidos, und der frühere Sargento de Armas Serge „Merlin" Cyr. Aus vielerlei Gründen zog sich der Beginn ihres Prozesses bis zum Juni 2005 hin. Da waren seit ihrer Verhaftung drei Jahre vergangen.

Zweifellos hatten die Behörden das Verfahren in der Hoffnung verschleppt, dass die beiden sich schuldig bekennen würden. Doch weil mehrere Anklagepunkte fallen gelassen werden mussten, wurden Alain und Merlin schließlich für vergleichsweise geringfügiger Delikte wie Verstoß gegen das Betäubungsmittelgesetz und unerlaubtem Waffenbesitz angeklagt. Sie wurden zu jeweils acht Jahren Gefängnis verurteilt, die Untersuchungshaft wurde angerechnet. Ende Juni 2007 kamen beide frei.

Je langsamer die Mühlen der Justiz von Quebec mahlten, desto größer war die Gefahr, dass die Existenz eines kanadischen Ablegers der Bandidos eine Episode der Geschichte blieb. Für die wenigen verbliebenen Aufrechten in Toronto ging es schlicht ums Überleben. Aus den USA bekamen sie keinerlei Unterstützung, weder finanziell noch ideell, ganz gleich, wie inständig sie El Presidente George und andere Mitglieder des Präsidiums auch darum baten – falls sie überhaupt bis zu ihnen durchdrangen. Bedauerlicherweise bestand bei vielen in den USA wenig Interesse daran, dass der kanadische Ableger überlebte. Eher hoffte man das Gegenteil.

Ich weiß, wovon ich rede, weil ich damals selbst große Probleme mit dem nationalen Präsidium hatte und insgeheim den Rückzug aus dem Motorradclub erwog, der mir einst so viel bedeutet hatte. Und obwohl ich mit El Secretario Wrongway in regelmäßigem Kontakt stand, konnte ich kaum mehr tun, als meine kanadischen Freunde zu ermutigen und ihnen hier und da einen Rat geben.

Zum Glück gab es überall auf der Welt einige Bandidos, die den Kollegen aus Toronto nicht ablehnend gegenüberstanden. Über oft Tausende Meilen Entfernung ließen sie ihnen Hilfe zukommen. Bandidos aus Australien und Europa spendeten Geld oder trugen durch moralische Unterstützung dazu bei, dass trotz der schier aussichtslosen Situation die Hoffnung auf ein Überleben der kanadischen Bandidos nicht erlosch.

Im Herbst 2003 gründete sich in Edmonton, Alberta, ein neues Chapter der Bandidos – eine Wiedergeburt wie die des sagenhaften Phönix aus der Asche. Die Vorbereitungen für die Neugründung hatten bereits lange vorher begonnen, doch niemand ahnte auch nur etwas davon, bis zu Beginn des Jahres 2003 ein Bandido aus Toronto, der in Edmonton Verwandte besuchte, in einer Bar einen Biker traf. Aus dieser Zufallsbegegnung entwickelte sich ein größeres Treffen mit einer Gruppe von Bikern, von denen die meisten einst dem Rebels MC angehört hatten und nach dessen Auflösung unter den Hells Angels litten, die in Alberta quasi eine Monopolstellung innehatten. Deshalb war die Gruppe daran interessiert, einen Club zu gründen oder sich einem bestehenden anzuschließen, der den Hells Angels Paroli bieten konnte. Die Aussicht, künftig zu den Bandidos zu zählen, kam ihnen daher sehr gelegen. Joey „Crazy Horse“ Campbell, einer ihrer Anführer, der sowohl den Rebels als auch für kurze Zeit den Hells Angels angehört hatte, war davon überzeugt, dass die Gründung eines Bandidos-Chapters in Edmonton viele Probleme lösen würde.

Im Spätherbst 2003 fuhr Crazy Horse nach Toronto, wo er sich mit El Secretario Wrongway traf und die entscheidenden Schritte für die Gründung eines Chapters Edmonton in die Wege leitete. Crazy Horse selbst wurde bei der Gelegenheit zum Mitglied auf Probe des Chapters Toronto ernannt. Am 25. Mai 2003 wurde Crazy Horse der erste Bandido mit Wohnsitz im kanadischen Edmonton, wo sich ein gigantisches Einkaufs- und Vergnügungszentrum befindet, das lange Zeit das größte der Welt war.

Fünf Monate nach seinem Beitritt gründete Crazy Horse mithilfe des Chapters Toronto ein erstes provisorisches Chapter, dem sich mehr als ein Dutzend früherer Rebels anschlossen – ein großartiger Anfang. Doch ehe die neue Ära der Bandidos in Kanada richtig beginnen konnte, wurde Crazy Horse am 30. Januar 2004 vor einem Nachtclub in Edmonton erschossen. Mit ihm starb Robert Simpson, ein Freund von Crazy Horse und Sympathisant des Clubs, der das Pech hatte, zur falschen Zeit am falschen Ort zu sein.

Wie die meisten Männer, die sich vom Lebensstil der Einprozenter angezogen fühlen, war auch Crazy Horse weit davon entfernt, ein Heiliger zu sein, doch seine guten Charaktereigenschaften überwogen die weniger guten bei Weitem. Als er einen sinnlosen Tod starb und Frau und Kinder hinterließ, war er erst 34 Jahre alt. In einem Artikel einer Tageszeitung aus Edmonton, die über den Mord berichtete, findet sich eine Passage, die es wert ist, zitiert zu werden, weil sie den Getöteten treffend beschreibt: „Joey Morin (der sich heute Campbell nennt) wurde 1991 vom Generalgouverneur die Tapferkeitsmedaille verliehen, weil er im Oktober 1989 in Edmonton drei Personen aus einem brennenden Transporter befreit hatte. Der Wagen war Morin und einem Freund aufgefallen, als sie mit ihrem Auto an der Stelle vorbeifuhren. Sie hielten an und entdeckten im mit Rauch gefüllten Fahrerhaus einen Mann. Als sie ihn mit vereinten Kräften befreit hatten, sagte er ihnen, dass sein Sohn und dessen Freund sich noch im Wagen befänden. Also gingen die beiden erneut zu dem brennenden Transporter und retteten einen der beiden Jungen vor den Flammen. Anschließend wagte sich Morin unter größter Lebensgefahr ein drittes Mal zu dem Wrack und rettete auch den anderen Jungen.“

Der Tod von Crazy Horse und Robert Simpson führte in der lokalen Presse zu den üblichen Schlagzeilen mit teils aberwitzigen Formulierungen wie „Droht blutige Rache für Doppelmord?“ oder „Revierkampf zwischen Hells Angels und Bandidos fordert erste Opfer“. Und wie immer, wenn ein Biker in eine Auseinandersetzung involviert ist, meldeten sich sogenannte Experten mit klischeehaften Analysen und haltlosen Prognosen zu Wort.

Ein solcher „Experte“ war auch der Rentner Guy Ouellette, der früher bei der Polizei von Quebec gedient hatte und daher als besonders kompetent galt. „In den kommenden Wochen wird es vermehrt zu Schießereien kommen“, zitierte ihn ein Zeitungsartikel. „Das dadurch entstehende Chaos ist beabsichtigt, weil die Hells Angels es nicht zulassen werden, dass die Bandidos sich in Alberta organisieren. Freiwillig werden sie ihr Einflussgebiet jedenfalls nicht teilen. Es wird interessant sein zu beobachten, was als Nächstes passiert und ob es einen Gegenschlag der Bandidos gibt.“

Ein anderer sogenannter Experte, der Autor Yves Lavigne, der mehrere Bücher über die Hells Angels verfasst hat, kam im selben Artikel zu anderen Schlüssen als Ouellette: „Die Polizei muss die Bevölkerung darüber aufklären, ob es sich um eine zufällige Schießerei oder um einen gezielten Anschlag handelt und ob die Gegend rund um den Nachtclub noch sicher ist.“ Dabei hätte Lavigne es wohl belassen sollen, doch er setzte hinzu, dass die kanadischen Bandidos allenfalls eine marginale Rolle spielten, „weil es in ganz Kanada höchstens noch fünf Mitglieder gibt, und die kommen alle aus Ontario." Ich fragte mich natürlich, aus welchem Hut er solche Zahlen zauberte, denn Tatsache ist, dass es damals ein gutes Dutzend Mitglieder in Ontario und ein weiteres Dutzend in Edmonton gab. Die meisten von ihnen verhielten sich allerdings ziemlich unauffällig, waren Familienväter und gingen einem ordentlichen Beruf nach. Mit irgendwelchen kriminellen Machenschaften hatten sie nichts zu tun, und deshalb gab es für die Polizei auch keinen Grund, sie zu überwachen, so dass die Behörden, die Medien und die meisten „Experten" schlicht keine Ahnung davon hatten, was die Mehrheit der Mitglieder trieb. Da fiel es leicht, sie pauschal dem kriminellen Milieu zuzurechnen: Das verschafft den Behörden Arbeit und sichert den Zeitungen die Auflage.

Im Gegensatz zu den Weissagungen von Guy Ouellette und Yves Lavigne war Joey Campbell das erste und einzige Opfer unter den Bandidos von Edmonton. Das neue Chapter überlebte trotzdem leider nur ein Jahr, denn im Herbst 2004 schlossen sich alle verbleibenden Mitglieder den Hells Angels an. Das beweist erneut, dass auch in der kanadischen Bikerszene nicht alles so ist, wie es scheint. Im Sommer 2005 war vom Bandidos MC in Kanada nur noch das Chapter Toronto übrig, und das hatte nicht einmal mehr ein Dutzend Mitglieder.

Ich wunderte mich nicht, als eine Zeitung aus Edmonton über den Einzug der Bandidos in ihrer Stadt berichtete und dafür Yves Lavigne zitierte, der die alte Litanei „Rocker sind böse Menschen" anstimmte. Doug Beazley, der ihn für seinen Artikel befragte, erwähnt, dass Lavigne eine Studie über die kanadischen Hells Angels und rivalisierende Clubs erstellt habe. Tatsächlich hat Lavigne eine Marktlücke entdeckt und mehrere Bücher über die Hells Angels geschrieben, die ihn angeblich als „Experten" qualifizieren.

Experte sagt Tod von Bandidos voraus
von Doug Beazley
8. Februar 2004

Seit November unterhält der Motorradclub Bandidos in Edmonton ein provisorisches Chapter. Ihr erster öffentlicher Auftritt bei der Beerdigung von Joey Campbell am vergangenen Freitag könnte der Auftakt zu einem blutigen Konflikt in Alberta gewesen sein, so der Experte Yves Lavigne. „Zu der Beerdigung sind die Bandidos zum ersten Mal mit ihren offiziellen Abzeichen in der Öffentlichkeit aufgetreten", sagte Lavigne, der eine Studie über die kanadischen Hells Angels und rivalisierende Clubs erstellt hat. Er fügte hinzu, hochrangige Bandidos aus Ontario hätten ihm gegenüber erklärt, dass sie die Gründung in Edmonton nicht nur geduldet, sondern aktiv unterstützt hätten.

„Es gibt in Edmonton etwa sechs bis zehn Mitglieder, die ein provisorisches Chapter bilden, um sich in den kommenden zwölf Monaten zu beweisen. Und das heißt in der Regel, dass sie es bis dahin geschafft haben müssen, ein funktionierendes Netzwerk für den Drogenhandel aufzubauen", so Lavigne.

„Sich auf der Beerdigung als Bandido zu erkennen zu geben gleicht jedoch einem öffentlichen Selbstmord. Die Hells Angels betrachten Alberta als ihr Territorium, und hier ein Chapter der Bandidos zu gründen war eine riesengroße Dummheit, die keiner von denen, die auf der Beerdigung waren, überleben wird. Meine Sorge ist nur, dass auch Unbeteiligte in den Konflikt hineingezogen werden."

Dass es sich bei der Neugründung um ein auf Dauer angelegtes Unterfangen handelt, wird durch die Tatsache bestätigt, dass zahlreiche Trauernde auf der Beerdigung auf ihren Westen Aufnäher in den Farben des Clubs und mit der Aufschrift „Alberta" trugen. Trotzdem war die Polizei von der Entwicklung offenbar überrascht.

Lavignes düstere Prognose erklärt sich aus dem Vergleich der Kräfteverhältnisse der beiden Gruppen. Die Hells Angels sind der mit Abstand größte Club in Kanada und laut aktuellem Geheimdienstbericht der einzige, der Chapter in den drei Ballungsgebieten Edmonton, Calgary und Red Deer unterhält.

„Ein Abkommen zwischen Hells Angels und Bandidos besagt, dass ein Territorium dem gehört, der es als Erster besetzt", erläutert Lavigne. „Die Angels waren zuerst in Alberta. Den Versuch der Bandidos, in Edmonton Fuß zu fassen, werden sie unterbinden. Woanders werden sie dergleichen gar nicht erst zulassen."

Wenn man alles, was mit der Rock Machine und den Bandidos geschehen war, in Betracht zog, konnte man nur zu einem Ergebnis kommen: Sieger des sogenannten Bikerkrieges waren die Hells Angels. Sie waren halt Überlebenskünstler und nicht von ungefähr weltweit der bedeutendste Zusammenschluss von Einprozentern. In Kanada waren sie seit mehr als 20 Jahren aktiv und konnten auf eine entsprechende Infrastruktur zurückgreifen.

In Kanada Fuß gefasst hatten die Hells Angels im Dezember 1977 mit der Aufnahme der Popeyes aus Montreal. Das Jahr 1977 war für die Hells Angels ohnehin sehr erfolgreich, weil auch in England zwei neue Charter entstanden: im Januar eines in Wessex und einen Monat darauf eines an der Südküste. Der Sprung über die Grenzen der USA war den Hells Angels jedoch schon vorher gelungen, wie zahlreiche Charter-Gründungen belegen: Auckland, Neuseeland (Juli 1961), London, England (Juli 1969), Zürich, Schweiz (Dezember 1970), Hamburg, Deutschland (März 1973), die Westküste Englands (August

1974), Melbourne und Sydney, Australien (August 1975), Vorarlberg, Österreich (November 1975), Essex, England (August 1976) und Kent, England (Dezember 1976).

Aufgrund der zügigen Erweiterung waren die Hells Angels im Jahr 2007 in dreißig Ländern auf fünf Kontinenten vertreten. Derzeit gibt es weltweit mehr als 230 Charter und 28 Nomad-Charter. Die Mitgliederzahl dürfte irgendwo bei 3.000 liegen. Allein in Kanada gibt es 32 Charter mit mehr als 500 Mitgliedern. Damit ist Kanada eines der mitgliederstärksten Länder überhaupt.

Anders als bei den anderen großen Motorradclubs sind die einzelnen Charter selbstständige Einheiten, für die gleichwohl ein weltweit verbindlicher Kanon aus Regeln sowie Ver- und Geboten gilt. Jedes Charter hat das Recht, sich ein Statut zu geben, Anwärter anzuwerben sowie sympathisierende Clubs zu gründen. Lediglich die Aufnahme eines anderen Clubs oder die Gründung eines neuen Charters bedarf der Zustimmung des zuständigen Nomad-Charters.

Seit die Hells Angels 1977 in Montreal Fuß fassen konnten, haben sie sich Stadt für Stadt, Provinz für Provinz in Kanada ausgebreitet und zum führenden Club des Landes entwickelt. Der Ruhm, die ersten Einprozenter im Land gewesen zu sein, gebührt jedoch den Outlaws, die ursprünglich aus Florida stammen und in der Stadt St. Catharines, Ontario, unweit der Niagarafälle Wurzeln schlugen. Damit kamen sie den Hells Angels um fünf Monate zuvor. Im Juli 1977 bewiesen die Outlaws jedoch Weitblick und schluckten das örtliche Chapter der Satan's Choice, die damals zu den mächtigsten von insgesamt zwölf in Ontario vertretenen Motorradclubs gehörten. Die Chapter von Windsor und Ottawa folgten dem Beispiel, und kurz darauf entstand ein neues Chapter in Montreal. Schließlich streckten die Outlaws die Fühler Richtung Südwesten und in den Norden Ontarios aus.

Allerdings waren nicht alle Chapter der Satan's Choice gewillt, den Outlaws beizutreten und dafür ihre Aufnäher abzulegen. Anders als die Aufnahme der Popeyes durch die Hells Angels wurde der Wechsel der ersten Satan's Choice zu den Outlaws im Geheimen vollzogen. Ein entsprechendes Abkommen war vom Präsidenten des Chapters St. Catharines, Garnet „Mother" McEwen ausgehandelt worden. Der charismatische frühere Hippie hatte seine Untergebenen sowie die Chapter aus Windsor und Ottawa dazu gebracht, ohne Wissen des Gründers und nationalen Präsidenten der Satan's Choice, Bernie Guindon, zu den Outlaws überzutreten. Guindon saß damals gerade eine 17-jährige Haftstrafe ab und hatte McEwen beauftragt, den Club kommissarisch zu leiten, jedoch nicht ermächtigt, Entscheidungen zu treffen, die die Geschicke des Clubs nachhaltig verändern würden.

McEwen wurde vorgeworfen, ein falsches Spiel betrieben und zudem erhebliche Summen aus dem Vermögen der Satan's Choice veruntreut zu haben. Ob die Vorwürfe stimmten oder nicht – Mc Ewen konnte seines Lebens nicht mehr sicher sein. In den darauffolgenden Jahren wurden auf den 150 Kilogramm schweren Hünen zwei Anschläge verübt: Bei einem prügelte der Attentäter mit McEwens eigenem Holzbein auf ihn ein, das zweite war eine Schießerei, die er mit fünf Kugeln im Bauch überlebte. Diese Erfahrung bewirkte einen abrupten Sinneswandel: McEwen änderte seinen Namen, wurde zum gläubigen Christen und betätigte sich fortan als Prediger.

Interessanterweise legten zwanzig Jahre später auch Guindon und die verbliebenen Chapter der Satan's Choice ihre Aufnäher ab. Doch schlossen sie sich nicht den Outlaws an, sondern den Hells Angels.

Obwohl die Outlaws eine nicht zu unterschätzende Größe darstellten, waren sie doch nie in der Lage, den Hells Angels in irgendeiner Weise Konkurrenz in Kanada zu machen. Zu Beginn des 21. Jahrhunderts stand der Club kurz vor dem Aus – nicht weil die Hells Angels sie zu verschlucken drohten, sondern weil die Polizei es darauf angelegt hatte, sie zu vernichten. Heute existieren sie fast ausschließlich in der Erinnerung, und was die Zukunft bringen wird, steht bekanntlich in den Sternen. Doch wie für die anderen „Big Four" gilt auch für den Club mit dem Totenkopf und den gekreuzten Kolben das Motto: Einmal ein Einprozenter, immer ein Einprozenter.

In sieben Jahren, die auf die Aufnahme der Popeyes folgten, vergrößerten sich die Hells Angels in und um Montreal um zwei Charter. Das Charter Montreal wurde 1979 geteilt, weil es zu groß geworden war. So entstand das Charter Nord. Weitere fünf Jahre später traten die Gitanes – ein kleinerer Club aus Sherbrooke, zirka 130 Kilometer südlich von Montreal – den Hells Angels bei.

Die Hells Angels suchten auch den Kontakt nach British Columbia im Westen und nach Neuschottland im Osten, doch nahm zunächst niemand so recht davon Kenntnis. Das änderte sich im Juni 1985, als Taucher der Polizei am Grund des Sankt-Lorenz-Stroms vier mit Beton beschwerte Schlafsäcke fand, in denen vier leblose Körper steckten. Ein fünfter Körper, der schon teilweise verwest war, war einige Tage zuvor einem Fischer ins Netz gegangen. Dadurch war die Polizei auf das nasse Massengrab überhaupt erst aufmerksam geworden. Die Leichen konnten identifiziert werden. Es handelte sich um die sterblichen Überreste von Laurent „L'Anglais" Viau, Jean Guy „Brutus" Geoffrion, Michel „Willie" Mayrand, Guy-Louis „Chop" Adam und Jean-Pierre „Matt le Crosseur" Mathieu, die sämtlich dem Charter Nord angehörten. Die grässliche Tat lenkte nicht nur die Aufmerksamkeit der Polizei auf die Hells Angels, sondern auch die der Medien. In die Geschichte eingegangen ist das Massaker unter dem Namen „Lennoxville Purge".

Zwei Jahre nach diesem Vorfall wurden 39 Hells Angels verhaftet, darunter Rejean „Zig-Zag" Lessard, Jacques Pelletier, Luc „Sam" Michaud, Michel „Jinx" Genst und Robert „Snake" Tremblay. Bei dem Prozess gegen die Mörder von Lennoxville stellte sich heraus, dass den Opfern übermäßiger Kokaingenuss und erhebliche Schulden bei anderen Mitgliedern der Hells Angels zum Verhängnis wurden. Man hatte sie in das Clubhaus des Charters Sherbrook in Lennoxville gelotst und durch Schüsse in den Kopf getötet.

Das war jedoch nicht der erste Fall von clubinternen „Säuberungsaktionen". Vier andere Mitglieder der Hells Angels waren schon 1982 aus dem Weg geräumt worden. Weitere sollten folgen. Nicht wenige fand man im Sankt-Lorenz-Strom, wo missliebige Mitglieder bevorzugt entsorgt wurden. Sehr bald standen die Hells Angels von Quebec im Ruf, die weltweit brutalsten Biker zu sein. Ein Jahrzehnt später, unter der Regentschaft von Maurice „Mom" Bucher", bemühten sie sich nach Kräften, diesem Ruf erneut gerecht zu werden.

Zur Zeit des Massakers von Lennoxville gehörte Boucher, der später an der Umwandlung der Hells Angels aus Quebec von einem Motorradclub zu dem, was die Behörden „kriminelle Vereinigung" nennen, maßgeblich beteiligt war, einem kleineren Club namens SS an, der im Osten von Montreal Island beheimatet war. Durch den Club, dem er 1983 im Alter von 30 Jahren beigetreten war, lernte er zwei Männer kennen, die für seine Zukunft entscheidende Wichtigkeit haben sollten: Normand „Biff" Hamel und Salvatore Cazzetta. Hamel wurde später sein Verbündeter, Cazzetta sein erbitterter Feind.

Nachdem sich der SS aufgelöst hatte, traten Boucher und Hamel dem Charter Montreal der Hells Angels bei, wo sie schnell in der Hierarchie aufstiegen. Salvatore Cazzetta und sein jüngerer Bruder Giovanni gründeten die Rock Machine. Um ihre eigenen Interessen voranzutreiben, gründeten Boucher und Hamel 1992 die Rockers, einen sogenannten „Puppet Club" der Hells Angels. Im Juni 1995, bevor der Konflikt mit der Rock Machine offen ausbrach, gründeten Boucher, Hamel und sieben weitere überzeugte Hells Angels aus Montreal, Three Rivers (Trois-Rivières) und Halifax das Elite-Charter der Nomads, die anders als die gewöhnlichen Charter an kein Territorium und kein Clubhaus gebunden waren – was es selbstverständlich massiv erschwerte, ihre Aktionen vorauszuahnen.

Als Folge des Wechsels von Boucher und Hamel zu den Hells Angels entstanden in Quebec in kurzer Zeit neben einigen kleineren Clubs mit Sympathisanten allein drei neue Charter. Nach der Aufnahme der Gitanes aus Sherbrooke wagten die Hells Angels den Schritt nach Quebec City, eine der ältesten Städte Nordamerikas und Hauptstadt der gleichnamigen Provinz. 1988 schlossen sich zwei bestehende Clubs, die Vikings und die Iron Coffins, den Hells Angels an und bildeten gemeinsam das Charter Quebec City.

Eine weitere Vergrößerung gelang den Hells Angels durch die Aufnahme der Satan's Guards, die vorher Missiles geheißen hatten. Sie traten 1991 zu den Hells Angels über und bildeten das Charter Trois Rivières. Im März 1997 schließlich verließen acht Vollmitglieder und zwei Anwärter das stark angewachsene Charter Montreal und gründeten das Charter Süd. Zwar blieb Quebec die wichtigste kanadische Provinz der Hells Angels, doch breitete sich der Club allmählich über das ganze Land aus und war auch in den Provinzen British Columbia, Neuschottland und New Brunswick vertreten. Im Juli 1997 kamen durch den Eintritt der Grim Reapers zwei neue Charter in Alberta hinzu, eins in Calgary, eins in Edmonton. Etwa zur selben Zeit wurden die Alberta Rebels und die Saskatchewan Rebels aus der Provinzhauptstadt Saskatoon zu Anwärtern erklärt. Drei Monate später schlossen sich auch die Manitoba Los Bravos aus Winnipeg den Hells Angels an.

Ende 1997 gaben die kanadischen Hells Angels aus Anlass ihres 20-jährigen Bestehens eine große Party. Hunderte Mitglieder, Anwärter, Sympathisanten und Freunde strömten aus dem ganzen Land nach Sorel am Südufer des Sankt-Lorenz-Stroms, eine knappe Autostunde von Montreal entfernt. Sorel war ursprünglich die Heimat des Charters Montreal und daher so etwas wie die Keimzelle des Clubs. Einen besseren Ort hätte man für die Jubiläumsfeier nicht finden können.

Zur Zeit des Jubiläums war der Bandenkrieg zwischen den Hells Angels und der Rock Machine noch in vollem Gange. Die Behörden erwiesen sich als machtlos und waren nicht in der Lage, in nennenswertem Umfang Verhaftungen vorzunehmen. So schlug das Pendel zwar nur langsam, aber doch deutlich zugunsten der Hells Angels und Boucher aus. Der Staat konterte mit der Aufstockung der finanziellen Mittel, neuen Gesetzen und der Gründung einer Eliteeinheit. Und das sollte den Hells Angels noch Albträume bereiten.

Im April 1997 verabschiedete das kanadische Parlament das Gesetz C-95 – eine Reaktion auf den Tod des elfjährigen Daniel Desrochers. Es versetzte die Behörden in die Lage, Verdächtige allein aufgrund einer vermuteten Mitgliedschaft in einer kriminellen Vereinigung zu verfolgen. Der Polizei erlaubte das Gesetz die elektronische Überwachung verdächtiger Organisationen und ihrer Mitglieder. Es erleichterte ihnen zudem, Verdächtige auf unbestimmte Zeit in Haft zu nehmen. Das Gesetz war jedoch so formuliert, dass Raum für Interpretation blieb, und viele kanadische Menschenrechtsorganisationen kritisierten es als Verstoß gegen die verbrieften Grundrechte.

Keinerlei Interpretation bedurfte die Gründung einer „Wolverines" genannten Sondereinheit im August 1995, die nur ein einziges Ziel hatte: den Kampf gegen die Hells Angels. Die Einheit namens „Vielfraße" setzte sich aus fast 60 Experten der verschiedensten kriminalistischen Fachrichtungen zusammen. Seit 1970, als sich die Regierung den militanten Angriffen der Front für die Befreiung Quebecs gegenübersah, hatte es keine so schlagkräftige Sondereinheit mehr gegeben. In den folgenden vier Jahren sorgte die unermüdliche und gründliche Arbeit der „Wolverines" für die größte Verhaftungswelle in der kanadischen Geschichte. Und für die Hells Angels von Quebec bedeutete dieser Schlag eine empfindliche Niederlage.

Der Anfang vom Ende für Maurice „Mom" Boucher war erreicht, als er der Anstiftung zum Mord an zwei Justizvollzugsbeamten in Quebec beschuldigt wurde. Eine der beiden, Diane Lavigne, wurde am 26. Juni 1997 von einem Motorrad aus in ihrem Auto erschossen, als sie von ihrem Dienst in einem Gefängnis von Montreal auf dem Heimweg war. Der zweite, Pierre Rondeau, starb, als er mit dem Anstaltsbus, den er fuhr, in einen Hinterhalt geriet. Rondeaus Kollege Robert Corriveau, auf den ebenfalls ein Anschlag geplant war, kam letztlich ungeschoren davon. Die beiden getöteten Beamten hatten keinerlei Kontakt zur Bikerszene und waren laut Polizeiangaben quasi zufällig und zur Einschüchterung des gesamten Sicherheitsapparates der Provinz ausgesucht worden.

Obwohl Boucher 1998 freigesprochen wurde, erwiesen sich die beiden Morde für ihn als Bumerang. Denn nur zwei Tage nach seinem Treffen mit Fred Faucher von der Rock Machine am 8. Oktober 2000, bei dem ein Waffenstillstand zwischen den verfeindeten Gruppen ausgehandelt werden sollte, wurde Boucher erneut festgenommen, und erneut lautete der Vorwurf Anstiftung zum Mord an den beiden Gefängnisaufsehern. Wenige Stunden zuvor hatte das Appellationsgericht von Quebec einstimmig beschlossen, Boucher erneut den Prozess zu machen. Der Generalstaatsanwalt hatte argumentiert, dass der Richter der ersten Verhandlung gegen Boucher die Geschworenen unzureichend über Rechte und Pflichten aufgeklärt und damit Bouchers Freispruch wesentlich herbeigeführt hatte.

Boucher verbrachte eineinhalb Jahre in Haft, bis der zweite Prozess begann, doch am 5. Mai 2002 wurde er der Anstiftung zum Mord an Lavigne und Rondeau schuldig gesprochen. Das Gericht stützte sich in erster Linie auf die Aussagen von Serge Boutin und Stephane Gagne, einem der Täter. Und auch wenn es keinen unmittelbaren Beweis für die Tatbeteiligung Bouchers gab, plädierte der Staatsanwalt auf schuldig, weil in einer streng hierarchischen Organisation wie den Hells Angels niemand anderes als der Präsident selbst als Auftraggeber einer solchen Tat infrage käme. Die Geschworenen schlossen sich dieser Meinung schließlich an, doch keineswegs so selbstverständlich, wie man denken könnte: Die acht Männer und vier Frauen berieten elf Tage lang, bis sie sich schließlich einigten, und um ein Haar wäre der Prozess geplatzt.

Da Boucher weiterer Morde im Rahmen des Bikerkrieges verdächtigt wurde, lautete das Urteil gegen ihn lebenslänglich ohne die Möglichkeit, nach 25 Jahren entlassen zu werden. Vorangegangen waren dreizehn Anklagen wegen weniger schwerer Delikte, die erste im Jahr 1976. In seinem Vorstrafenregister fanden sich Verurteilungen wegen sexueller Nötigung, Diebstahl und unerlaubtem Waffenbesitz. Interessanterweise hatte er für keines der früheren Vergehen mehr als zwei Jahre bekommen.

Die Verurteilung wegen Anstiftung zum Mord an den beiden Justizvollzugsbeamten machte dem 49-jährigen Präsidenten der Nomads schmerzlich bewusst, dass er nicht außerhalb der Rechtsordnung stand. Doch Boucher war nicht das einzige Mitglied der Hells Angels, das die-

222

se Lektion lernen musste. Kurz vor seiner Festnahme hatte die Justizministerin von Quebec, Linda Goupil, angekündigt, dass ihr Ministerium jährlich 1,6 Millionen Dollar Sondermittel bereitstellen würde, damit 13 neu eingestellte Staatsanwälte gegen die organisierte Kriminalität und deren Anführer vorgehen könnten. Die Verhaftung und Verurteilung Mom Bouchers war erst der Anfang dieses Feldzuges.

Einige Monate nach Bouchers Festnahme im Oktober 2000 fand im streng bewachten Clubhaus der Hells Angels in Sorel ein denkwürdiges Fest statt, an dem Boucher sicherlich ebenso gern teilgenommen hätte wie die mehr als 300 Gäste, die dazu anreisten, es schließlich taten. In einer beispiellosen Aktion, die nahezu alle unter Einprozentern übliche Regeln außer Kraft setzte, wurden 168 Mitglieder der Satan's Choice, der ParaDice Riders, der Last Chance und der Lobos zu offiziellen Mitgliedern der Hells Angels ernannt. Mit diesem Coup gelang es den Hells Angels buchstäblich über Nacht, sich in Ontario, der bevölkerungsreichsten Provinz Kanadas, endgültig zu etablieren. Ihr Reich erstreckte sich nun von der West- bis zur Ostküste.

Doch die Feierstimmung hielt nicht lange an. Die kanadischen Behörden waren für den entscheidenden Schlag gegen den berüchtigsten Motorradclub der Welt gerüstet. Den Auftakt bildete ein Ereignis, dem weder die Öffentlichkeit noch die Hells Angels selbst allzu viel Bedeutung beimaßen. Im Januar 2001 wurden zwei Mitglieder der Hells Angels aus British Columbia von einem Gericht in Vancouver wegen Drogenhandels verurteilt. Das Besondere daran war, dass es sich um die erste erfolgreiche Klage gegen Mitglieder der Hells Angels in der westlichsten Provinz des Landes handelte.

Der eher unspektakuläre Vorfall bildete den Prolog zu weitaus dramatischeren Aktionen der Behörden. In den frühen Morgenstunden des 28. März führten fast 2.000 Polizisten aus mehreren Provinzen Razzien bei Hells Angels und Angehörigen nahestehender Clubs in Quebec, Ontario und British Columbia durch. Mehr als 77 Objekte wurden durchsucht, darunter Wohnungen, Clubheime und öffentliche Lokale, die als Biker-Treffpunkte bekannt waren. Die „Operation

Springtime 2001" genannte Aktion bildete den Abschluss zweier aufwendiger polizeilicher Ermittlungsverfahren namens „Project Rush" und „Project Ocean".

Voraussetzung für das „Project Rush" war das Gesetz C-95 vom April 1997 gegen Bandenkriminalität. Es erlaubte den Ermittlungsbehörden beispielsweise, Mitglieder von Motorradclubs wegen Mordes an Rivalen anzuklagen, ohne eine individuelle Tatbeteiligung nachweisen zu müssen. Gleichzeitig sah das Gesetz vor, dass ein verurteilter Täter zusätzlich zu der Strafe für sein Verbrechen 14 Jahre aufgebrummt bekommen konnte. Das „Project Ocean" ergänzte das „Project Rush" und diente dazu, die inneren Strukturen der Hells Angels und ihr System der Geldwäsche auszuforschen.

Vier Jahre Ermittlungsarbeit unter Einsatz modernster Technik und eingeschleuster Informanten führten schließlich zur Verhaftung von mehr als 130 Vollmitgliedern der Hells Angels und Personen aus dem Dunstkreis, davon allein gut 100 in Quebec. Nicht ein Schuss fiel, und nennenswerter Widerstand wurde nicht geleistet. Als „Zugabe" beschlagnahmten die Behörden zirka 20 Gebäude, 28 Fahrzeuge, 70 Schusswaffen, 120 Kg Haschisch, 10 Kg Kokain 8,6 Millionen kanadische Dollar sowie 2,7 Millionen US-Dollar.

Im Zuge der „Operation Springtime" kontrollierten Polizisten aus Calgary und Angehörige der Bundespolizei 27 Objekte in der Wirtschaftsmetropole der Millionenstadt. Acht von insgesamt 18 Mitgliedern der Hells Angels sowie mehr als 30 Anwärter und Sympathisanten wurden verhaftet. Die Aktion war der Abschluss einer elfmonatigen verdeckten Ermittlung namens „Project Shadow". 11 Kg Kokain und 4 Kg Haschisch wurden gefunden.

Die nächsten sechs Monate verliefen weitgehend ruhig. Doch im September 2001 wurden in London, Ontario, erneut zwei Mitglieder der Hells Angels sowie ein Mitglied eines assoziierten Clubs verhaftet. Und nach einer erneuten Phase relativer Ruhe stürmte die Polizei am Morgen des 3. Dezember in Halifax, Neuschottland, zahlreiche Wohnungen und Büros. 20 Personen wurden verhaftet, darunter drei Vollmitglieder der Hells Angels. Der lange geplante und sorgsam ausgeführte Schlag gegen die Hells Angels zeigte landesweit seine Wirkung.

Um die Vielzahl der Fälle verhandeln zu können, wurde in unmittelbarer Nähe zum Bordeaux-Gefängnis, wo die meisten Verhafteten einsaßen, für 16,5 Millionen Dollar ein neues Gericht gebaut, das aus Sicherheitsgründen durch einen gut 100 Meter langen Tunnel mit der zweitältesten Haftanstalt von Quebec und Zentralgefängnis der Region Montreal verbunden war. Um die Anonymität der Geschworenen zu gewährleisten, wurden sie hinter einem Einwegspiegel platziert. Doch nicht alle, die im Rahmen der „Operation Springtime" verhaftet worden waren, mussten sich vor ihnen verantworten.

Gegen Ende des Jahres 2001 hatten bereits 24 Beschuldigte beschlossen, sich mit der Staatsanwaltschaft zu arrangieren. Sie kamen mit Strafen zwischen sechs und fünfzehn Monaten wegen Drogenhandels und anderer minderschwerer Delikte davon. Zu Beginn des Folgejahres wählten weitere Angeklagte diesen Weg, bis am 19. April 2002 endlich der Mammutprozess begann. Als im April 2004 die „Operation Springtime" mit den Urteilen endete, saßen von einst 130 Angeklagten weniger als zehn Prozent auf der Anklagebank.

Eines der Beweismittel gegen jene 17 Mitglieder der Hells Angels, die sich ursprünglich geweigert hatten, mit der Staatsanwaltschaft zu kooperieren, war eine Liste mit Personen, die vom Club zu Mordanschlägen angestiftet worden waren – ein bedrückendes Dokument, für dessen Verlesung der Gerichtsdiener nahezu zehn Minuten benötigte. Es enthielt die Namen von 132 Personen, von denen manch einer bereits tot war. Ihre Opfer waren in den allermeisten Fällen Mitglieder der Rock Machine – ab dem Jahr 2000 der Bandidos – oder assoziierter Clubs. Einer der Attentäter nannte die Zahlen, die als „Kopfgeld" ausgesetzt waren: Für die Ermordung eines Vollmitglieds gab es 100.000 Dollar, für einen Anwärter 50.000 Dollar und für einen Sympathisanten 25.000 Dollar.

Ein Großteil der Beweise, die im frühen Stadium des Prozesses vorgelegt wurden, hatte Dany Kane zusammengetragen, ein Mitglied der

Rockers und seit 1994 Informant zunächst der Bundespolizei und später der Polizei von Quebec. Angeblich hat er im August 2000 Selbstmord begangen. Die Beweismittel, die er beschafft hatte, bestanden in der Hauptsache aus Tonaufnahmen von Gesprächen und Unterhaltungen, und obwohl Kane am Prozess nicht mehr teilnehmen konnte, wurden sie vom Gericht weiterhin verwendet.

Das aufwendige Verfahren geriet ins Stocken, als der Vorsitzende Richter Jean-Guy Boilard am 22. Juli 2002 über eine Beschwerde stolperte, die der Anwalt Gilles Dore, der den Angeklagten Daniel Lanthier vertrat, bei der Aufsichtsbehörde eingereicht hatte. Dore hatte am Vortag mit Boilard die Entlassung seines Mandanten gegen Kaution diskutiert, und angeblich hatte Boilard das Ansinnen nicht nur entrüstet zurückgewiesen, sondern den Anwalt bei der Gelegenheit auch massiv beleidigt.

Als Folge wurde Boilard durch Pierre Beliveau ersetzt, der die Neuaufnahme des Verfahrens für den 3. September ansetzte. Die Geschworenen, die 133 Zeugen gehört, 1.114 Beweisstücke gewürdigt und insgesamt 56 CDs mit Ton- und Bildmaterial begutachtet hatten, wurden nach Hause geschickt. Die Ernennung einer neuen Jury zog sich unerwartet lange hin, so dass erst am 21. Oktober wieder verhandelt wurde.

Am 18. November nahm das Verfahren erneut eine überraschende Wendung, weil sich sechs der 17 verbliebenen Angeklagten überraschend dazu entschlossen, mit der Staatsanwaltschaft zu kooperieren, und sich schuldig bekannten. Neben anderen Mitgliedern der Nomads und der Rockers war unter ihnen auch ein Mitglied der Rockers namens Francis Boucher – der 27-jährige Sohn von Maurice „Mom" Boucher. Mit dem Segen des Justizministeriums von Quebec einigte man sich auf Strafen zwischen drei und elf Jahren. Einen „Pferdefuß" hatte die Abmachung jedoch auch, denn eine vorzeitige Entlassung kam frühestens nach der Hälfte der Zeit infrage.

Der Prozess gegen diejenigen Angeklagten, die entschlossen waren, standhaft zu bleiben und auf milde Geschworene zu hoffen, wurde erst

2003 fortgesetzt, und dem Richter Réjean Paul blieb es erspart, die Geschworenen zur Beratung zu schicken. Der Grund war, dass sich neun Beschuldigte – der zehnte war wegen einer schweren Erkrankung verhandlungsunfähig – des Drogenhandels, der Mitgliedschaft in einer kriminellen Vereinigung und der Anstiftung zum Mord schuldig bekannten. Im Gegenzug wurde die Anklage wegen heimtückischen Mordes fallengelassen. Vier „Geständige", allesamt Mitglieder der Nomads, erhielten jeweils 20 Jahre, die anderen fünf jeweils 15 Jahre. Doch weil die Staatsanwaltschaft ihre Beteiligung an insgesamt 13 Morden beweisen konnte, wurden gegen drei aus dieser Gruppe neue Verfahren angestrengt, die schließlich mit hohen Haftstrafen endeten.

Der Erfolg im Kampf gegen kriminelle Motorradclubs war natürlich nicht billig: Die Kosten beliefen sich schließlich und endlich auf mehr als 100 Millionen Dollar. Der Großteil davon floss in die Bekämpfung der Hells Angels. Die Aufstellung von Spezialeinheiten, der Bau des neuen Gerichts in Montreal, das Gehalt für die vielen ermittelnden Staatsanwälte und die Kosten für die teilsweise extrem lange Untersuchungshaft von mehr als 100 Beschuldigten waren die Hauptposten.

Interessanterweise gelang es trotz dieses erheblichen finanziellen Aufwandes nicht, das „Biker-Problem" und den von ihnen kontrollierten Drogenhandel aus der Welt zu schaffen. Der Grund dafür blieb den Behörden verborgen, obwohl er auf der Hand liegt: Die Menschen verlangen nach Drogen und sind bereit, notfalls bis ans Ende der Welt zu gehen, um welche zu bekommen – gleich ob legal oder illegal. Die großen Pharmakonzerne wissen das und vertreiben ihre Drogen mit dem Segen der Regierungen. Verglichen mit den Gewinnen, die sich beispielsweise mit dem Verkauf von Psychopharmaka erzielen lassen, gleichen die Erträge aus dem illegalen Drogenhandel den berühmten „Peanuts". Alkohol und Tabak richten weitaus größere Schäden an als manche illegale Droge, sind aber legal. Die Regierungen gewähren der Bevölkerung Zugang zu bestimmten Rauschmitteln, um sie unter Kontrolle zu halten. Die Freigabe aller Drogen würde das Problem der

Sucht und des Missbrauches sicherlich nicht lösen, doch wie das Beispiel Alkohol zeigt, würde sie einer bestimmten Form von Kriminalität den Boden entziehen. In Kanada, das als eines der liberalsten und fortschrittlichsten Länder weltweit gilt, wird man heute kaum noch einen Richter finden, der wegen des Besitzes von Marihuana eine Strafe ausspricht. Die offizielle Freigabe scheitert jedoch am „großen Bruder“ USA, wo man sich vielerorts heute noch die Zeiten der Prohibition zurückwünscht.

Trotz der Verurteilung von Maurice „Mom“ Boucher, des Zusammenbruchs des Nomad-Charters Montreal sowie der langen Gerichtsverfahren mit mehr oder weniger harten Urteilen gegen mehrere Dutzend Vollmitglieder und Sympathisanten blieben die Hells Angels nicht nur auf der Bildfläche präsent, sondern schienen aus dem Ganzen sogar gestärkt hervorzugehen. Das Charter Toronto war mit fast dreißig Mitgliedern so groß, dass es in das Charter Richmond und das Charter Toronto geteilt werden musste. In Richmond gründete sich zur selben Zeit auch ein Chapter des befreundeten Clubs Foundation, der bis dahin nur in Hamilton, Ontario, vertreten war.

Im Sommer 2005 gab es in Hamilton auch ein Charter der Hells Angels – das 16. in Ontario. Es ließ sich in einem Clubhaus nieder, das früher den Satan's Choice gehört hatte. In Welland, Ontario, entstand quasi über Nacht ein neues Charter, weil die übliche Zeit als Anwärter übersprungen wurde. In Sudbury, einer alten Bergbaustadt im Norden Ontarios, war die Gründung eines Charters geplant. Die Red Demons, ein Puppet Club der Hells Angels, ließen sich in Grande Prairie, Alberta, nieder. Und der Motorradclub Bacchus aus Moncton, New Brunswick, trat geschlossen zu den Hells Angels über.

Die meisten Erweiterungen trugen sich aus naheliegenden Gründen außerhalb von Quebec zu. Doch auch dort tat sich etwas, als sich das Charter Sherbrooke, das zu Mom Bouchers Bikerkrieg stets auf Distanz geblieben war, teilte und das Charter Estrie gründete, dem sich die meisten jüngeren Mitglieder anschlossen, während die meisten älteren in Sherbrooke blieben.

Allein das Nomads-Charter war von der Bildfläche verschwunden. Überlebt hatten hingegen fünf andere Charter der Hells Angels, und das aus Trois Rivìeres machte Anstalten, in die Fußstapfen der Nomads zu treten. Zu Beginn der „Operation Springtime" hatten die Angels in Quebec 106 Mitglieder. Im Jahr 2006 belief sich diese Zahl laut Schätzungen der Polizei auf 124. Damit bleiben die Hells Angels der größte und mächtigste Motorradclub in Kanada, und sicherlich werden sie weiter wachsen.

Was sich durch die „Operation Springtime" vor allem veränderte, waren die handelnden Personen und die Gesichter. In den nächsten zehn Jahren werden viele, die damals hinter Gitter wanderten, entlassen, um entweder an ihr altes Leben anzuknüpfen oder ein neues zu beginnen. Inzwischen jedoch herrscht Friede im hohen Norden, und der Bikerkrieg gehört der Geschichte an. Der Hauptgrund dafür ist wohl, dass es in Kanada derzeit keinen Motorradclub gibt, der den Hells Angels Konkurrenz machen könnte. Dass sie trotzdem unter Druck stehen, liegt an einer Entwicklung, die ihren Ursprung in der „Operation Springtime" hat: Permanente Beobachtung durch die Behörden, gelegentliche Razzien, Festnahmen und Anklagen sind dafür verantwortlich, dass die Hells Angels ihren Geschäften nicht ungestört nachgehen können.

Bis ich offiziell Mitglied des Bandidos MC werden konnte, vergingen 16 Jahre, bis ich Anlass hatte, den Schritt zu bereuen, nur sechs. Auslöser war im Frühjahr 2002 die Entscheidung von El Presidente George, El Vice Presidente Jeff und der Mehrheit der US-amerikanischen Chapter, Herstellung, Vertrieb und Besitz von Methamphetamin künftig zu dulden. Das Chapter Oklahoma votierte ausdrücklich dagegen. Ich war die Probleme, die sich im Zusammenhang mit Methamphetamin in der Bandidos Nation permanent ergaben, allmählich leid und nicht bereit, der grassierenden Drogensucht auch noch Vorschub zu leisten.

Nach meiner Schätzung nahmen etwa 20 Prozent der Bandidos in den USA diese erbärmliche Droge, die meisten davon allerdings nur gelegentlich. Und trotz meiner Mühen, das Chapter Oklahoma davor zu verschonen, gab es einige wenige Mitglieder, die mit der Droge handelten und sie konsumierten. Den endgültigen Beweis dafür bekam ich im Sommer 2003, und das war der Auslöser für mich, meine Mitgliedschaft in dem Club massiv zu hinterfragen.

Zu dieser Zeit erstreckte sich unsere rot-goldene Welt, die zu gründen mich so viel Mühe gekostet hatte, über zirka 400 Meilen von Ost nach West und ungefähr 200 Meilen von Süd nach Nord. Zu dieser Welt zählten zwar nur acht Vollmitglieder und ein Anwärter, aber hinzu kamen etwa 15 Ozark Riders und 20 OK Riders, Clubs, die ich vor Jahren selbst gegründet hatte und die uns bedingungslos unterstützten. Zählt man Sympathisanten und Anhänger hinzu, waren wir zirka 50 Leute – eine nicht zu unterschätzende Macht im Staat Oklahoma.

Doch es wollte mir nicht gelingen, stolz und glücklich über diesen Erfolg zu sein. Dabei genossen wir in der Bandidos Nation einen guten Ruf, weil wir die Dinge anpackten, statt sie auf die lange Bank zu schieben. Und während sich in vielen Chaptern die Mitglieder oft uneins waren und unterschiedliche Ziele verfolgten, waren wir eine verschworene Gemeinschaft, die, wie auch meine beruflichen Unternehmungen, von meinem Verstand und meinem Organisationstalent profitierte.

Trotzdem war ich nicht restlos zufrieden damit, wie sich die Dinge entwickelten, und am meisten bedrückte mich, dass ausgerechnet Methamphetamin ein Thema war, bei dem sich das Chapter, das ich selbst gegründet hatte, nicht einig wurde. Das liegt insofern in der Natur der Sache, als dass sich immer und überall, sobald Methamphetamin im Spiel ist, bewährte Strukturen aufzulösen drohen: Zank, Betrug, Neid, Kleinlichkeit, Lügen und Gleichgültigkeit gegenüber finanziellen Verpflichtungen ziehen in den Club ein und machen sich in den kleinsten Verästelungen breit, wenn auch nur ein Mitglied Methamphetamin nimmt oder, schlimmer noch, sich im Handel damit versucht.

Das Chapter Oklahoma war da nur ein Beispiel von vielen, und im Juli 2002 schien alles auf eine Spaltung der Bandidos Nation hinauszulaufen. Den Beweis dafür lieferte der Birthday Party Run in Houston, an dem ich aufgrund beruflicher Verpflichtungen nicht teilnehmen konnte: Zum ersten Mal in der Geschichte des Clubs gab es zwei getrennte Zeltlager: einen für die Mitglieder, die El Presidente George unterstützten, einen anderen für diejenigen Mitglieder, die das ausdrücklich nicht taten.

Der Club stand förmlich vor einer Zerreißprobe. Nicht wenige Bandidos, darunter das gesamte Nomads-Chapter, konnten Georges Strategie nichts abgewinnen. Solange es den Fortbestand der Bandidos sicherte, war George jedes Mittel und jede Veränderung recht, und es gab genügend Leute, die ihn darin unterstützten. Andere jedoch, vor allem die Älteren, fühlten sich eher der Tradition verpflichtet und wollten so wenig Änderungen wie möglich. Beide Positionen waren nicht miteinander vereinbar, und die einzige Chance zur Versöhnung war, eine Art Mittelweg zu finden.

Natürlich schwelte derweil auch der Konflikt zwischen den Hells Angels und den Bandidos weiter, was mich wegen meiner Verbindung zu den kanadischen Bandidos und des von der Rock Machine „geerbten" Bikerkrieges besonders beunruhigte. Obwohl die Situation in den USA mit der in Kanada überhaupt nicht zu vergleichen war, sind die Spannungen zwischen den Clubs bis zum heutigen Tag spürbar.

Zu allem Überfluss war es zwischen den Sons of Silence aus Kansas, die zu unseren Verbündeten zählten, auf der einen Seite und den Galloping Goose sowie dem El Forastero MC, beide aus Missouri, auf der anderen Seite zu einem offenen Streit gekommen, der sich auch bei uns in Oklahoma auswirkte. Viele Mitglieder von El Forastero und der Galloping Goose waren steinalt und vom Methamphetamin so wirr im Kopf, dass sie den Kontakt zur Realität verloren hatten. Jedenfalls sahen sie Missouri als ihr „Privatgelände" an, auf dem Einprozenter anderer Clubs nichts verloren hatten.

Auch wenn El Forastero und Galloping Goose verschiedene Abzeichen trugen, hatte man es, sobald es um irgendetwas Praktisches ging, im Grunde mit ein und demselben Club zu tun. Im Frühjahr und Sommer hatte es zwischen ihnen und den Sons of Silence mehrfach Streit gegeben, und sowohl Bandidos, die in Missouri lebten, als auch Mitglieder des Hermano MC, auf meine Initiative hin in Kansas gegründet, waren offen bedroht worden.

Um die Lage zu entschärfen, schickte El Presidente George seinen Sargento de Armas Danny „DJ" Johnson los, damit er uns zu einem Treffen mit El Forastero und Galloping Goose in Springfield begleitete. In DJs Tross befand sich Chester aus Texas, der gerade erst Vollmitglied der Bandidos geworden war. Auf DJ war die Wahl gefallen, weil er einige Mitglieder von El Forastero und Galloping Goose aus jener Zeit kannte, als die Bandidos ein Chapter in Springfield hatten. Und das lag inzwischen 25 Jahre zurück.

Wir trafen auf eine extrem unfreundliche Delegation von El Forastero und Galloping Goose. Trotzdem gelang es uns, eine Waffenruhe zu vereinbaren: Die Bandidos durften in Missouri wohnen bleiben, mussten aber versprechen, kein eigenes Chapter zu gründen. Für die Ozark Riders wurde dieselbe Vereinbarung getroffen.

Weil die Spannungen damit nicht aus der Welt waren, trafen sich um Halloween 2002 Abgeordnete von El Forastero und Galloping Goose erneut mit Vertretern der Bandidos und der Sons of Silence. Dieses Mal fand das Treffen in Sioux Falls, South Dakota, statt, und die meisten Mitglieder des Chapters Oklahoma machten sich in einem geliehenen Kleinbus gemeinsam auf den Weg nach Norden. Als Delegationsleiter der Bandidos fungierte El Secretario Christopher „Chris" Horlock, Wortführer von El Forastero war Lyle Donkersloot. Das Gesprächsklima war frostig, aber glücklicherweise trafen besonnene Gemüter aufeinander.

Wir schilderten unseren Gesprächspartnern sehr genau die Lage unserer Verbündeten in Kansas City und informierten sie darüber, dass im Südwesten Missouris drei Bandidos ihren Wohnsitz hatten. Wir bestanden darauf, dass sie bei ihren Ausfahrten auf den Straßen von Missouri die Abzeichen tragen durften, doch das empfanden die Delegierten von El Forastero und Galloping Gosse als Ausdruck fehlenden Respekts, den sie nicht hinnehmen wollten. Das Gespräch, das so gut begonnen hatte, steckte in einer Sackgasse.

Das Ganze eskalierte im Frühjahr 2003, als zwei Mitglieder von El Forastero auf einem Parkplatz in Wichita, Kansas, einen Sympathisanten der Bandidos angriffen, als er von der Arbeit kam und zu seinem Auto gehen wollte. In einem Akt der Selbstverteidigung zog der Mann seine Waffe und schoss auf beide Angreifer, einer starb. Hochrangige Bandidos zeigten sich empört darüber, dass „wir" einen El Forastero getötet hatten. Dass man einen von uns überfallen hatte, war ihnen hingegen keinerlei Kommentar wert. Ich stand eindeutig aufseiten unseres Freundes, der spontan entschieden hatte zu schießen, um sein Leben zu retten. Die Justiz gab ihm Recht, indem sie die Ermittlungen gegen ihn im Herbst 2003 einstellte.

Ich hatte die Hoffnung, dass sich nun alles zum Besseren wenden würde, doch wieder einmal enttäuschten mich George und das gesamte Präsidium. Nicht, dass ich es offen ansprechen konnte, doch allmählich begann ich zu begreifen, was viele ältere Mitglieder so sehr gegen George und seine Amtsführung aufbrachte. In den zurückliegenden Monaten war mir mehrfach die Redewendung „verraten und verkauft" in den Sinn gekommen, und ich hatte die ungute Ahnung, dass George mich mehr als nur einmal ausgenutzt hatte. Dazu passten Gerüchte, dass er nicht davor zurückscheute, einzelne Bandidos gegeneinander auszuspielen. Noch schwerer wog jedoch die Behauptung, dass er, wenn er sich einen Vorteil davon versprach, sogar Einprozenter anderer Clubs zum Nachteil anderer Bandidos instrumentalisierte. Inzwischen hatte ich Grund zu der Annahme, dass solche Gerüchte zumindest nicht vollkommen aus der Luft gegriffen waren: Wo Rauch ist, ist auch Feuer, lautet ein anderes Sprichwort.

Vor allem ein Vorfall bestärkte mich in dieser Auffassung, und der wollte mir nicht aus dem Sinn gehen. Im Sommer 2002 hatte George mich von Oklahoma City aus angerufen. Dort lebte seine Schwiegermutter, die er besuchte, und nun bat er mich, ihn abzuholen und mit nach Tulsa zu nehmen, wo er sich mit Bandido Lee und mir treffen wollte. Auf der Fahrt nach Tulsa erzählte mir George beiläufig einige Geschichten über einen Bandido namens Jack-E, von denen ich wusste, dass sie nicht den Tatsachen entsprachen. Als Lee George am nächsten Tag zurück nach Oklahoma City brachte, musste auch er sich die

Märchen über Jack-E anhören. Als wir später die Versionen verglichen, kamen wir zwangsläufig zu dem Schluss, dass El Presidente George gelogen hatte – nach den Clubregeln ein Vergehen, das mit Ausschluss bestraft werden kann. Doch offensichtlich wurde im Präsidium mit zweierlei Maß gemessen. Ich hingegen wusste nun mit Sicherheit, dass George mich angelogen hatte, und das machte es relativ wahrscheinlich, dass er es bei anderen Gelegenheiten nicht anders gehalten hatte.

Ein Jahr war seither vergangen, und in dieser Zeit hatte ich mehrfach Gelegenheit, meine Mitgliedschaft im Bandidos MC zu hinterfragen. Ich war es leid, dass George mich vor seinen Karren spannte, um ein Projekt auf den Weg zu bringen, das ihm am Herzen lag, um bei der ersten Beschwerde gegen das Projekt mir die Schuld in die Schuhe zu schieben. Es nervte mich, dass ich mir den Hintern aufriss, während es sich die hohen Herren des Präsidiums auf der Couch bequem machten und es sich gut gehen ließen. Schließlich und endlich war ich enttäuscht davon, dass ich zwar die Aufgaben eines Amtsträgers übernehmen sollte, aber nicht wie ein Amtsträger behandelt wurde. Drei Mal hatte ich es für kurze Zeit zum Mitglied des nationalen Chapters gebracht. Und obwohl ich alle drei Male bereits nach wenigen Tagen wieder degradiert worden war, hatte man von mir erwartet, die entsprechenden Aufgaben klaglos weiter zu erfüllen. Doch ich wollte mich nicht mehr hundert und aberhundert Stunden für den Club abrackern, ohne einen Cent dafür zu bekommen, und mich zum „Dank" dafür auch noch schlecht behandeln lassen müssen.

Am meisten jedoch stieß mich der zügellose Konsum von und Handel mit Methamphetamin durch eine wachsende Zahl von Mitgliedern ab. Es wollte mir schlicht nicht in den Kopf, dass dieses Verhalten von El Presidente George toleriert wurde. Und dass Lügen, Neid und Misstrauen sich bei den Bandidos eingenistet hatten, war etwas, womit ich mich weder abfinden wollte noch abfinden konnte. Auf eigentümliche Art und Weise war aus einem Club, der mir noch 1997 nahezu alles bedeutet hatte, bis zum Sommer 2003 etwas Hassenswertes geworden.

Entsprechend war der Gemütszustand, in dem ich im August 2003 von Tulsa aus zur alljährlichen Biker Rally nach Sturgis aufbrach. Natürlich fragte ich mich, welche internen Konflikte dort womöglich zu Tage treten würden. Doch wie es nun einmal meine Art ist, hatte ich inzwischen mit vielen Bandidos aus aller Welt offen über meine Probleme, Sorgen und Bedenken gesprochen. Ich wusste auch, dass El Presidente George darüber nicht sonderlich glücklich war, und machte mich daher auf eine wie auch immer geartete Auseinandersetzung mit ihm gefasst.

Schon bald nach meiner Ankunft im Clubhaus der Bandidos von Rapid City, South Dakota, erreichte mich die Nachricht, dass George und sein Vize Jeff es auf mich abgesehen hatten und ihr Ziel ohne Rücksicht auf Verluste verfolgen würden. Auch wenn mich die Nachricht keineswegs überraschte, ging ich am nächsten Tag mit einem flauen Gefühl und besonderer Vorsicht zu einem Termin, zu dem das Präsidium das komplette Chapter Oklahoma einbestellt hatte.

Bei dem Treffen sollten die einzelnen Mitglieder darlegen, ob sie sich in ihrem Chapter angenommen fühlten und wen sie als ihren Präsidenten ansahen. Lee, ich und die meisten anderen fielen aus allen Wolken, als drei Mitglieder unseres Chapters uns den sinnbildlichen Dolchstoß versetzten. Bandido Steven „Steve" Buitron war von seinem Pankreaskrebs so gut genesen, dass er eine Schauerversion über die Zustände in unserem Chapter liefern konnte. Ohne Lee und mich aus den Augen zu lassen, behauptete er, dass ich die Zügel fest in der Hand habe und Lee nur als Marionette fungiere. Seine Schwafelei verblüffte mich umso mehr, als dass Steve seit Jahren kein Motorrad besaß, was ihn als Mitglied eines Motorradclubs disqualifizierte. Mit Rücksicht auf seine Krebserkrankung hatten wir jedoch Gnade vor Recht ergehen lassen, und das war nun wohl der Dank dafür.

Dass uns nichts Gutes erwartete, wurde mir klar, als ich auf Georges Gesicht ein Lächeln erblickte. Am liebsten hätte ich Steve auf der Stelle den Hals umgedreht. Denn wenn wir uns nicht für ihn verwendet hätten, seit er drei Jahre zuvor aus Texas nach Oklahoma gezogen war, hätte man ihn längst aus dem Club ausgeschlossen, entweder weil er kein Motorrad besaß oder weil er seine Beiträge mehr als unregelmäßig bezahlte. Der nächste Bandido, der uns einen Hieb versetzte, war James „Smurf" Ragan, der sich den Worten Steves anschloss. Der Dritte im Bunde war Michael „Mick" Barnett, der erst vor Kurzem zu uns gestoßen war und deshalb keinen Schimmer davon hatte, was sich in unserem Chapter tatsächlich abspielte. Doch wie Smurf pflichtete auch Mick Steve bei, und die Dinge nahmen ihren Lauf.

Nachdem er sich die bestellten Schauergeschichten der drei angehört hatte, beschloss George, das Chapter Oklahoma zu teilen. Als Termin bestimmte er die nächste Pawhuska Biker Rally Mitte September. Das Chapter westliches Oklahoma sollte alle Mitglieder aus Oklahoma City und Lawson aufnehmen, das Chapter östliches Oklahoma all jene, die in Tulsa, Joplin, Muskogee und Springfield lebten. Dieses Chapter sollte Lee leiten. Bis zu diesem Punkt hatten wir mit dem Beschluss kein Problem, denn die Teilung hatten wir für die nicht allzu ferne Zukunft ohnehin vorgesehen. Was uns jedoch überraschte, war, dass George Bandido Steve als Leiter des neuen Chapters Oklahoma City-Lawson vorschlug. In unseren Augen kam für das Amt nur Charles „Snake" Rush infrage.

Noch hatten wir diesen Schock nicht verdaut, da meldete sich Smurf zu Wort und verkündete, er wolle auch Präsident eines Chapters werden. Daraufhin erklärte George, dass Smurf ein idealer Präsident wäre und das Chapter Oklahoma noch vor Jahresende ein weiteres Mal geteilt werden sollte, damit Smurf sein eigenes Chapter erhielt. Standort solle Joplin, Missouri, werden, und die Mitglieder würden sich aus Missouri und dem nördlichen Oklahoma rekrutieren. Der Vorschlag war schlicht lächerlich, denn Smurf war nicht einmal fähig, einen Hund an einer Leine auszuführen, geschweige denn ein Chapter der Bandidos anzuführen. Ausgerechnet jene drei Mitglieder unseres Chapters, die durch nichts dazu befähigt waren – Steve, Smurf und Mick –, sollten nun höhere Weihen bekommen. Wir übrigen verließen das Clubhaus in der Gewissheit, dass der Auftritt der drei inszeniert gewesen war, um

Lee und mich zu entmachten. Nun schien es nur noch eine Frage der Zeit, bis George seinen Willen durchgesetzt und mich aus dem Club gedrängt hatte. Mich überraschte lediglich, dass er dafür die Zerschlagung des Chapters Oklahoma in Kauf nahm.

Als ich wieder in Tulsa war, dämmerte mir allmählich, das meine Tage im Club gezählt waren. Kaum einen Monat darauf, am 20. September 2003, beschloss ich, selbst die Initiative zu ergreifen. Ich stand an einer Weggabelung und wollte vermeiden, in eine Sackgasse zu gehen. Und auch wenn mich der Schritt erleichterte, verließ ich den Club nur schweren Herzens. Ich zog die Kutte mit den Colors an und ging zu Lee, der nicht nur mein Präsident war, sondern auch seit Langem ein guter Freund. Er bedauerte meine Entscheidung zwar, verstand sie aber auch und entließ mich mit vollen Ehren und der Zusage, dass ich jederzeit willkommen wäre, sollte ich es mir irgendwann anders überlegen. Ich fühlte mich von einer schweren Last befreit und wusste, dass ich mich richtig entschieden hatte.

Eine Woche später erklärte George mein Ausscheiden für „unehrenhaft" und vereitelte damit meinen möglichen Übertritt zu einem anderen Motorradclub. Und für alle Bandidos, egal wo auf dieser Welt, bedeutete dieses Verdikt das strikte Verbot, mit mir auch nur ein einziges Wort zu wechseln. Bei Zuwiderhandlung drohte sofortiger Ausschluss aus dem Club. Mir gegenüber blieb George allerdings jede Begründung schuldig, warum er mir die Zukunft als Einprozenter verbaute. Es war wohl schlicht Rache, und auch wenn es mich schwer traf, habe ich irgendwann gelernt, damit zu leben.

Trotz meines „unehrenhaften" Ausscheidens blieben einige kanadische Bandidos in Kontakt mit mir, obwohl die Anweisungen aus den USA das Gegenteil verlangten. Das Gleiche gilt für viele frühere und „ehrenhaft" ausgeschiedene Mitglieder. Schon dieser Umstand bestärkte mich darin, dass El Presidente George mir vorsätzlich übel mitgespielt hatte. Und auch wenn ich kein Bandido mehr war, hielt ich mich über die weitere Entwicklung des Clubs auf dem Laufenden. Besonders war ich natürlich daran interessiert, was in Kanada passierte, und verfolgte die entsprechenden Medienberichte sehr aufmerksam, die ein umfassendes, wenn auch nicht immer ganz vorurteilsfreies Bild des Geschehens vermittelten. Das konnte ich beurteilen, weil ich jedes Mal, wenn eine Nachricht eintraf, einen der kanadischen Bandidos, die weiterhin mit mir redeten, kontaktierte und mir Genaueres berichten ließ.

Doch abgesehen vom Chapter Toronto, das auf ziemlich stabilen Füßen zu stehen schien, gab es wenig zu berichten. Die beabsichtigte Ausweitung der Bandidos nach British Columbia blieb aus, und weil sich auch aus dem Versuch, in Edmonton, Alberta, und Winnipeg, Manitoba, Fuß zu fassen, nichts Richtiges entwickelte, schienen die kanadischen Bandidos mehr oder weniger der Geschichte anzugehören. Doch am 8. April 2006 wurde das ganze Land von der Nachricht erschüttert, dass sich im Örtchen Shedden unweit von London, Ontario, ein achtfacher Mord ereignet hatte.

Die Medien berichteten, dass ein Farmer die Leichen auf seinem Acker jenseits der Stafford Line zwei Meilen nördlich von Shedden gefunden hatte. Sie befanden sich in insgesamt vier Autos: einem VW Golf, einem SUV von Infiniti, der Luxusmarke des japanischen Autobauers Nissan, einem Pontiac Grand Prix sowie einem Chevrolet Silverado. Laut Polizeiangaben war der Tatort nicht identisch mit dem Fundort der Leichen, was zugleich bedeutete, dass an dem Mord mehrere Täter beteiligt gewesen sein mussten. Alle Indizien sprachen daher für einen Racheakt im Umfeld krimineller Banden, und so gelangte der Mord als eines der schlimmsten Verbrechen Ontarios und blutigstes Ereignis im kanadischen Bikermilieu auch in die Schlagzeilen.

Kaum hatte mich die Nachricht vom Mord in Shedden erreicht, nahm ich Kontakt zu einigen alten Freunden in Kanada auf. Ich hielt es für denkbar, dass in ein Verbrechen dieser Machart durchaus Mitglieder von Motorradclubs involviert sein könnten. Die Telefongespräche, die ich führte, bestätigten meinen Verdacht: Unter den Opfern befanden sich sowohl Mitglieder als auch Anhänger des Bandidos MC.

Noch am Abend des Tattages meldeten sich mehrere kanadische Journalisten bei mir, die mich seit der Veröffentlichung meines ersten Buches – «Out in Bad Standings: Inside the Bandidos MC. The Making of a Worldwide Dynasty» – regelmäßig kontaktierten, sobald sich in der kanadischen Bikerszene etwas Wichtiges ereignete. Dieses Mal wollten sie von mir wissen, was genau in Shedden geschehen sein könnte. Die Journalistin Jen Horsey fragte mich, ob es sich bei den Getöteten um Bandidos und Mitglieder anderer Clubs handeln könnte. Ich antwortete ihr, dass die Wahrscheinlichkeit zumindest sehr groß war, und fügte hinzu, dass ich mit Insidern vor Ort gesprochen hatte, die einige der Autos, die im Fernsehen zu sehen gewesen waren, ihren Besitzern zuordnen konnten. Sogar eine Leiche, die kurz zu sehen gewesen war, glaubten sie identifiziert zu haben.

„Den Namen des Toten können Sie mir nicht zufällig nennen?" fragte Jen in der Hoffnung auf eine exklusive Geschichte. Aber den Gefallen konnte und wollte ich ihr nicht tun.

Gegen 20.00 Uhr hatte ich die Identität von zwei weiteren Opfern geklärt, zwei Bandidos, auf die wir gekommen waren, weil sie weder ans Handy gingen noch auf SMS-Nachrichten antworteten oder sonst wie erreichbar waren. Am Sonntagvormittag kannte ich fünf Opfer namentlich und musste schockiert, wenn auch nicht vollends überrascht, zur Kenntnis nehmen, dass einige davon dem nationalen Chapter der Bandidos angehört hatten.

Am 9. April um 13.00 Uhr gaben die kanadischen Behörden eine Pressekonferenz, auf der sie bestätigten, dass die Opfer – acht Männer im Alter zwischen Ende 20 und Anfang 50 – Mitglieder des Bandidos MC waren. Namentlich nannten sie Jon „Boxer" Muscedere, den 48-jährigen Präsidenten aller kanadischen Bandidos, und den 41-jährigen Luis Manny „Porkchop" Raposo. Dass sich die beiden unter den Opfern befanden, war mir schon seit dem Vorabend bekannt. Nur vier Jahre zuvor hatten mich Presidente Boxer und Bandido Porkchop in Oklahoma besucht, um nach der „Operation Amigo" Möglichkeiten zu beraten, den arg dezimierten Club wieder auf die Beine zu bringen. Nun waren sie tot, genau wie vier andere Vollmitglieder der Bandidos: George „Pony" Jesso, mit 52 Jahren der Älteste unter den Opfern, Frank „Bam Bam" Salerno, Paul Sinopoli und George „Crash" Kriarakis, mit 28 Jahren der Jüngste. Die beiden anderen Opfer waren die Anwärter Jamie Flanz und Michael Trotta. Die Zeitungen schrieben, Trotta sei lediglich aus dem Umfeld der Bandidos, aber das entsprach nicht der Wahrheit.

Bevor sich Gerüchte über mögliche Täter verbreiten konnten, ließ die Polizei von Ontario mitteilen, dass es sich um einen bedauerlichen Einzelfall handele und für die Bevölkerung keinerlei Grund zur Sorge bestehe. Ergänzt wurde die Meldung durch den Zusatz, dass es nicht den geringsten Hinweis auf eine Tatbeteiligung der Hells Angels oder eines anderen Motorradclubs gebe. Überraschend kam diese Meldung nicht, denn die Polizei wollte jeden Verdacht im Keim ersticken, dass es sich bei der Tat von Shedden um den befürchteten erneuten Ausbruch des Bikerkrieges handelte.

„Alles deutet darauf hin, dass es sich um eine interne Angelegenheit der Bandidos handelt, einen Machtkampf innerhalb der Organisation“, erklärte Sonderermittler Don Bell von der Polizei von Ontario.

Die Medien nahmen es weniger genau, griffen liebgewonnene Klischees auf und formulierten Schlagzielen wie „Blutiges Massaker schürt die Angst vor neuem Bikerkrieg“. Die Hells Angels nahmen das zum Anlass, sich vom Geschehen in Shedden zu distanzieren. Auf ihrer Internetseite schrieben sie: „Weder der Hells Angels MC noch eines seiner Mitglieder steht in irgendeiner Form mit dem Mord von Shedden in Verbindung.“ Ein Gerücht besagte, dass die Täter von Shedden Kontakt mit den Hells Angels hatten und den Beitritt in den Club erwogen. Ich halte das für ziemlichen Unfug, denn sowohl Presidente Boxer als auch die anderen waren überzeugte Mitglieder der Bandidos und hatten viel Mühe darin investiert, den kanadischen Ableger am Leben zu erhalten. An der Gründung des unglückseligen Chapters Edmonton im Jahr 2004 waren sie maßgeblich beteiligt, und erst kürzlich hatten sie die Gründung eines neuen Chapters in Winnipeg auf den Weg gebracht.

Die Behörden von Ontario ermittelten mit Hochdruck und nahmen schon am 10. April, dem Tag nach der Tat, fünf Verdächtige fest: Wayne Kellestine, Frank Mather, Brett Gardiner, Eric Niesson und Kerry Morris wurden des heimtückischen Mordes beschuldigt. Für Niesson und Morris, die einzige Frau unter den Beschuldigten, änderte man die Anklage später in Beihilfe zum Mord und Behinderung der Justiz. Hinweise, deren Herkunft die Behörden nicht kommentieren wollten, hatte die Polizei auf Kellestines Farm Iona Station geführt, die nur wenige Kilometer vom Fundort der Leichen entfernt lag.

Kellestine, der gemeinhin als gefährlich galt, hatte bereits eine zweijährige Haftstrafe abgesessen, zu der er im Jahr 2000 wegen des Verstoßes gegen die Waffengesetze und Rauschgifthandels verurteilt worden war. Als die Polizei die Farm stürmte, traf sie neben Kellestine auch die anderen Verhafteten an. Der 56-jährige Kellestine war der Einzige von ihnen, der den kanadischen Bandidos angehörte. Die anderen Männer galten als Anhänger, ein Begriff, den die Polizei immer gern benutzt, wenn sie nicht genau weiß, wen sie vor sich hat.

Trotz der Verhaftungen gab es immer noch keine Hinweise auf ein mögliches Motiv. Vermutungen und Spekulationen waren Tür und Tor geöffnet. Obwohl Kellestine als harter Hund galt, konnte sich niemand, der ihn kannte, recht vorstellen, dass er eine eherne Bikerregel brach und eine Frau in ein Verbrechen mit hineinzog. Einige meinten, er sei zu schlau, um mit dem Mord etwas zu tun zu haben, andere hielten ihn schlicht für zu dumm dafür.

Eines der Gerüchte, die kursierten, besagte, dass die Morde vom nationalen Chapter der USA sanktioniert worden seien und ein vierköpfiges Mordkommando aus Chicago nach Kanada entsandt worden war. Andere wollten wissen, dass man die Los Montoneros, einen befreundeten Club aus Winnipeg, mit der Tat beauftragt hatte. Wahr daran ist, dass die US-amerikanischen Bandidos mit der Entwicklung ihres kanadischen Ablegers alles andere als glücklich waren. Der damalige El Presidente Jeff Pike – George Wegers war von dem Amt zurückgetreten, weil ihn Konflikte mit dem Gesetz hinter Gitter gebracht hatten – hatte die Zugehörigkeit des kanadischen Ablegers zur Bandidos Nation bereits widerrufen. So war die Theorie von der US-amerikanischen Todesschwadron aufgekommen.

Die australischen und die europäischen Bandidos, die sich für die Aufnahme der kanadischen Bandidos von Anfang an stark gemacht und sie später nach Kräften unterstützt hatten, waren über Pikes Entscheidung ziemlich erbost. Doch ändern konnten sie daran auch nichts, und so verlängerte sich die Liste mit Streitpunkten zwischen dem Präsidium einerseits und den australischen und europäischen Bandidos andererseits, die es ablehnten, den Zusammenhalt in genau dem Moment aufzukündigen, in dem der andere ihn am dringendsten brauchte. Der Rauswurf der kanadischen Bandidos aus der Bandidos Nation nährte die Gerüchte, dass die US-amerikanischen Bandidos etwas mit dem Massaker von Shedden zu tun haben könnten, zumal im Anschluss an die Tat der grenzüberschreitende Kontakt gänzlich zum Erliegen kam.

Anders hielten es vier australische und zwei deutsche Bandidos: Wenige Tage nach der Tat reisten sie nach Ontario, um die Hinterbliebenen zu trösten und auf eigene Faust nach Tätern und Motiven zu forschen. Sie waren die einzigen Bandidos, die Hilfe nicht nur anboten, sondern auch aktiv leisteten. Sogar auf den Beerdigungen der acht Opfer waren auffällig wenige Biker anzutreffen, und die Trauergemeinde beschränkte sich jeweils auf einige gute Freunde und Familienangehörige. Normalerweise reisen zur Beerdigung eines Bandidos scharenweise Biker an, um dem Verstorbenen die letzte Ehre zu erweisen. Den Opfern des Massakers von Shedden blieb diese Geste des Respekts leider versagt.

Eine andere Theorie besagte, dass die acht Opfer auf Kellestines Farm gefahren waren, weil sie den Club verlassen und die Abzeichen zurückgeben wollten. Daher stammte auch das Gerücht vom Übertritt zu den Hells Angels. Laut einer weiteren Version hatte der Besuch bei Kellestine den Zweck, ihn dazu zu bewegen, den Club freiwillig zu verlassen und Presidente Boxer die Insignien seiner Mitgliedschaft auszuhändigen. Wie auch Boxer hatte Kellestine früher einmal den Annihilators und dann den Loners angehört. Inzwischen nahm er es mit Verpflichtungen wie dem regelmäßigen Erscheinen im Clubhaus und der Abführung seines Mitgliedsbeitrages derart locker, dass viele Bandidos ihn als eine Schande empfanden und ihn lieber heute als morgen loswerden wollten.

Schließlich und endlich heizte das Thema Drogen die Spekulationen an: Drei der ermordeten Bandidos wurden schon seit Wochen von Beamten des Drogendezernats observiert, und ironischerweise war ihnen die Polizei am Tatwochenende zu Kellestines Farm gefolgt. Doch in der Annahme, dass eine längere Feier bevorstand, hatten sich die Beamten zurückgezogen. Die Morde konnten sie daher nicht verhindern, aber immerhin hatten sie einen Anhaltspunkt für die Ermittlung. Daraus leitete sich die Theorie ab, dass Kellestine und seine Helfershelfer die drei Bandidos ermordeten, um in den Besitz ihrer Drogen zu gelangen. Die anderen fünf seien später hinzugekommen und kaltblütig umgebracht worden.

Als sich die Wogen bereits etwas geglättet hatten, nahm der Fall eine neue Wende: Am 16. Juni nahm die Polizei in Winnipeg, Manitoba, drei Männer fest, die mit dem Massaker von Shedden in Verbindung gebracht wurden. Es handelte sich um Marcello Aravena, Michael „Tazz" Sandham und Dwight Mushey. Sandham und Mushey waren Vollmitglieder der Bandidos, Aravena Anwärter. Wie die anderen Verhafteten wurden sie des achtfachen Mordes beschuldigt. Man brachte sie ins Gefängnis nach St. Thomas, Ontario, unweit von Shedden, wo Polizei und Staatsanwaltschaft ein gemeinsames Hauptquartier eingerichtet hatten. „Die Spuren führten uns nach Winnipeg", erklärte Paul Beesley von der Polizei Ontarios auf einer Pressekonferenz.

Welche Spuren das gewesen sein könnten, blieb im Dunkeln. Doch Zeugen sagten später aus, die drei Männer und Kellestine kurz vor dem Massaker in einem Lokal in der Nähe von Shedden gesehen zu haben. Eines ihrer Autos, ein roter SUV, passte zu der Beschreibung eines Wagens, der in den Wochen vor der Tat auffällig oft gesehen worden war. Der fragliche SUV wurde von Winnipeg nach Ontario gebracht und nach allen Regeln der Kriminalistik untersucht. Dass man 1.500 Kilometer vom Tatort entfernt drei Verdächtige aufgespürt hatte, verlieh dem Fall neue Brisanz – umso mehr der Umstand, dass Sandham, der Präsident des Chapters Winnipeg, früher selbst ein Polizist gewesen war!

Bis zum Jahr 2002 hatte er in East St. Paul nördlich von Winnipeg seinen Dienst verrichtet, ehe er vom Dienst suspendiert wurde – angeblich, weil er für eine Biker-Party den Sicherheitsdienst organisiert hatte. Daraufhin kündigte er den Staatsdienst und beschloss, fortan das

Leben eines Einprozenters zu leben, das ihm Dank seiner guten Kontakte sowohl zu den Outlaws als auch zu den Bandidos bestens bekannt war. Wenige Tage vor seiner Festnahme war Sandham nach Texas gereist, um mit Mitgliedern des nationalen Chapters die Ausweitung der Bandidos in Kanada zu diskutieren. Ursprünglich hatte er auch El Presidente Jeff treffen sollen, doch als sich herausstellte, dass er vor seiner Laufbahn als Bandido Polizist gewesen war, wurde dieser Tagungsordnungspunkt ersatzlos gestrichen.

Als letzte Theorie für die Morde blieb die Methamphetamin-Connection. Schon 2004 hatte man Dwight Mushey wegen Drogenhandels verklagt, und Eric Niesson war zwar selbst nie als Dealer in Erscheinung getreten, doch sein Name tauchte regelmäßig im Zusammenhang mit Drogenfahndungen auf. In der fraglichen Zeit stand Niesson laut Polizeierkenntnissen in regem Kontakt mit Dan McCool, dem das zweifelhafte Verdienst zugeschrieben wird, das Verfahren, mit dem sich aus Ephedrin Methamphetamin synthetisieren lässt, von Texas nach Kanada „importiert" zu haben. Auch mit Eddie Thompson, einem bedeutenden Produzenten der Droge, soll Niesson in intensivem Kontakt gestanden haben.

Nachdem die Verdächtigen in Haft und die Anklagen formuliert waren, schien alles für das nächste und letzte Kapitel des Dramas von Shedden bereit: den großen Prozess. Doch wie in Quebec, mahlen auch in Ontario die Mühlen der Justiz ausgesprochen langsam. Über vorprozessliche Anhörungen kam das Verfahren lange nicht hinaus, und zu der Verzögerung trugen auch die Anwälte der Angeklagten bei, die mehrfach die Verlegung des Verfahrens an ein anderes Gericht beantragten. Eine solche Verlegung kommt in Betracht, wenn ein Angeklagter fürchten muss, keinen fairen Prozess zu bekommen, zum Beispiel weil die Jury durch die Berichterstattung in den Medien voreingenommen ist. Um das zu vermeiden, war der Prozess bereits nach London verlegt worden. Doch sehr viel weiter als St. Thomas ist auch London nicht von Shedden entfernt und die Gefahr der Beeinflussung der Geschworenen mithin genauso groß. Daher lautete ein

Vorschlag, den Prozess nach Toronto zu verlegen, doch auch andere Orte im Süden Ontarios standen zur Debatte. Im Frühjahr 2008 wurde der Prozessbeginn auf den September terminiert und als sich abzeichnete, dass dieser Termin nicht zu halten sein würde, das Frühjahr 2009 ins Auge gefasst. *[Der Prozess begann am 31. März 2009 in London, Ontario, die sechs Angeklagten erklärten sich für nicht schuldig. – Anm. d. Ü.]*

Was ist in jener Nacht auf Kellestines Farm nun tatsächlich geschehen? Die Wahrheit wird man wahrscheinlich nie erfahren, doch meiner Ansicht nach gab es weder eine Verschwörung noch einen ausgeklügelten Plan. Ich halte die Morde für das Ergebnis eines spontanen Amoklaufes, der durch den Konsum von Methamphetamin vielleicht nicht ausgelöst, so doch befördert wurde.

Laut Auskunft meiner Quellen waren die kanadischen Bandidos zur Zeit des Massakers von Shedden tief gespalten. Auf der einen Seite standen Mitglieder wie Wayne Kellestine, Michael „Tazz" Sandham, Dwight Mushey und Eric Niessen, die Methamphetamin nicht nur konsumierten, sondern für sich das Recht in Anspruch nahmen, es auch herzustellen und damit zu handeln. Ihnen gegenüber standen jene, die dieses Verhalten strikt ablehnten und mit Drogen nichts zu tun haben wollten.

Bandido Wayne Kellestine vertrat zudem Ansichten, die man getrost als nazistisch bezeichnen kann. Beispielsweise hasste er den Anwärter Jamie Flanz nur deshalb, weil der ein Jude war. Doch weil das kein Grund war, ihm die Aufnahme zu verweigern, verbreitete Kellestine Lügenmärchen und behauptete, Flanz sei ein Informant der Polizei. Am 8. April, dem Tattag, hatte in einer Scheune auf Kellestines Farm ein Treffen stattgefunden, auf dem diese Anschuldigungen diskutiert wurden. Und wie gewohnt sollte dieses Treffen am späten Abend enden.

Grundsätzlich war jedes Mitglied des Chapters Toronto verpflichtet, dazu zu erscheinen, doch Leute wie Robert „Bob" Pammett Sen. und James „Rip" Fullager waren verhindert. Sonst hätte es an jenem Tag sicherlich mehr als acht Tote gegeben. Tazz Sandham vom Chapter Winnipeg nahm an dem Treffen teil, doch seine Sinne waren vom Methamphetamin wohl ebenso vernebelt wie die Sinne Kellestines. Wahrscheinlich hat sich Sandham irgendwo in der Scheune versteckt und Kellestine für den Fall den Rücken freigehalten, dass sich das Blatt wenden und die Aggression gegen ihn richten sollte.

Kurz nachdem er die Scheune betreten hatte, muss Bandido Luis Manny „Porkchop" Raposo einen Schatten wahrgenommen und Verdacht geschöpft haben. Vielleicht spürte er, dass er in einen Hinterhalt geraten war, aber vielleicht fühlte er sich auch nur von einem wilden Tier bedroht. Aus welchem Grund auch immer zog er seine Waffe und schoss. Sandham, der sich plötzlich unter Feuer genommen wähnte, reagierte über und erwiderte die Schüsse. Als ehemaliger Polizist war er der ungleich bessere Schütze und traf Raposo tödlich. Auch wenn es befremdlich klingen mag, glaube ich, dass dadurch eine Art Kettenreaktion ausgelöst wurde, die zu dem bekannten Resultat führte. Als sich der Rauch verzogen hatte und in die Scheune Ruhe eingekehrt war, müssen die Täter geglaubt haben, die Vorsehung auf ihrer Seite zu haben. Denn mit einem Schlag war nicht nur das Problem mit dem jüdischen Anwärter gelöst, sondern auch die strittige Drogenfrage entschieden.

Epilog

Seit mehreren Jahren gehöre ich nicht mehr zu den Bandidos, und es ist nicht meine Art, sentimental zurückzuschauen. Trotzdem fühle ich mich dem Club auf eine eigentümliche Weise bis heute verbunden, und dabei, so glaube ich, wird es bis zum Ende meiner Tage bleiben. Jede Neuigkeit aus dem Club, die von irgendwoher zu mir dringt, findet mein Interesse.

Mitunter staune ich selbst, wie viel Erfolg ich hatte, seit ich die Bandidos verlassen habe. Denn klar ist, dass ich es in der Bau- und Immobilienbranche unmöglich so weit gebracht hätte, wenn ich noch Mitglied des Bandidos MC wäre. Einen Großteil des Erfolges verdanke ich meiner Mutter Dorothy, die im Sommer 1995, drei Jahre vor ihrem Tod, mit mir zusammen den Schritt in die Selbstständigkeit wagte. Es war ein kluger Schritt zur richtigen Zeit und ein entscheidender Wendepunkt in ihrem Leben. Obwohl sie schon jenseits der 70 und seit vielen Jahren nahezu blind war, war sie unendlich stolz darauf, zusammen mit ihrem einzigen Sohn ein Unternehmen zu führen. Für mich war sie der perfekte Partner, weil ich mich vorbehaltlos auf sie verlassen konnte und sie meinem Leben eine Richtung gab.

Unsere Firma hieß Blockhead City Construction, und im Laufe von nur zehn Jahren wurde durch Neugründungen wie Blockhead City Motorcycles, Blockhead City Music, Blockhead City Real Estate, Blue Collar Financial Group of Oklahoma, Blue Collar Financial Group of Texas, Blockhead City Press und, als jüngster Ableger, Blockhead City Entertainment ein kleines „Imperium" daraus. Mein Hauptinteresse gilt inzwischen der Unterhaltungsbranche und dem Verlagswesen. So habe ich unter anderem die Pilotsendung für eine Fernsehserie mit dem Titel «Living on the Edge» produziert, die im Bikermilieu angesiedelt ist. Parallel dazu sind zahlreiche Buchprojekte – Sachbücher wie Romane – in Vorbereitung.

Mich selbst betrachte ich als eine Art Biker im Ruhestand und Familienvater. Die Zeit, die mir der Beruf lässt, verbringe ich mit meiner Tochter Taylor, die zu einer bezaubernden jungen Frau heranreift, und meiner reizenden Ehefrau Caroline, die dem Sprichwort „Aller guten Dinge sind drei" alle Ehre macht.

Die meiste Zeit jedoch geht für die Arbeit und den Beruf drauf, und dazu gehört häufiges Reisen – eine der wenigen Konstanten in meinem Leben. Offensichtlich liegt es mir im Blut, auf Achse zu sein, neue Wege zu beschreiten und das Abenteuer zu suchen. Wenn wir die 50 erreicht haben, neigen wir wohl dazu, mehr über unser Leben nachzudenken, das vergangene wie das kommende. Ehrlich gesagt, staune ich manchmal selbst, dass ich noch lebe. Ich war immer davon überzeugt, dass es etwas wie Vorbestimmung gibt und wir Teil eines großen Ganzen sind. Und mit dem, was ich tue und lasse, erfüllt sich mein Schicksal.

Ich bin sehr stolz darauf, dass ich durchs Leben gegangen bin, ohne meine Grundsätze und Prinzipien je zu verraten, und dass auf mein Wort stets Verlass war. Was ich mir vorgenommen habe, habe ich in die Tat umgesetzt, und es gibt nur wenige Dinge, die ich lieber nicht getan hätte – vor allem dann, wenn ich durch mein Verhalten andere, und sei es unabsichtlich, verletzt oder gekränkt habe. Trotz allem, was ich falsch gemacht habe, kann ich nachts gut schlafen. Ich kann sagen, dass ich mit mir im Reinen bin und einen Weg gefunden habe, zu den Fehlern der Vergangenheit zu stehen und sie nach Möglichkeit in der Gegenwart auszugleichen.

Manchmal staune ich darüber, wie wenig ich das Leben als Bandido vermisse. Vielmehr bin ich mitunter regelrecht erleichtert, dass es mir erspart bleibt, mich an Orten herumzutreiben, an denen ich nichts verloren habe, und mich von anderen herumkommandieren zu lassen. Inzwischen bin ich davon überzeugt, dass ich das seltene Privileg hatte, erst das eine Leben leben zu dürfen und heute ein anderes. Denn selbstverständlich möchte ich weder die vielen Reisen um die ganze Welt noch die faszinierenden Menschen missen, die ich als aktiver Biker kennengelernt habe.

Persönlich kennenlernen durfte ich auch die meisten Männer, die in diesem Buch vorkommen. Einige von ihnen sind bis heute enge Freunde. Viele haben mir wertvolle Ratschläge gegeben oder auf andere Weise geholfen. Ich kann nur hoffen, dass ich ihnen wenigstens ein Bruchteil dessen geben konnte, was sie mir gegeben haben.

Als Alain Brunette im Juni 2007 aus dem Gefängnis entlassen wurde, hatte er mit dem Leben als Einprozenter innerlich abgeschlossen und sehnte sich nach einem Neuanfang. Am liebsten würde er irgendwann mit seiner Freundin Dawn, die in all den Jahren treu zu ihm gehalten hatte, aufs Land ziehen. Wir telefonieren häufig miteinander und haben die große Hoffnung, dass wir uns eines Tages wiedersehen. Doch weil ich nicht nach Kanada und er nicht in die USA einreisen darf, müssen wir uns noch auf das Land einigen, in dem wir uns treffen wollen.

In Anbetracht der vielen Opfer, die der Bikerkrieg forderte, wirkt es ein wenig zynisch, dass Salvatore und Giovanni Cazzetta im Januar 2006 den Hells Angels beitraten. Obwohl sie die Rock Machine gegründet hatten – und die Verbindung vermutlich auch während der langen Haftzeit nicht hatten abreißen ließen –, bestritten sie mit dem Hinweis auf ihre Gefängnisstrafe jegliche Beteiligung an dem blutigen Machtkampf mit den Hells Angels. Doch die Brüder Cazzetta waren nicht die einzigen Mitglieder der Rock Machine beziehungsweise der Bandidos, die abtrünnig wurden und zu den Hells Angels überliefen. Denselben Weg ging auch Fred Faucher, der im November 2000 zusammen mit Mom Boucher von den Hells Angels einen Waffenstillstand ausgehandelt hatte. Aber vielleicht handelten Fred, die Brüder Cazzetta und andere ja auch nach der Devise „Vernichtung durch Unterwanderung“ …

Das Auf und Ab der kanadischen Bandidos kostete mich viele Nerven, und ihr Scheitern traf mich ins Mark, weil ich es bis zu einem gewissen Maße als persönliche Niederlage empfand. Natürlich wusste ich, dass ich nicht alles und jeden kontrollieren konnte, und von vielem, was damals geschah, hatte ich nicht die geringste Ahnung. Doch auch noch nach der „Operation Amigo“ und der Dezimierung der kanadischen Bandidos war ich fest davon überzeugt, dass sich der Club wieder erholen würde. Noch zu Beginn des Jahres 2001 war ich dieser Hoffung und tat alles, was in meiner Macht stand, um die Geschichte der kanadischen Bandidos zum Erfolg zu führen. Nie kam mir der Gedanke in den Sinn, dass der Ausflug in den hohen Norden in einer großen Enttäuschung enden könnte.

Im Sommer 2007 schluckte der Mongols MC den Loners MC und „erbte" dadurch auch die Überreste des Loners-Chapters Toronto. Die Bandidos hatten unterdessen ein Chapter in Calgary gegründet, und die Mitgliederzahl des Chapters Winnipeg hatte sich verdoppelt. Doch im Herbst 2007 versetzte sich der Club den Todesstoß, als sich alle Mitglieder der Bandidos den Mongols anschlossen. Doch weil auch bei den Mongols nicht alles so lief, wie erhofft, versuchten einige enttäuschte Ex-Bandidos, den Kontakt zu den australischen und europäischen Bandidos wieder aufzunehmen. Weil sie dort auf Granit bissen und an eine Rückkehr zu den Mongols nicht zu denken war, schlossen sich die Ex-Bandidos, Ex-Mongols und Ex-Loners zusammen und gründeten einen neuen Club. Genau genommen erweckten sie die tot geglaubte Rock Machine wieder zum Leben, und heute gibt es schon wieder vier Chapter mit Sitz in Kingston (östliches Ontario), Toronto (westliches Ontario), Winnipeg (Zentral-Kanada) und Edmonton (westliches Kanada).

Ich gehe davon aus, dass sich der Bandidos MC in den USA in naher Zukunft gravierenden Veränderungen wird unterziehen müssen, weil aufgrund von Anzeigen und Strafverfahren viele Mitglieder ins Gefängnis wandern werden. Ich habe mich früher schon gefragt, wann das Kartenhaus, das George und seine Kumpane errichtet hatten, wohl in sich zusammenfallen wird. Am 9. Juni 2005 war es so weit. Zusammen mit 21 anderen Mitgliedern des Bandidos MC in Washington, Montana und Süddakota wurde der 52-jährige El Presidente George, Präsident aller Bandidos weltweit, von US-amerikanischen Beamten verhaftet und folgender Vergehen beschuldigt: Zeugenbeeinflussung, Handel mit gestohlenen Fahrzeugen und Fahrzeugteilen sowie Schutzgelderpressung. Die Aktion war der größte Schlag gegen die Bandidos seit mehr als 20 Jahren. Außer George gingen der Polizei, die zwei Jahre lang ermittelt hatte, drei weitere Angehörige des Präsidiums ins Netz.

Georges Anwalt Jeffrey Lustick argumentierte, dass gegen seinen Mandaten keinerlei Beweise, sondern allenfalls spärliche Indizien vorlägen. Er fügte hinzu, das George sich nicht erinnern könne, je an den Orten gewesen zu sein, die die Staatsanwaltschaft nannte, oder die Äußerungen gemacht zu haben, die man ihm vorwarf. Als ich davon erfuhr, musste ich laut lachen, denn bereits im Mai 2003 hatten mich europäische Bandidos gefragt, ob George womöglich unter Alzheimer litt. Ich hielt es nicht für ausgeschlossen, dass er seine Verteidigungsstrategie auf dieser Krankheit aufbaute. Doch am 6. Oktober 2006 wurde George zu 20 Monaten Gefängnis verurteilt. Um eine milde Strafe zu bekommen, hatte er ein Teilgeständnis abgelegt, zu dem die Erklärung gehörte, dass es sich beim Bandidos MC um eine Organisation handelte, die sich unter anderem aus erpressten Schutzgeldern finanziert.

Viele Mitglieder wird die Aussicht, mit gewöhnlichen Kriminellen in Verbindung gebracht zu werden, eher abstoßen als anziehen. In irgendeiner Form und Größe wird der Club sicherlich überleben, doch ich möchte darauf wetten, dass den Mitgliedern schon in naher Zukunft der Besitz von und der Handel mit Drogen wie Methamphetamin verboten sein wird.

Während meiner Zeit als Mitglied habe ich alles getan, um die Bandidos auf einen guten Weg zu bringen. Leider war ich auf mich gestellt, und einer allein kann nun einmal nicht viel bewirken. Immerhin konnte ich dabei helfen, die Bandidos ins 21. Jahrhundert zu überführen und ihnen die Tür zu modernen Kommunikationsmitteln zu öffnen. Ich habe dem Club einen angemessenen Auftritt im Internet verpasst und das meine dazu getan, dass er sich als weltweit operierende legale Unternehmung begreift.

Deshalb hoffe ich, dass die richtigen Leute sich durchsetzen mögen und dafür sorgen, dass der Club im Juli 2066 seinen 100. Geburtstag begehen kann. Donald Eugene Chambers würde das sicherlich sehr freuen. Mich, falls es mich dann noch geben sollte, natürlich auch.

Glossar

El Presidente:
Der amerikanische und zugleich internationale Präsident des Bandidos MC. Er ist der weltweit oberste Bandido, vergleichbar dem Aufsichtsratsvorsitzenden in einem Wirtschaftsunternehmen. Als sichtbares Zeichen seines Ranges ist der Titel El Presidente auf dem unteren Aufnäher zu lesen.

El Secretario:
Der El Secretario beaufsichtigt alle Secretarios eines bestimmten Gebietes oder Landes. Um welches Gebiet oder Land es sich genau handelt, geht aus der Inschrift, die seitlich an der Kutte angebracht ist, oder einem schmalen Aufnäher an der Brust hervor. Der El Secretario weist den Secretarios die Aufgaben zu und verwaltet zudem die Clubkasse. In der Wirtschaft käme ihm der Titel Vorstand für Finanzen zu.

El Vice President:
Der nationale Vizepräsident des Bandidos MC für die USA. Vergleichbar dem Vorstandsvorsitzenden einer Aktiengesellschaft.

Presidente beziehungsweise Vice Presidente:
Präsident beziehungsweise Vizepräsident der europäischen, australischen, kanadischen oder asiatischen Ableger des Bandidos MC. Der Zuständigkeitsbereich geht aus der Inschrift, die seitlich an der Kutte angebracht ist, oder einem schmalen Aufnäher an der Brust hervor. Vergleichbar einem Generaldirektor und seinem Stellvertreter.

Secretario:
Eine Art Sekretär oder Schatzmeister des Bandidos MC. Für welches Gebiet er zuständig ist, geht aus der Inschrift, die seitlich an der Kutte

angebracht ist, oder einem schmalen Aufnäher an der Brust hervor. Vergleichbar dem Finanzvorstand eines Wirtschaftsunternehmens.

Sargento de Armas (Sergeant at Arms):
Oberster Gesetzeshüter des Bandidos MC. Er überwacht die Einhaltung der Clubregeln und sorgt für die Durchsetzung von Beschlüssen und Entscheidungen. Der Zuständigkeitsbereich geht aus der Inschrift, die seitlich an der Kutte angebracht ist, oder einem schmalen Aufnäher an der Brust hervor. Keinem Posten in der Wirtschaft vergleichbar.

Hangaround:
Sympathisant eines Clubs, dessen Mitglied er werden will. Einem oder mehreren Jahren als „Hangaround" schließt sich die Zeit als Anwärter oder eine Mitgliedschaft auf Probe an, ehe eine Vollmitgliedschaft infrage kommt.

Probationary:
Besitzt ein Beitrittskandidat Erfahrungen als Mitglied eines anderen Clubs, ist eine Mitgliedschaft auf Probe denkbar, die mindestens ein Jahr dauert und dem Kennenlernen der spezifischen Regeln des Bandidos MC dient. Kenntlich wird ein „Probationary" durch die entsprechende Aufschrift auf dem unteren Aufnäher.

Prospect:
Besitzt ein Beitrittskandidat keine Erfahrungen als Mitglied eines anderen Clubs, muss er eine mindestens sechsmonatige Lehrzeit als Anwärter durchlaufen, ehe eine Vollmitgliedschaft infrage kommt. Kenntlich wird sein Status durch den entsprechenden Aufnäher auf der Kutte.

Support Club beziehungsweise Puppet Club:
Ein Club, der von einem größeren und etablierten Club zur moralischen und physischen Unterstützung und als Pool für mögliche neue

Mitglieder gegründet wurde. Den Farmteams im US-amerikanischen Spitzensport vergleichbar.

Mitglieder eines Support Clubs setzen andere Prioritäten als Einprozenter: Für sie stehen Arbeit und Familie an erster Stelle. Ein Support Club handelt eigenständig, nach eigenen Regeln und auf eigene Verantwortung.

Davon unterscheidet sich der Puppet Club insofern, als das er die selben Prioritäten wie die traditionellen 1%er hat: An erster Stelle kommt der Club, danach Arbeit und Familie. Außerdem darf ein Puppet Club nicht eigenständig handeln, ist weisungsgebunden gegenüber einem größeren Club.

Hangaround Club:
Ein kleinerer Motorradclub, der die Aufnahme in einen größeren anstrebt. Das grundsätzliche Einverständnis des größeren Clubs vorausgesetzt, dauert es normalerweise mindestens ein Jahr, bis eine positive Entscheidung fällt und die neuen Abzeichen vergeben werden. Bei den Bandidos ist es üblich, dass die neuen Mitglieder den alten Aufnäher entweder behalten oder verbrennen.

Patch:
Das Abzeichen (bzw. die „Farben") eines Motorradclubs. Normalerweise werden sie als Aufnäher (dreiteilig oder einteilig) auf der Kutte getragen. Deshalb wird „Patch" oder „Color" auch gerne als Begriff für die gesamte Kutte verwendet.

Patchover:
Der Übertritt eines kleineren Motorradclubs in einen größeren, der in der Vergabe des neuen Abzeichens seinen sichtbaren Ausdruck findet.

Property Patch:
Dieses Abzeichen zeigt an, zu welchem Mitglied eine dem Club nahestehende Frau gehört.

Anhang A

Informationen für potenzielle Mitglieder

Der folgende Text wurde viele Jahre lang von verschiedenen Motorradclubs verwendet, um potenzielle Beitrittskandidaten darüber zu informieren, was es heißt, einem traditionellen Club von Einprozentern anzugehören und das dreiteilige Abzeichen auf dem Rücken zu tragen.

Einführung

Diese Informationen sollen dir dabei helfen, die Welt, in die du dich begeben willst, und das, was dort von dir erwartet wird, besser zu verstehen. Wenn du deine Aufgaben kennst, solltest du genauestens prüfen, was du dir vom Eintritt in einen Club von Einprozentern versprichst. Es gibt viele Motorradclubs, die von ihren Mitgliedern nur wenig Engagement erwarten. Andere wiederum setzen die absolute Hingabe an Ziele und Ideale des Clubs voraus. Deine Interessen und Motive sollten dir den Weg zu dem Club weisen, der zu dir passt.

In jedem Fall solltest du dir sicher sein, dass du willens und bereit bist, dich in dem Maße einzubringen, das von dir verlangt wird. Sorge dafür, dass deine Familie deinen Entschluss mitträgt und akzeptiert, wenn der Club einen Großteil deiner Zeit beansprucht – erst recht, falls du später einmal Vollmitglied werden solltest. Solltest du nach der Lektüre dieser Zeilen auch nur den geringsten Zweifel an deiner Bereitschaft spüren, die Bedingungen für eine Mitgliedschaft zu erfüllen, ist es für dich wohl besser, vorerst auf den Schritt zu verzichten, um ihn gegebenenfalls später zu vollziehen oder dich nach einer Organisation umzusehen, die deinen Interessen eher entspricht. Eine solche Entscheidung würde dir zur Ehre gereichen und von uns selbstverständlich respektiert.

Der Club

In diesem Abschnitt möchten wir dir einen kurzen Überblick über die Struktur und die Ziele eines traditionellen Motorradclubs (MC) geben. Das bedeutet auch, dass wir nicht im Detail auf einzelne Clubs eingehen können, die sich in mancherlei Hinsicht erheblich von einander unterscheiden können. Darüber hinaus gibt es jedoch einige Punkte, die so gut wie alle Clubs, denen du möglicherweise mehr oder weniger nahe kommst, miteinander verbindet. Wenn für deinen Lebensstil ein Motorrad unverzichtbar ist, dann gehörst du zu der großen Gemeinschaft der Motorradfahrer. Von allen Zusammenschlüssen, die sich innerhalb dieser Gemeinschaft gebildet haben, sind die traditionellen Motorradclubs die wichtigsten und einflussreichsten.

Respekt

Ein seriöser Club verdient und erwartet Respekt zweierlei Art. Wer sich auch nur einigermaßen auskennt, muss das hohe Maß an persönlichem Einsatz und Disziplin anerkennen, das ein Mann aufbringen muss, um sich würdig zu erweisen, das Abzeichen des Clubs zu tragen. Und nur, wer das anerkennt, versteht die religiöse Dimension, die das Tragen eines Abzeichens bedeutet. Das erst erklärt, warum das Abzeichen als etwas Heiliges angesehen wird und es nicht jedem gestattet werden kann, es zu tragen. Wer es geschafft hat, verdient für den langen und beschwerlichen Weg, den er hinter sich gebracht hat, Respekt – einen Respekt, der auf der Anerkennung und Würdigung von Einsatz und Hingabe gründet.

Wer mit den Gepflogenheiten eines Motorradclubs weniger gut vertraut ist, sieht nur das Offensichtliche: Die gegenseitige Unterstützung, die potenzielle Gefahr, die von einer gut organisierten Einheit ausgeht, die in Gruppen auftritt und auf jede Konfrontation vorbereitet ist. Sie wissen, dass niemand ein einzelnes Mitglied eines Clubs attackieren kann, ohne sich auch die anderen zu Feinden zu machen, denen es eine Frage der Ehre ist, einen der ihren zu rächen. Diese Art von Respekt resultiert aus Angst. Uns ist in erster Linie an Respekt der ersten Art gelegen, und zwar vor allem deshalb, weil er auch jene Personen betrifft, die außerhalb der Gemeinschaft der Motorradfahrer stehen. Bekanntlich bilden diese Menschen die große Mehrheit unserer Gesellschaft und deshalb auch die größere Zielgruppe für alle Unternehmungen, die ein Club zur Beschaffung der erforderlichen finanziellen Mittel ergreift.

Es liegt auf der Hand, wie wichtig es ist, zu diesen Menschen eine gute Beziehung aufzubauen und zu pflegen. Nicht förderlich ist es hingegen, als „Abschaum" der Gesellschaft angesehen zu werden. Deshalb treten wir in der Öffentlichkeit als aufrechte Bürger und „gute Nachbarn" auf, um anerkannt und respektiert zu werden, nicht gefürchtet. Ein seriöser Club, seine Mitglieder und alle, die ihm nahestehen, werden stets darauf achten, sich in der Öffentlichkeit vorbildlich zu benehmen. Unfriede zu stiften oder andere ohne Grund oder Anlass einzuschüchtern ist damit unvereinbar.

Das Abzeichen

Die Gesellschaft unterscheidet nicht zwischen verschiedenen Abzeichen; oft wissen die Leute nicht einmal, dass es Unterschiede gibt: Für sie sind alle Biker Abschaum. Wenn es mit einem Club Probleme gibt, die die Öffentlichkeit betreffen, dann haben unter den Auswirkungen alle Clubs zu leiden. Um solche Dinge zu vermeiden, sind alle Clubs bestrebt, sich möglichst zu disziplinieren.

Präsidium

Ein Club führt gewöhnlich Wahlen durch, um die Mitglieder des Präsidiums zu bestimmen. Es setzt sich normalerweise aus dem Präsidenten, dem Vizepräsidenten, dem Schriftführer, einem Schatzmeister und einem Sergeant at Arms zusammen. Weniger gebräuchlich sind die Ämter des Road Captain und des Enforcers, die für die gemeinsamen Ausfahrten beziehungsweise die Vollstreckung der Clubregeln verantwortlich sind.

Der Weg zum Vollmitglied

Die meisten Vollmitglieder haben zuvor eine einjährige Zeit als Anwärter verbracht. Dafür mussten sie sich durch persönliche Bekanntschaft zu Mitgliedern, ihr Verhalten und einen guten Leumund qualifizieren. Den Abschluss der Zeit als Anwärter, die auch schon mal zwei Jahre betragen kann, bildet die Überreichung des „Patch" genannten Aufnähers. Mit diesem symbolischen Akt verpflichtet sich das neue Mitglied, das Wohlergehen des Clubs über alle anderen Interessen zu stellen. Die Frage, was das Wichtigste im Leben eines Mitglieds ist, ist für alle Zeit entschieden. Im Gegenzug kann sich das neue Mitglied darauf verlassen, dass die anderen Mitglieder bedingungslos zu ihm halten, was immer das Leben auch an Wendungen und Schicksalsschlägen bereithalten möge. Um sicherzustellen, dass dieses Ideal fortlebt, ist jedes Mitglied verpflichtet, Anwärter entsprechend zu schulen und ihre Verlässlichkeit gegebenenfalls auf die Probe zu stellen.

Ein Anwärter hat die Gelegenheit, sich als Träger der Farben würdig zu erweisen. Dieses Recht wird ihm nur dann eingeräumt, wenn er sich genauso vorbehaltlos für den Club einsetzt wie ein Vollmitglied. Wer den Aufnäher trägt, kennt nur noch zwei Sorten Menschen: Brüder und Nicht-Brüder. Deshalb wird ein Anwärter unter keinen Umständen je Clubinterna, und wirken sie noch so unverdächtig, nach außen tragen.

Fragen, die den Club betreffen, wird er nur mit gesenkter Stimme diskutieren und sich stets vergewissern, dass niemand Unbefugtes zuhören kann. Zudem weiß er, dass er 24 Stunden am Tag für den Club da zu sein hat, egal ob er die Colors gerade trägt oder nicht. Alles, was er in der Öffentlichkeit tut und sagt, kann Auswirkungen auf den Club und dessen Mitglieder haben. Deshalb ist er sich auch darüber im Klaren, dass er sich im Falle eines Verstoßes gegen die Clubregeln vor Mitgliedern verantworten muss, die um sein persönliches Wohl ebenso besorgt sind wie um das Wohl des Clubs.

Das Abzeichen eines Clubs zu tragen bedeutet, dass man nicht nur in guten, sondern auch in schlechten Zeiten zusammenhält. Zudem halst man sich damit viel Arbeit auf. Denn es verpflichtet zu einer Le-

bensweise, bei der du nicht danach fragst, was der andere für dich tun
kann, sondern deine Gedanken ausschließlich darum kreisen, was du
für andere tun kannst. Geben heißt die Devise, nicht nehmen. Das mag
idealistisch klingen, und in gewisser Weise ist es das auch. Doch diesem
Ideal sind alle Clubs verpflichtet, wie alle Clubs bestrebt sind, es
hochzuhalten. Wer sich für traditionelle Motorradclubs interessiert,
sollte sich als Erstes mit der „Goldenen Regel" vertraut machen: Um
von anderen Respekt zu bekommen, muss man anderen Respekt entgegenbringen. Und wer sich wie ein Arschloch benimmt, darf sich
nicht wundern, wenn er wie ein Arschloch behandelt wird.

Persönliches Engagement

Es ist wichtig, dass die Mitglieder den Club führen, nicht das Präsidium. Das mag banal klingen, doch kann man es nicht oft genug beto-
nen. Nicht gemeint ist damit, dass die Mitglieder dem Präsidium den
Respekt verweigern dürften. Das Gegenteil ist der Fall, denn wer es ins
Präsidium geschafft hat, muss Führungsqualität bewiesen haben und
ist mit großer Wahrscheinlichkeit schon recht lange im Club. Das Amt
verpflichtet sie dazu, Wünsche und Meinungen der Mitglieder zu sammeln, zu bündeln und nach Möglichkeit in angemessener Frist zu rea-
lisieren, denn dass alle Mitglieder alle Entscheidungen einmütig treffen und in die Tat umsetzen, bleibt eine Utopie

Das Präsidium fungiert gewissermaßen als das Sprachrohr des Clubs
und übernimmt verschiedene verantwortungsvolle Aufgaben, doch den
Club führen tut es nicht. Wenn sie für den Club sprechen oder handeln, dann in der Überzeugung, es im Namen aller Mitglieder zu tun.
Sollte ein Mitglied des Präsidiums diese Überzeugung nicht mehr in
sich spüren, dann sollte er konsequent sein und das Amt niederlegen.
Dieser Punkt ist deshalb so wichtig, weil die stärkste und gerechteste
Form der Führung die ist, die von unten nach oben wirkt. Würden die
Mitglieder des Präsidiums dazu übergehen, nur noch Anordnungen
und Befehle zu erteilen, dann würde sich bei den Mitgliedern sehr
schnell Überdruss und Lethargie einstellen.

Sollte es je dazu kommen, würden die Mitglieder jegliche Orientierung verlieren und nicht wissen, in welche Richtung der Club künftig strebt. Deshalb wäre es ihnen auch nahezu unmöglich, sich für das Wohl des Clubs einzusetzen. Wer wenig oder nichts zu sagen hat, verliert auch die Motivation, sich zu engagieren und seine Meinung mit Nachdruck zu vertreten. Für den Zusammenhalt in einem Club wäre ein solcher Zustand Gift, und wenn erst der Zusammenhalt stirbt, stirbt bald auch der Club. Deshalb ist es von entscheidender Wichtigkeit, dass jedes Mitglied nicht nur Gelegenheit bekommt, sich im Club zu engagieren, sondern dieses Engagement auch als Verpflichtung begreift.

Verpflichtungen und Verdienste

Wird ein Anwärter zum Vollmitglied ernannt, heißt das nicht, dass er sich zurücklegen und auf seinen Lorbeeren ausruhen kann. Der Weg vom gelegentlichen Gast über den Anwärter zum Vollmitglied bedeutet keinen Aufstieg von unten nach oben, sondern eher einzelne Stufen einer Steigung, die einem dem Ziel, ein anerkanntes Mitglied des Clubs zu werden, näher bringt. Sowohl der Aufnäher des Anwärters als auch später der des Vollmitglieds wird seinem Träger in Anerkennung seiner Verdienste um den Club verliehen. So gesehen, darf man davon ausgehen, dass mit zunehmendem Alter und Erfahrung eines Mitglieds auch die Verdienste steigen und er deshalb umso mehr Respekt verdient.

Sinn und Zweck der Anwärterschaft

Anders als beispielsweise bei einer religiösen Bruderschaft handelt es sich bei der Anwärterschaft nicht um die rituelle Einführung eines Neulings, sondern um eine Art Bewährungs- und Trainingszeit, die fortdauert, bis der Beitrittskandidat sich in jederlei Hinsicht als geeignet erweist, zum Vollmitglied ernannt zu werden. In dieser Zeit kann er das angemessene Verhalten erlernen sowie Verantwortung und Respekt gegenüber den anderen Mitgliedern des Clubs entwickeln – Dinge, die für echte Kameradschaft unerlässlich sind. Darüber hinaus dient die Anwärterschaft dem Ziel, grundsätzliche Benimmregeln zu erlernen, die für alle Motorradclubs gelten.

Der Anwärter bekommt Zeit und Gelegenheit, Gewohnheiten anzunehmen, die für die Sicherheit aller Mitglieder und die Verständigung untereinander unerlässlich sind. Seine Familie kann sich derweil mit dem Maß der Verpflichtungen vertraut machen, die ein Anwärter übernimmt. Er selbst kann unterdessen das erforderliche Maß an Demut und Bescheidenheit erlernen und sich damit anfreunden, dem Urteil der Vollmitglieder nötigenfalls blind zu vertrauen. Die Zeit dient auch dazu, sich von egoistischen Motiven wie Eigensinn und Eigennutz zu trennen. Die Aufzählung könnte nahezu beliebig verlängert werden, doch deutlich werden sollte an dieser Stelle vor allem, dass die Anwärterschaft klare Ziele verfolgt und die entsprechende Person es niemals in einen Club schafft, wenn sie sich diese Ziele nicht bewusst macht und sich ihnen unterwirft. Eine Liste aufzustellen, die man nacheinander abarbeiten könnte, verbietet sich von selbst. Für eine erfolgreiche Anwärterschaft gibt es kein Rezept, denn entscheidend ist die richtige Grundhaltung. Vieles lässt sich lernen, aber die richtige Einstellung muss man mitbringen.

Die Prüfungen, vor die sich ein Anwärter gestellt sieht, können vielfältig sein, geplant oder spontan. Doch wie die Aufgaben auch immer heißen mögen: Geachtet wird vor allem auf die Einstellung, mit der er sie angeht. Ein Anwärter sollte aufmerksam sein und selbst ein Gespür dafür entwickeln, was von ihm erwartet wird. Sollte er je unsicher sein, welche Aufgabe wichtiger ist oder was zu tun ist, soll er fragen.

Die Vollmitglieder bekommen sehr genau mit, welche Anwärter sich ins Zeug legen, und entlohnen es ihnen mit mehr Anerkennung und größerem Respekt. Daraus erwachsen Vertrauen und Zusammenhalt, Dinge also, die für echte Kameradschaft notwendig sind. Potenzielle Anwärter seien daran erinnert, dass sie dem ganzen Club zu dienen haben, nicht einem einzelnen Mitglied oder einem einzelnen Chapter. Die Mitglieder eines Chapters tragen auch Verantwortung dafür, was Mitglieder eines anderen Chapters tun. Umgekehrt versteht es sich von selbst, dass sich die Mitglieder aller Chapter an der Vorbereitung eines Anhängers auf eine mögliche Vollmitgliedschaft beteiligen.

Einige grundlegende Regeln

Als Anwärter solltest du dich bemühen, der Verantwortung gegenüber dem Club jederzeit gerecht zu werden. Lege immer eine positive Grundeinstellung an den Tag. Beteilige dich intensiv am Clubleben, ohne das Gespür dafür zu verlieren, wann du möglicherweise störst. Begegnest du einem dir bislang unbekannten Vollmitglied, stell dich ihm unter Nennung deines Namens vor. Soweit es die Zeit erlaubt, begrüße bei den Zusammenkünften alle anwesenden Vollmitglieder per Handschlag. Versuche, die Wünsche der Anwesenden zu erraten und zu erfüllen. Warte nicht, bis man dir sagt, was du tun sollst, und sei gegenüber gelegentlichen externen Gästen nicht zu vertrauensselig.

Sollte jemand, der nicht zum Club gehört, Fragen haben, verweise ihn an ein Vollmitglied. Gebe nie Namen, Telefonnummer, Adresse oder irgendeine andere persönliche Information über ein Clubmitglied an Dritte weiter. Das Gleiche gilt für Informationen über den Club selbst, seinen Standort, die Zahl der Mitglieder und dergleichen mehr. Es gilt, die Sicherheit des Clubs und seiner Mitglieder zu schützen, deshalb sei stets auf der Hut, beobachte deine Umwelt und melde alles, was dir verdächtig erscheint. Benehme dich in der Öffentlichkeit so, dass du dem Club keine Schande machst. Denke daran, dass man dich an dem misst, was du tust oder lässt – im Guten wie im Schlechten.

Lass ein Vollmitglied nie allein, sobald du auch nur den geringsten Anlass siehst, um seine Sicherheit zu fürchten. Wenn er aus dem Auto steigt, das Motorrad abstellt oder nur kurz frische Luft schnappen will, begleite ihn und beobachte genauestens die Umgebung. Fallen dir in deiner Freizeit verdächtige Aktivitäten auf, besonders die eines anderen Clubs, informiere umgehend ein Vollmitglied deines Clubs. Halte Augen und Ohren offen und teile alles, was du aufschnappst, einem Vollmitglied mit, vor allem dann, wenn es einen anderen Club betrifft. Vergiss nie, dass du rund um die Uhr Anwärter bist, nicht nur zu bestimmten Zeiten.

Vergiss nie, dass du als Anwärter allen Vollmitgliedern des Clubs zu dienen hast, nicht nur einem bestimmten Mitglied oder einem bestimmten Chapter. Trage die Colors nur mit Erlaubnis, sobald du das Revier deines Chapters verlässt, und nur in Begleitung eines Vollmitglieds, sobald du in einen anderen Bundesstaat reist. Wenn sich zwei oder mehr Vollmitglieder unterhalten, bleibe auf Distanz, erst recht, wenn sie mit dem Mitglied eines anderen Clubs im Gespräch sind. Wenn es unvermeidlich ist, dass du das Gespräch störst, mache dich dezent bemerkbar und warte, bis man dich auffordert näherzutreten, oder bitte ein anderes Vollmitglied zu intervenieren.

Wenn du mit dem Mitglied eines anderen Clubs sprichst, verwende nie den Ausdruck „Outlaw Motorradclub" oder vergleichbare Formulierungen. Lüge ihn auch nicht an. Wenn er dich nach dem Club oder einzelnen Mitgliedern fragt, antworte, dass es sich dabei um Interna handelt und du nicht befugt bist, dich dazu zu äußern. Sollte er auf eine Antwort bestehen, biete ihm an, den Kontakt zu einem Vollmitglied zu vermitteln. Erweise ihm deinen Respekt. Denn auch wenn er einem anderen Club angehört, hat er dir eines voraus: Er hat sich sein Abzeichen bereits verdient.

Trage stets Zettel und Stift, eine Uhr und einen Kalender bei dir. Erkundige dich regelmäßig, wie zufrieden die Mitglieder mit dir sind und was du besser machen könntest. Frage nie, wann du wohl dein Abzeichen bekommst. Denke daran, dass es dir nicht verliehen wird, sondern du es dir verdienen musst.

Wenn du mit Vollmitgliedern verabredet bist, bringe nie einen Freund oder gar Fremden mit, ohne vorher um Erlaubnis gefragt zu haben. Triffst du zufällig das Mitglied eines anderen Clubs, drehe ihm niemals den Rücken zu – weniger aus Sicherheitsgründen, sondern weil es respektlos wäre. Respekt und Aufmerksamkeit kommt auch den Mitgliedern anderer Clubs zu. Wie Freunde behandeln sollst du sie jedoch nicht. Bleibe höflich distanziert, fasse dich kurz und gehe deines Weges. Vermeide den Kontakt zu Frauen, die zu Mitgliedern anderer Clubs gehören.

Nähere dich dem Mitglied eines anderen Clubs in der Öffentlichkeit immer betont vorsichtig, auch wenn du es gut kennst und die Clubs miteinander befreundet sind. Wenn du den Mann begrüßen willst, gehe langsam auf ihn zu und achte auf die Zeichen, die er dir gibt. Vielleicht ist er im Auftrag seines Clubs unterwegs und will vermeiden, in der Öffentlichkeit mit einem anderen Club in Verbindung gebracht zu werden. Wenn du das Gefühl hast, dass er dich bewusst übersieht, akzeptiere es und halte dich fern. Die beste Art, sich jemand anderem zu nähern, ist, das Interesse an einer Begegnung zu signalisieren und dem anderen die Entscheidung zu überlassen.

Lerne, was die drei Teile des Aufnähers und die Farben, die dein Club beziehungsweise die anderen Clubs verwenden, genau zu bedeuten haben.

Wie du siehst, gibt es viel zu beachten und zu bedenken. Die Entscheidung, vor der du stehst, dürfte eine der wichtigsten deines Lebens sein. Also überlege dir gut, was du tust. Nur wenn du dir absolut sicher bist, dass es das Richtige für dich ist, solltest du dich um die Mitgliedschaft in einem Motorradclub bemühen. Und wenn du es schließlich tust, dann mit deiner ganzen Kraft.

Anhang B

Regeln des Bandidos Motorcycle Club der USA

Stand: Juni 2002
(Dieses Dokument wurde an alle Mitglieder ausgeteilt.)

1. Was für ein Chapter erforderlich ist:
- mindestens fünf Mitglieder, darunter mindestens ein „Charter Member", das dem Club seit mindestens zehn Jahren angehört.
- Auflistung mit persönlichen Angaben und Fotos aller Mitglieder.
- Abhaltung eines wöchentlichen Treffens.
- 25 Dollar pro Person und Monat, die (am 1. eines Monats) an das nationale Präsidium abzuführen sind.
- Vor der Aufnahme eines neuen Chapters wird eine einmalige Gebühr von 1.000 Dollar fällig, zahlbar an das nationale Präsidium.
- Motorräder und sonstiger Besitz der Mitglieder eines vorläufigen Chapters bleiben während des ersten Jahres Eigentum des nationalen Chapters.

2. Abzeichen:
- Der Rücken der Kutte bleibt den dreiteiligen Club-Farben und dem rautenförmigen Einprozenter-Zeichen vorbehalten. Der Aufnäher soll so groß sein, dass man ihn aus 50 Meter Entfernung erkennt.
- Ein weiteres Einprozenter-Zeichen ist auf der Vorderseite der Kutte über dem Herzen anzubringen.
- Die weitere Gestaltung bleibt individuellen Vorlieben des Trägers überlassen.
- Aufnäher oder Schleifen mit der Dauer der Mitgliedschaft sollte

nicht zu früh vergeben werden.
- Das nationale Präsidium behält sich vor, besonders verdiente
  Mitglieder zu „Lebenslänglichen" zu ernennen.
- Jedes Mitglied hat Anrecht auf die Vergabe eines „Property-
  Patches". Fährt die Frau selbst Motorrad, darf sie den Aufnäher bei
  gemeinsamen Ausfahrten mit anderen Mitgliedern NICHT
  tragen. Das Gleiche gilt, wenn sie ohne das Mitglied in der
  Öffentlichkeit unterwegs ist, von dem sie das Abzeichen
  bekommen hat.
- Gürtel mit der Aufschrift „Property" dürfen beliebig viele
  vergeben werden.

3. Pflichten:

- Labor Day Run und Memorial Day Run sind
  PFLICHTTERMINE.
- Ein Mitglied jedes Chapters darf entschuldigt fehlen, sofern
  medizinische Gründe ausschlaggebend sind oder es sich um einen
  „Lebenslänglichen" handelt. Aus Sicherheitsgründen sollte dieses
  Mitglied jedoch in ständigem telefonischen Kontakt mit seinem
  Chapter stehen.
- Auf Reisen sollten Treffen auswärtiger Chapter besucht werden.
- Die Regeln und Gepflogenheiten dieser Chapter müssen beachtet
  und eingehalten werden.

4. Verbote:

- Bei Strafe des Einzugs des Abzeichens ist es verboten:
  - zu lügen
  - sich in den Besitz des Eigentums anderer Mitglieder zu
    bringen (das gilt auch für die Freundin eines anderen
    Mitglieds)
  - sich Drogen zu spritzen
  - Drogen zu rauchen, es sei denn, sie sind natürlich
    gewachsen.

5. Motorräder

- Jedes Mitglied hat mindestens eine Harley-Davidson oder einen gleichwertigen Nachbau mit mindestens 750 Kubikzentimeter Hubraum zu besitzen.
- Das Motorrad darf maximal 30 Tage im Jahr nicht fahrbereit sein.
- Bei Überschreitung muss das entsprechende Chapter 500 Dollar an das nationale Präsidium abführen. Wer gute Gründe für eine längere Auszeit hat, kann um eine Verlängerung der Frist ersuchen.
- Die Road Captains haben alle Motorräder regelmäßig zu kontrollieren.
- Wer sich auf Reisen das Eigentum eines anderen Mitglieds (Motorrad, Ersatzteile, Geld oder dergleichen) leiht, ist für die ordnungsgemäße Rückgabe in mindestens so gutem oder besserem Zustand wie bei der Ausleihe verantwortlich.

6. Voraussetzungen für die Mitgliedschaft:

- Wie lange jemand „Hangaround" bleibt, legt der Präsident des Chapters fest.
- Motorräder von Harley-Davidson oder gleichwertige Nachbauten, deren Zustand sie für die Anforderungen eines Vollmitglieds tauglich macht.
- Das Mindestalter beträgt 21 Jahre.
- Vorschläge für eine Mitgliedschaft können von einzelnen Mitgliedern und ganzen Chaptern kommen.
- Einzelne Mitglieder, die einen solchen Vorschlag machen, haben sich um den entsprechenden Kandidaten zu kümmern und ihm die Grundregeln der Bandidos beizubringen. Wer nicht bereit ist, seine Zeit und sein Wissen mit einem Kandidaten zu teilen, sollte keine Vorschläge machen.
- Im Auto werden keine Abzeichen getragen.
- Bei Eintritt werden 275 Dollar an das nationale Präsidium fällig.
- Das Motorrad und sonstiger Besitz sind für die Dauer von einem Jahr an das nationale Präsidium zu verpfänden.

- Für den Beitritt ist die Zustimmung aller Mitglieder eines Chapters erforderlich.
- Die Aufnäher werden vom Club verliehen.
- Übe dich in Geduld: Die Zeit als Anwärter beträgt MINDESTENS sechs Monate, die Zeit als Probationary MINDESTENS ein Jahr.
- Kandidaten für eine Aufnahme sind der gesamten Bandidos Nation verpflichtet, nicht nur einem Chapter. Die Teilnahme an Clubtreffen, Partys, Ausfahrten oder anderen Zusammenkünften von Vollmitgliedern der Bandidos ist Pflicht.
- Ebenfalls Pflichttermine sind bestimmte nationale oder regionale Motorradtreffen sowie alle Beerdigungen von Vollmitgliedern.
- Der Club steht über allem. Gewöhne dich an den Gedanken. Dein Motorrad sollte stets in einem Zustand sein, der die sofortige Abfahrt ermöglicht. Anders gesagt: Wehe, dein Motorad läuft nicht!
- Wer Schulden oder andere Verbindlichkeiten (zumal gegenüber Clubmitgliedern) hat, kann erst dann aufgenommen werden, wenn die Schuld oder Verbindlichkeit getilgt ist.
- Falls nach Ablauf der vorgeschriebenen Frist einer Aufnahme nichts entgegensteht, sollte ein Treffen des Chapters anberaumt werden, von dem die Secretarios vorab informiert werden müssen.
- Alle Mitglieder des Chapters müssen einem Beitritt des Kandidaten zustimmen. Anderen Mitgliedern ist auf Wunsch Gelegenheit zu geben, sich zu dem Kandidaten zu äußern. Falls der Kandidat von einem Mitglied vorgeschlagen wurde, sollte es sich die Argumente genauestens anhören, denn wenn später etwas schieflaufen sollte, hat es sich dafür zu verantworten. Die Mitgliedschaft ist eine lebenslange Verpflichtung. Also nichts überstürzen!
- „Charter Member" ist jeder, der zehn Jahre ohne Unterbrechung Mitglied war.
- Das nationale Präsidium kann auf Antrag eine Beurlaubung

aussprechen, muss es aber nicht. Mitglieder, die mindestens zwei
Jahre im Club sind, können auf Antrag und gegen eine Gebühr
von 50 Dollar das Chapter wechseln, sofern beide Präsidenten
einverstanden sind.

7. Selbstmord:
  • Wer Selbstmord begeht, verliert den Anspruch auf eine Beerdigung
    nach den Regeln der Bandidos.

8. Gebühren
  • Aufnahmegebühr: 275 Dollar
  • Wechsel des Chapters: 50 Dollar
  • neues Chapter: 1.000 Dollar
  • Verstoß gegen die 30-Tage-Regel: 500 Dollar

Anhang C

Aufgaben und Tätigkeitsfelder für El Secretarios

Stand: März 2001
(Diesen Leitfaden habe ich selbst verfasst.)

- Club-Finanzen
- kommissarische Verwaltung/Vertretung von Einsitzenden
- Website für die USA
- Website für die USA
    - Rubrik „In Memoriam"
    - Rubrik „Clubgeschichte"
- T-Shirts
- Merchandising
- Lebensversicherungen
- Mitgliederlisten mit E-Mail, Telefon; auch für sympathisierende Clubs
- Aufnäher und Anstecker
- Newsletter
- Reiseplanung für das nationale Präsidium
- E-Mail-Liste weltweit
- Liste mit lokalen Secretarios
- Telefonliste USA
- Datum des Eintritts von Mitgliedern und Chaptern
- Rechtsfragen und Überblick über anfallende Strafsachen
- Öffentlichkeitsarbeit
- Weltweit gültige Bestimmungen und Regeln
    - Abzeichen
    - Kleidung
- Leitfaden für Frauen und Freundinnen: Regelungen zum Tragen von Patch und Clubkleidung

- Liste mit Verstorbenen
- Geschäftliches: Verwaltung von Vereins- und Markenrechten
- Leitfaden für Beerdigungen:
    - aus jedem Chapter mindestens ein Mitglied bei jeder Beerdigung, egal wo (und wie immer es dorthin kommt)
    - bis zu einer Entfernung von 500 km zwei Mitglieder (Anreise mit Motorrad)
    - Blumen- oder Geldspenden obligatorisch.

Anhang D

Edwards Aufgaben und Tätigkeitsfelder für das nationale Präsidium

Stand: März 2003
(Die Auflistung enthält Dinge, die ich regelmäßig auszuführen hatte.)

- Pflege der Adressliste USA mit Telefonnummern, E-Mail-Adressen und Eintrittsdatum
- Pflege der Liste mit sympathisierenden Clubs und deren Mitgliedern
- Kontrolle der Verwendung des „Fat Mexican"
- Nachvollzug und Beobachtung der Gerichtsverfahren gegen Bandidos
- Reiseplanung und -buchung
- Öffentlichkeitsarbeit
- Verbesserung der Kommunikation zwischen den Mitgliedern des nationalen Präsidiums
- Verbesserung der Kommunikation zwischen dem nationalen Präsidium und den einzelnen Chaptern
- Pflege und Verbesserung der Website
- Reorganisation der Clubfinanzierung unter den Aspekten Legalität und Plausibilität
- Gewährleistung des rechtzeitigen und vollständigen Versands des US-Newsletters.

Anhang F

Die Bandidos Support Club Chapter der USA

Stand: August 2003

Bundesstaat/Name des Clubs	Stadt	Mitglieder
Alabama		
Pistoleros	Auburn	5
Pistoleros	Birmingham	6
CMA	Birmingham	2
Soldiers of the Cross	Birmingham	3
Wayward Wind	Birmingham	5
Pistoleros	Dothan	2
Pistoleros	Huntsville	
Pistoleros	Jasper	5
Iron Hawgs	Jasper	5
Pistoleros	Mobile	4
Soldiers of the Cross	Mobile	12
CMA	Mobile	2
Alabama Riders	Montgomery	5
Pistoleros	Montgomery	5
Arkansas		
Ozark Riders	Eureka Springs	7
Ozark Riders	Rogers	6
Colorado		
Peligrosos	Denver	16
No Names	Grand Junction	5
Los Bravos	Denver	11
John's Guys	Pueblo	12

Louisiana

West Bank	Baton Rouge West	5
Louisiana Riders	Baton Rouge	6
Louisiana Riders	Bogalusa	4
West Bank	Point Coupee	7
Hole in the Wall	Lafayette	5
Road Shakers	Acadiana	7
Rat Pack	Lake Charles	12
Grey Ghosts	Minden	3
Grey Ghosts	Nacadoches	4
Louisiana Riders	New Orleans	6
Grey Ghosts	Shreveport	14

Mississippi

Asgards	Biloxi	6
Asgards	Gulfport	6
Pistoleros	Hattiesburg	5
CMA	Jackson	10
Pistoleros	Jackson	2
Asgards	Kiln	6
Asgards	Pascagoula	6
Mississippi Riders	Tupelo	5

Missouri

Hermanos	Jamesland	11

Montana

Hermanos	Kallispell	5
Hermanos	Missoula	4
Amigos	Ronan	1

New Mexico

Native Thunder	Acoma	3
German MC	Alamogordo	9
Black Berets	Albuquerque	9
Native Thunder	Albuquerque	4
Bandoleros	Albuquerque	4
Pacoteros	Artesia	4
Native Thunder	Dine Nation	2
US Vets	Hobbs	10
Regulaters	Roswell	7
Bandoleros	Sante Fe	6
Bandoleros	Truth/Consequences	3
US Vets	Tucamcari	7
Native Thunder	Zuni	3

Oklahoma

OK Riders	Tulsa	9
OK Riders	Shawnee	8
OK Riders	Comanche	9
CMA	OKC	2

South Dakota

Hermanos	Sioux River	5
Ghost Dance	Pine Ridge	6

Texas

Iron Riders	Amarillo	28
Companeros	Austin	10
Iron Riders	Borger	29
Southern Pride	Beaumont	3
Border Brothers	Brownsville	20
Rebeldes	Corpus Christi	10
Macheteros	El Paso	4

Del Fuego	El Paso	5
Coyoteros	El Paso	6
Amigos	Estralla Sola	3
Rebel Riders	Fort Worth	14
Aces & Eights	Fredericksburg	12
Amigos	Galveston County	8
Macheteros	Hill Country	5
Los Dorados	Hill Country	5
Soldiers of Jesus	Houston	10
Amigos	Houston State	5
Amigos	Houston East	5
Amigos	Houston North	8
Amigos	Houston West	4
Southern Raiders	Houston West	5
Los Malos	Jefferson County	
Renegades	Laredo	4
Aces & Eights	Levelland	37
Desperados	Longview	8
Los Cabboleros	Killeen	5
Amigos	Montgomery County	13
Los Riders	Plainview	39
Macheteros	San Antonio NW	14
Southsiders	San Antonio SW	12
Westsiders	San Antonio	9
Campesinos	San Antonio	9
Malditos (Bad Lance)	San Antonio SW	9
Texas Wheels	Waco	80
Equestrians	Waco	12

Washington

Warriors	Everett	7
Destralos	King County	5
Amigos	King County	8

Hermanos	King County	4
Hombres	La Costa	4
Hombres	Olympia	4
Amigos	Pierce County	10
Hombres	Seattle	6
Amigos	Snohomish County	9
Hombres	Snow Valley	4
Hombres	Tacoma	6
Hermanos	Tacoma	5
Destralos	Thurston County	5
Hombres	Wenatchee	4
Canyon Riders	Whatcom County	11
Unforgiven	Yakima	6

Wyoming

| Hermanos | Gillette | 5 |

Insgesamt 47 Support Clubs mit 929 Mitgliedern.

Anhang E

Aktive Bandidos Motorcycle Club Chapters

Stand: August 2007

Belgien
Antwerp
Tongeren

Dänemark
Aalborg
Copenhagen
FrederiksvÆrk
Gladsaxe
HelsingØr
HillerØd
Holbeck
Horsens
KØge
NÆstved
Roskilde
StenlØse

England
Guernsey
Jersey

Finnland
Harjavalta
Helsinki
Hyvinkaa

Lohja
Nokia
Tampere

Frankreich
Annecy
Annemasse
Avignon
Cannes
Grasse
Marseilles
Nice
Strasbourg

Deutschland
Aachen
Allersberg
Berlin
Berlin Centro
Berlin Eastgate
Bochum
Bremen
Köln
Cottbus
Dinslaken
Dortmund

Duisburg
Essen
Gelsenkirchen
Hamm
Ingolstadt
Kaiserslautern
Kassel
Lauchhammer
Magdeburg
Mannheim
München
München Northside
Münster
Neubrandenburg
Oldenburg
Osnabrück
Passau
Perleberg
Recklinghausen
Rheinbollen
Siegen
Starnberg
Stralsund
Ulm
Unna
Wanne Eickel
Wetzlar

Italien
Catania
Florence
Meran
Messina

Pisa

Malaysien
Kuala Lumpur

Norwegen
Drammen
Frederikstad
Kristiansand
Oslo
Stavanger

Singapur
Singapur

Schweden
Boras
Falun
Götheburg
Halmstad
Helsingborg
Seffle
Stockholm

Thailand
Bangkok
Bangkok Eastend
Pattaya
Samui

USA
Albuquerque, NM
Albuquerque N, NM

Albuquerque S, NM
Albuquerque W, NM
Alamogordo, NM
Amarillo, TX
Austin, TX
Baton Rouge, LA
Baytown, TX
Beaumont, TX
Bellingham, WA
Birmingham, AL
Billings, MT
Biloxi, MI
Black Hills, SD
Boot Hill, NE
Bremerton, WA
Carlsbad, NM
Centro, NM
Chelan County, WA
Cloverleaf, TX
Corpus Christi, TX
Dallas, TX
Delco, ID
Denver, CO
Denver Central, CO
Denver S, CO
Dothan, AL
East River, SD
Eastside El Paso, TX
Elko, NV
El Paso, TX
Everett, WA
Fort Worth, TX
Gallup, NM

Galveston, TX
Grand Junction, CO
Hill Country, TX
Houston, TX
Houston N, TX
Houston NW, TX
Houston SW, TX
Houston W, TX
Huntsville, AL
Jackson, MS
Jefferson County, TX
Kerrville, TX
Lafayette, LA
Lake Charles, LA
Laredo, TX
Las Cruces, NM
Las Vegas, NV
Lawton, OK
Little Rock, AR
Longview, TX
Lubbock, TX
McAllen, TX
Missoula, MT
Mobile, AL
Montgomery, AL
Mount Hull, WA
New Orleans, LA
Oahu, HI
Oklahoma City, OK
Panhandle, TX
Panhandle North, TX
Plainview, TX
Pueblo, CO

Rapid City, SD
Roswell, NM
Ruidoso, NM
Rupert, UT
San Antonio, TX
San Antonio Centro, TX
San Antonio W, TX
San Antonio NW, TX
San Antonio SW, TX
San Leon, TX
Santa Fe, NM
Seattle, WA
Seattle S, WA
Seattle N, WA
Shreveport, LA
Skagit County, WA
Tacoma, WA
Toele, UT
Tres Rios, WA
Tri-Cities, WA
Truth/Consequence, NM
Tulsa, OK
Tulsa N, OK
Waco, TX
Watertown, SD
Whatcom County, WA
Yakima, WA

Kanada
Calgary, Alberta
Toronto E, Ontario
Toronto N, Ontario
Toronto S, Ontario

Toronto W, Ontario
Winnipeg, Manitoba

Australien
Adelaide
Ballarat
Brisbane City
Cairns
Downtown
Geelong
Gold Coast
Hunter Valley
Ipswich City
Melbourne
Mid North Coast
Mid-State
Noosa
North-Vic
Northside
Sunshine Coast
Sydney
Toowoomba

Südamerika
Costa Rica

Anhang G

Inaktive Bandidos Motorcycle Club Chapters

Stand: June 2005

Atchison, Kansas, USA
Champaign, Illinois, USA
Cheyenne, Wyoming, USA
Devil's Mountain, Washington,
   USA
Elkhart, Indiana, USA
Edmonton, Alberta, Canada
Findley, Ohio, USA
Ft Smith, Arkansas, USA
Ft Wayne, Indiana, USA
Gillette, Wyoming, USA
Goshen, Indiana, USA
Haywarden, Iowa, USA

Juneau, Alaska, USA
Kingston, Ontario, Canada
Los Alamos, New Mexico, USA
Monroe, Michigan, USA
Montreal, Quebec, Canada
Opelika, Alabama, USA
Pascagoula, Mississippi, USA
Phoenix, Arizona, USA
Quebec City, Quebec, Canada
Silver City, New Mexico, USA
Springfield, Missouri, USA
Texas City, Texas, USA

Anhang H

Zeitungsartikel

Seite 001; Wiedergegeben mit Erlaubnis. Copyright © Ottawa Sun, Ottawa, Ontario. All rights reserved.

Seite 001; Wiedergegeben mit Erlaubnis. Copyright © Ottawa Sun, Ottawa, Ontario. All rights reserved.

Seite 001; Wiedergegeben mit Erlaubnis. Copyright © Toronto Sun, Toronto, Ontario. All rights reserved.

Seite 001; Wiedergegeben mit Erlaubnis. Copyright © Ottawa Citizen, Ottawa, Ontario. All rights reserved.

Seite 001; Wiedergegeben mit Erlaubnis. Copyright © Toronto Sun, Toronto, Ontario. All rights reserved.

Seite 001; Wiedergegeben mit Erlaubnis. Copyright © Montreal Gazette, Montreal, Quebec. All rights reserved.

Seite 001; Wiedergegeben mit Erlaubnis. Copyright © Edmonton Sun,
Edmonton, Alberta. All rights reserved

Noch SeitenzaHLEN ERGÄNZEN !!!!!!!!

Über Die Autoren

Edward Winterhalder ist ein US-amerikanischer Fernsehproduzent, der weltweit Programme über Motorradclubs und den Lebensstil von Outlaw-Bikern für Fernsehsender und Rundfunkanstalten produziert hat. Er ist Autor von fünfzehn Büchern über Motorradclubs und die Outlaw-Biker-Kultur, die auf Niederländisch, Englisch, Französisch, Deutsch, Japanisch und Spanisch erschienen sind. Außerdem ist er Sänger, Songwriter, Musiker und Plattenproduzent, Drehbuchautor und ehemaliger Outlaw-Biker.

Winterhalder hat Dokumentarfilme, Episoden und Segmente für Fernsehsendungen wie *Living On The Edge, Gangland, Outlaw Bikers, Gang World, Iron Horses, Marked, One Percenters, Biker Chicz* und *Recon Commando: Vietnam*; und er ist der Schöpfer und ausführende Produzent der Fernsehserien *Quebec Biker War, Steel Horse Cowboys, Real American Bikers* und *Biker Chicz*.

Als prominentes Mitglied des Bandidos-Motorradclubs von 1997 bis 2003 und Mitglied von 1979 bis 1996 war er maßgeblich an der weltweiten Ausbreitung der Organisation beteiligt und wurde damit beauftragt, die Aufnahme der Rock Machine in die Bandidos während des Quebec Biker War zu koordinieren - ein Konflikt, der mehr als 160 Menschen das Leben kostete.

Winterhalder, der seit fast dreißig Jahren mit Motorradclubs und Outlaw-Bikern in Verbindung gebracht wird, war bereits auf Fox News (O'Reilly Factor with Bill O'Reilly & America's Newsroom), CNN, Bravo, Al Jazeera, BBC, ABC Nightline, MSNBC News Nation, Good Morning America, History Channel, Global, National Geographic, History Television, AB Groupe und CBC zu sehen.

Wil De Clercq lebt in St. Catharines, Ontario, und hat als freiberuflicher Autor und Redakteur, als bildender Künstler und in so unterschiedlichen Bereichen wie Abbruch, Handelsmarine,

Kunstlackierung, Werbetexterstellung sowie Film und Fernseh-produktion gearbeitet. Seit mehr als 35 Jahren ist er eine dynamische Kraft in der Welt des Motorradjournalismus.